凝视未来

陈晓萍 著

清华大学出版社
北京

图书在版编目（CIP）数据

凝视未来 / 陈晓萍著. —北京：清华大学出版社，2022.8
ISBN 978-7-302-60429-7

Ⅰ.①凝⋯ Ⅱ.①陈⋯ Ⅲ.①企业管理—研究 Ⅳ.①F272

中国版本图书馆CIP数据核字(2022)第052813号

责任编辑：张立红
封面设计：晓　云　钟　达
版式设计：方加青
责任校对：赵伟玉　卢　嫣
责任印制：杨　艳

出版发行：清华大学出版社
　　　　　网　　　址：http://www.tup.com.cn，http://www.wqbook.com
　　　　　地　　　址：北京清华大学学研大厦A座　　　　邮　　　编：100084
　　　　　社 总 机：010-83470000　　　　　　　　　邮　　　购：010-62786544
　　　　　投稿与读者服务：010-62776969，c-service@tup.tsinghua.edu.cn
　　　　　质 量 反 馈：010-62772015，zhiliang@tup.tsinghua.edu.cn
印 装 者：三河市东方印刷有限公司
经　　销：全国新华书店
开　　本：145mm×210mm　　　印　　张：9.5　　字　　数：207 千字
版　　次：2022 年 8 月第 1 版　　印　　次：2022 年 8 月第 1 次印刷
定　　价：69.00元

产品编号：092497-01

| 目 | 录 |

凝
视
未
来

上篇

在今天遇见未来

新年期许：生命第一条

2019 年 12 月，发生了以真人秀演员高以翔为代表的几起年轻人的猝死事件，这不禁让人猛然惊醒，"过劳死"这个在 20 世纪 90 年代曾经席卷日本的现象，变成当下中国的现实。

我的脑海中飞速闪过两个画面：

一个疲倦到两眼睁不开的人开着车在黑暗的高速公路上疾驰，恍惚之间，撞到路边的护栏，车翻人亡……

一个双腿已经迈不开步的人，靠意志逼着自己往前快走，结果脚步跟不上灵魂，再没能睁开双眼……

是啊，在这个发展越来越快、压力越来越大、欲壑越来越深、睡眠越来越不足、不安全感越来越强的年代，每个人都好像是一只急速旋转的陀螺，只要轻轻一碰，即刻失去平衡，轰然倒地。

心力交瘁成为这个时代每一个人的疾病。

为什么已经很努力了，还要更努力？为什么要不断挑战极限？为什么要如此拼命？

是谁在身后拿着"鞭子"追打我们？是老板、同事、亲朋好友，还是我们自己？

可不可以退一步，找一份更容易做的工作，轻松自在，游刃有余？

可不可以放手，少担任一些职务，或者下放一些权力，让自己多些自由的时间？

可不可以向下俯视，啊，芸芸众生，你其实已经是佼佼者了？

可不可以安下神来，细心品味生活的每一个瞬间？

可不可以不看手机，珍惜和每个亲人、朋友相处的时光？

虽然我们无法质问这个时代，也无法停止历史向前的步伐，但起码我们可以主宰自己的心灵，在有限的空间里施展一点魔法，让自己即使达不到顶峰，也可以心安理得，悠然坦然。

引领未来的公司长什么样？

2021 年，《时代》杂志开启了一年一度的全球最有影响力 100 家公司的评选。我们来看 2021、2022 两年的榜单。与《财富》全球 500 强的评选标准不同，公司的大小和产值不再是最重要的参数。影响力被定义为对全世界人民当前和未来生活质量的改善做出了颠覆性尝试并取得了初步的成功。由于这些公司历史长短不一，知名度也大相径庭，杂志就把它们分成了几个大类，如先行者、引领者、创新者、颠覆者和行业大鳄。可以想见，在"大鳄"榜单上的大多是我们熟悉的公司，比如连续两年都上榜的亚马逊、微软、苹果、脸书、谷歌、迪士尼、网飞、英伟达、比亚迪。值得注意的是，2022 年的榜单上一家知名度不高的公司 SHEIN 异军突起，出现在"颠覆者"类别中。

SHEIN 这家公司一直笼罩着一层神秘色彩。作为一家快时尚公司，2021 年它在全球的销售额超过了 100 亿美元，其 App 下载量在美国甚至超过了亚马逊。SHEIN 的秘诀就是利用 AI，快速辨认全球各地最潮的时尚趋势，然后迅速定制（每天的新品达到 6 千件，相比 Zara 一年才 1 万件新品），并且借助抖音的流量主播加以促销。

图 1　SHEIN 女装

　我对出现在"先行者"和"引领者"榜单上的公司特别感兴趣，是因为它们的前瞻性和特立独行超出一般人的想象。

　一家是 Patagonia，户外运动服装公司，自 1973 年创建以来，以其强调环保理念来研发、设计、生产户外服装而闻名，受到大众尤其是年轻人的追捧。该公司至今虽然只有 1000 名员工，但在美国社会有巨大的影响力。主要的原因就是该公司长期以来坚持的政治立场，并且在近几年从环保拓展到其他民权领域，如选民的投票权。而且，该公司 CEO 还叫板其他公司的 CEO 对治理环境大气污染行动不力。正因为 Patagonia 推动社会进步的鲜明立场，其销售额在 2020 年突破了 10 亿美元。

　另一家是 Airbnb。2021 年塔利班在阿富汗重新执政后，成千上万的居民逃出国家。该公司通过其非营利分支 Airbnb.org 给 2 万名难民提供了临时住房。2022 年该公司的 CEO 决定继续这个项目，为 10 万名乌克兰人提供免费的短期住宿。虽然该公司从理论上不应该是解决社会问题的机构，但是如果愿意牺牲一些短期利益来做这样的举动，表现出终极的人道关怀，一定会有长远的未来。

此外，有一家只有 50 人，刚成立 18 个月的投资公司出现在"颠覆者"的榜单上，激起了我的好奇心。这家公司有一个非常独特的名字：壹号发动机。有趣的是，该公司信奉的是环保，但是投资的是对大气造成威胁的上市公司，比如石油公司、汽车公司等。究其原因，不是因为它说一套做一套，而是它想通过"打入敌人内部"去改变"敌人"。比如 2021 年壹号发动机通过投资 1500 万美元，成功地"围堵"了埃克森石油，说服其他股东和董事会成员，逼迫埃克森做出有利环保的改变。同时，该公司也入股通用汽车（GM），联合 GM 的 CEO 一起推进 GM 向电动化的转型。这个小投资公司使用自己在那些大公司中的投票权，不遗余力地劝说（用理性的论述和数据支持）其他股东，通过投票的方式去影响大公司的经营理念和政策，已经取得了不少可圈可点的进步。

　　引领未来的公司长什么样？它们没有千篇一律的形式，也没有规模和人数的限制；它们可以出现在地球的不同角落，也可以拥有不同的专长和技术。这些公司的领导者有男有女，也有老有少。但它们的共同之处就是有勇气去挑战现实，尽己之力去拯救地球，推动社会进步，让人类的生活更充实美好。如此反观自身，你能判断自己所在的公司未来是否可期吗？

有良知的商业逻辑：使命驱动的公司

一种有关公司经营的新主张正在全球企业中蔓延。这种主张被称为"有良知的商业逻辑"。它把公司看成影响社会的重要单元，强调公司的社会使命；它不再以追求利润最大化为终极目标，而把逐利作为实现使命的必要手段。虽然资源交换、创新创业、竞争意识、自由贸易、依法办事仍然是它的基石，但它同时强调人与人的信任、同情、合作和共创价值。一个使命驱动的公司具有四个重要特征：拥有高于盈利的目标；为股东着想，股东不仅包括员工和投资者，也包括顾客和社会；公司领导用愿景感召员工；公司有正确的核心文化价值观。

把这种听起来像乌托邦一样的新主张落地的是"B-Lab"（共益实验室）的建立，以及后来"B-Corp"（共益企业）社区的形成。经过 10 多年的努力，全球迄今已有 2788 家来自 64 个国家的企业获得了 B-Corp 认证，涉及食品、服装、营销、设计、能源、财务规划、投资顾问等 150 个行业。虽然这些企业目前还鲜有中国公司的名字，但其实中国已经有不少公司都属于使命驱动的公司。

以"基因科技造福人类"为使命的华大基因就是一个典型的

例子。该公司的 CEO 尹烨先生对我说，当时汪建和同事回国创办华大基因的初衷"其实是代表中国参加人类基因组计划，并不是为了赚钱。虽然这是很奇葩的事情，听起来似乎疯了一样，但他们想的就是人类基因组计划所说的'共有、共为、共享'。基因是大家共有的，所以我们的策略是共为，产生的结果要共享"。

（详细内容见下篇中对尹烨的访谈，第 131 页）

腾讯 2019 年提出"科技向善"的公司使命，也是向这个方向迈进的一个重要信号。虽然过程相当有挑战性，但树立这个旗帜后，就是找到方法去实现的问题，终究会修成正果。（详细内容见下篇中的《互联网公司的管理大变革》，第 82 页）

从商业进化的角度来看，"5G 时代"（高速度、大容量、低延时数据传递）的到来，也为公司促进社会的进步提供了技术上的支持。5G 时代被认为是万物互联的时代，它能够连接人、物、工业、环境等各个要素，打通底层链路，打通信息逻辑，促进产业互联网的发展，改变城市治理和管理方式，促进数字孪生城市的发展，这在疫情时代和后疫情时代将变成刚需。因此，"5G 改变社会"应该是一个毫不夸张的说法。

在一个基因科学的发展即将把人的特征全面数字化，而 5G 的来临又将把所有物的状态信息化、数字化的时代，企业家是否把良知放在赚钱之上，是否能去建立使命驱动的公司，将深刻影响未来的社会形态和人类的终极命运。

与智能机器并肩工作

第一次尝试特斯拉汽车的自动驾驶功能时，我有点心惊胆战。在车流不息的高速公路上，设定到自动驾驶功能，完全放手，让汽车自己换车道，自己调节车速、刹车，我紧张的心情不亚于陪同刚刚拿到驾照的女儿第一次上高速。幸好当时一切正常，如果发生意外，我还真不知道如何矫正自动驾驶的错误，情况就会很严重。

驾驶者不知道如何矫正自动驾驶的错误，这就是波音737 MAX 8 发生两起致命事故的重要原因。2018 年 10 月，印度尼西亚狮子航空公司 737 MAX 8 客机坠毁。这架飞机的 A 程序（AI）本来是为了防止飞机失速自动触发的飞机水平尾翼配平而设置的，但是当飞行员发现飞机在俯冲，关闭自动驾驶仪，认为自己在完全控制飞机的时候，A 程序依然偷偷操纵飞机，并让飞机俯冲。如果飞行员手动再把机头拉起来，5 秒钟后，A 程序就再把机头按下去，让飞机俯冲。这样拉起来，按下去，拉起来，按下去……如此反复，开展了一场"人机大战"。2019 年 3 月，埃塞俄比亚航空公司波音 737 MAX 8 客机的飞行员就是在与 A 程序进行了四轮大战后壮烈牺牲的。虽然这个致命的 A 程序可以被关闭，但是在千钧一发之际，缺乏培训的飞行员一时半会儿找不到关闭的按钮，而且往往还不知道是 A 程序在暗中捣鬼，难免酿成悲剧。

如果我们现在重新审视一下自己的工作环境和生活环境，就会发现：第一，人类的生活已经离不开机器；第二，越来越多的机器已经智能化。不管是代步的汽车、火车、飞机，还是帮助做家务的电饭煲、豆浆机、洗衣机、烘干机，或者是各路电商平台、社交网站、无人商店、餐馆、酒店，更不用说我们须臾不可离开的手机，都已经具备了相当的人工智能。我们如何与智能机器并肩工作、取长补短，而不是剑拔弩张、互相斗争，已经成为摆在人类面前的崭新课题。

人工智能（AI）：让生活更有意思

　　人工智能在我们这个时代即将产生突破性的进展，让很多人喜忧参半。喜的是很多枯燥乏味的简单重复劳动可以被机器手或机器人取代，把人解放出来去做更有趣的事情；忧的是这可能使很多人失业，无事可做，从而造成许多社会问题。更可怕的是，一旦人工智能超过人类智能，人就可能被机器摆布，结果是自取灭亡。事实上，目前的人工智能仍处在初级水平，应该是喜远多于忧的，它能为生活带来许多便利和乐趣。

　　比如，Alexa 就是一台可以用语音操控的智能机器。它的智能主要表现在有问必答上。如果我想知道下一周的天气，不管是哪个城市和地区的，它都可以一口气告诉我。我如果想知道目前进行的篮球赛或足球赛的比分，它也可以立刻告诉我。我想了解这一周的各种畅销书名单，或者一个词语的含义，它都可以毫不含糊地给我答案。我让它播放音乐，它也可以很快让我的房间响起马友友那如泣如诉的大提琴声。Alexa 的存在绝对给我的生活带来了便利，也增加了乐趣。那么，它怎么会这么聪明呢？

　　最重要的原因其实是它有个巨大的后台，那就是亚马逊。亚马逊将所有用户的在线数据、其他搜索引擎所拥有的公共在线数据，以及经过机器学习（machine learning）所总结出来的关于我的偏好、其他人的平均偏好等信息，都储存在云端（cloud），可以随时被提取，并且用语音的方式呈现（说）出来。可见，这里的关键技术有三个：数据在线、云计算和语音识别。这三个关键技术的存在和不断完善让 Alexa 变得越来越善解人意。

虽然如此，人工智能还只处于初级阶段，智能有几个重要的组成部分：一是学习能力；二是感知能力；三是思考能力；四是决策能力；五是行动力。而要达到学习能力，就需要具备以下四个前提条件。

- 第一个前提条件是数据聚集在云端。在云里飘浮的数据与以前用服务器储存的模式具有革命性的不同。用服务器储存的时候，数据散落在世界的多个角落，无法进行有机联系，更不能进行完整的运算。而云的出现就把所有的数据都放到了同一个地方。

- 第二个前提条件是需要打造万物相连（Internet of Things）的体系，目前正在快速发展中。据统计，在 2017 年，由机器（各种联网传感器、视频、语音智能器）所产生的数据量已经超过了由人在网上进行点击所创造出来的数据量。

- 第三个前提条件是海量的数据。海量数据的存在成为机器学习的重要资料，使人工智能获得了学习能力。机器学习可以总结出数据之间的联系和规律，数据越多，发现的规律越稳定，越能够捕捉到事物之间联结的真相。

● 第四个前提条件是强化现实（AR）和虚拟现实（VR）技术的成熟。这个技术的实质是通过影像或者光线的形态来让人的大脑"看见"某物存在。也就是说把原来用眼睛作为传感器的功能用光线的形态来代替，"糊弄"大脑，达到以幻为真的效果。

上述四个前提条件在最近几年都取得了长足的进展，但是距离成熟和完善其实还有点遥远。而要培养机器的感知、思考、决策能力，则需要对人脑的运作机理先产生突破性的进展。但现实是，这个体积小于足球、重量不足三斤的大脑对于人类来说还是一个相当神秘的东西。

我们看到，即使人工智能还只在学习能力的提高上徘徊，却已经可以对人的生活产生有意思的效果。在工业革命时代，机器已经帮人做了很多事情。在生活方面，洗衣（洗衣机、烘干机）、做饭（电饭煲、微波炉、烤箱、煤气灶、面包机）、出行（汽车、摩托车、自行车）几乎不再需要人力。在工作方面，大量的手工作坊被机器和流水线取代，行政管理类工作也大量依靠计算机和软件系统来进行。这些机器、计算机和应用软件的发明与发展大大提高了生产力，在过去 100 多年中迅速提高了全人类的生活水准。那么，人工智能将如何进一步帮助人类呢？

让我们来看看自动驾驶汽车（self-driving cars）吧。自动驾驶汽车的目的是减轻人类开车的疲劳，降低注意力的分散，减少事故率，提高安全指数，让所有的人（男女老少）都能以车代步（不再需要驾驶执照），而且在出行过程中还可以把时间花在比驾驶车辆更有意思和价值的事情上。要达到自动驾驶汽车的安全标准，需要经过以下几个步骤（这几个步骤其实适用于所有需要具备智能的机器）。

- 把人从驾驶座上移开，即这部机器不再由人来操作。
- 把以前人开车时使用的所有手脚动作，眼观六路、耳听八方的功能，以及在马路上遇到的各种状况，包括发生的每个事故，全部浓缩成数据，或者通过数据的方式进行表达。
- 不断积累数据，然后通过机器学习，总结出数据的规律，找到问题的原因所在。
- 修正汽车的软件编程，并且用人去指导汽车学习。比如，如何在面临问题时进行选择（是撞人还是撞树？），避免人身事故。这些事件经过反复回顾，再被浓缩成数据，反馈到软件中，不断进行修正、调整。
- 把所有无人驾驶汽车的数据连接起来，让它们可以互相学习，吸取彼此在尝试错误的过程中产生的经验教训，并且迅速传播出去。

有意思的是，机器之间的互相学习比人与人之间的互相学习要快速和容易得多。这也是机器智能快速迭代的原因之一。迄今为止，自动驾驶汽车的平均事故率已经远远低于人类。如果我们相信统计学原理的话，就更应该信任自动驾驶汽车，而不是一个普通（平均）人的驾车技术。

把上面几个步骤转移到对家里某个机器进行智能化，其实也是可行的，只要具备一些基本的计算机编程能力就可以达到。比如我有一个朋友，他就成功地把家里的电视机遥控器智能化了。

现在只要他对着遥控器说"把我喜欢的电视剧打开"，他最近看得最多的那个电视剧就会自动跳出来，不需要他逐个频道去寻找。而且每次他看了什么节目，看了几遍，数据也会直接送到云端。时间长了，这些数据积累起来，电视机就能知道他的喜好、他最喜欢的明星，并主动向他推荐节目。

还有一位朋友，家里有一个热水浴缸，放在后院。他对人工智能着迷，就将这个热水浴缸的一些参数与云计算相连，让它具备了一些智能特点。比如，第一个参数是温度，通常设在 102℉，pH 参数是 7.5，氯的水平是 225ppm，溴的成分是 2ppm，碱度为 112ppm。不使用时，水位保持在一定高度。这些参数直接送到云端。除了这些，浴缸上还有一个盖子，开合的情况也上传到云端，并通过程序来控制。所有这些信息在手机上就可以查看，有需要随时进行调整。另外，通过水位的变化，他还可以计算出人的身体重量。这样一来，他掌握了家里每个人的体重信息。朋友来家里做客，使用热水浴缸时，他也可以得知朋友的体重信息。

有一次，他和妻子去德国旅行，家里只剩下儿子和女儿。他在酒店打开手机查看热水浴缸的情况时，发现水位上升了很多，约莫达到 300 磅。他一想，即使儿子女儿都在泡澡，也不应该有如此的重量啊。再转而一想，很可能是女儿和她的男朋友在浴缸里。他特别不喜欢女儿的这个男朋友，更不愿意女儿和他在一起，就突然心生一计，决定关上浴缸的盖子。于是，他轻点一下手机，这个目的就达到了！他对这个人工智能的妙用欣喜不已。第二天女儿向他抱怨，说昨晚那个热水浴缸"犯病"了，他只含笑不语。

由此可见，如果掌握了驾驭人工智能的工具和技能，人工智能可以给生活增添不少创意和乐趣。

　　也许现在我们应该做的是如何让自己变成那个操纵机器而不是被机器操纵的人！

凝
视
未
来

孤独的先行者：未雨绸缪

我看过一个很有意思的视频，描述在过去 20 多年中全球市值最高的十大公司，每个月的榜单动态变化，不禁感叹迅猛发展的高科技给传统行业带来的冲击。1997 年 10 月，全球市值最高的十大公司：通用电气、壳牌石油、微软、埃克森美孚、可口可乐、英特尔、日本电报电话公司、默克制药、丰田汽车、诺华制药。再看 2019 年 4 月的名单：微软、苹果、亚马逊、谷歌、脸书、腾讯、阿里巴巴、伯克希尔·哈撒韦、强生、埃克森美孚。在这 20 多年中，微软是唯一一家从未落榜的公司，而其他从中间钻出来的黑马基本都是互联网时代的产物。虽然有将近 10 年的时间，中国石化、中国移动、中国工商银行、中国建设银行也曾跻身十强，但在 2015 年之后就再也不见它们的踪影。相反，从 2017 年开始，腾讯和阿里巴巴开始出现，并从此一直榜上有名。

从亚马逊、脸书、阿里巴巴的崛起过程来看，我发现那些走在时代前沿的公司，常常是非常孤独的，因为它们所进入的领域前无古人，无章可循，几乎需要靠自己来谱写所有的音符。当年阿里巴巴发明支付宝来应对中国市场缺乏信用卡的局面，虽然从技术的角度来说是借鉴了 PayPal，但从运作的角度来说绝对是在一片新天地里探索，每一步都可能夭折。阿里巴巴如果不是在未知中筹谋在先，去争取政府的支持，移动支付又怎么会在中国如此普及呢？

2019 年，脸书联合 28 家公司（包括 PayPal，VISA 和 Uber）通过区块链技术创建 Libra 电子货币，就面临了来自美国总统、国会和所有银行的反对和挑战。这个被脸书认为是稳定货币（stable currency）的 Libra 为什么这么令人紧张呢？原因有以下几点：首先是对脸书公司的信任问题，尤其是它对用户隐私的保护。因为 2018 年的数据泄露事件，脸书被罚款 50 亿美元。其次是 Libra 可能导致的国家安全问题，比如为洗钱和其他不正当活动提供了可能的机会。当然最明显的原因就是 Libra 极有可能变成全球的一个崭新货币（因为全球有 20 亿人使用脸书），与美元和日元同等重要，从而挑战中央银行的权威。在这一片无人开垦过的新天地里，要走出一条路来，不仅需要战胜孤独，更要有先人一步的智谋。虽然在美国国会和议会的听证会上，负责 Libra 项目的脸书高管大卫·马库斯已经胸有成竹地表示，他可以让大家消除所有的疑虑，但 Libra 的命运究竟如何，我们还得拭目以待。

而亚马逊这些年在未知新天地里的探索可谓饱经风霜。1997 年，亚马逊还只是一家网上书店，大家觉得在网上买书不需要交税很正常，无人质疑。可是随着网上商店的生意越做越大，越做越广，许多实体店被亚马逊"打"得直不起腰来，对于其商品免税就成为一个被众人质疑的问题（在华盛顿州的居民一直都需要交税，因为亚马逊总部在西雅图，根据美国法律，有实体公司存在地的居民在网上购物也要交税）。经过多年的"鏖战"，亚马逊终于妥协，全美居民在它的网站上购物都要交税了，但即便如此，它的市场占有率还是越来越大。

几年前亚马逊提出要用无人机送货，这又是一个不曾有公司涉足的领域。美国地大物博，除了几个大城市外，其他地方人口稀少，用大卡车送货确实非常浪费资源。用无人机送货既环保又高效，而且免除货车司机长途驾驶的疲劳，绝对是个妙招。但此提议立刻遭到国会立法部门的强烈反对，国会立法部门指出在没有法律条款出台之前不能使用无人机送货。亚马逊就开始与国会立法部门进行商讨，经过两年多的努力，终于制定出了一系列政策，审议通过之后亚马逊的无人机就可以真的飞起来了。而这些政策的出台也让联合包裹、联邦快递以及其他物流公司有法可依，无人机送货终将变成日常。

先行者的孤独和未雨绸缪由此可见一斑。这也是为什么谷歌、亚马逊、脸书三家公司在 2018 年总共将 4800 万美元用在游说美国政府上面，目的就是争取政府的帮助，在新涉足的商业领域中建立合理的法律条款，为行业建立准则，使整个国民经济朝着有利于市场和人民的健康方向发展。2018 年微软和苹果两家公司总共花费了超过 1500 万美元的游说费用，都是未雨绸缪的表现。

但是从另一个角度来看，也并非所有的未雨绸缪都需要和政府打交道，有些事情可能是求人不如求己。比如随着机器学习和人工智能的迅猛发展，很多简单工作被机器人取代，对需要人力工作的技能要求变得更高，而市场上具备这些能力（如编程能力、大数据分析能力）的潜在员工数量却严重不足。在这种情况下，是求助于政府培训机构，还是等待大学工学院和商学院把人才培养出来？

"春江水暖鸭先知"，走在行业前端的很多公司都预见到了人才培养问题，但是真正采取措施的没几个。亚马逊推出的一项举措直接解决了这个问题，让我再次钦佩它的远见。亚马逊决定将在未来几年花费 7 亿美元，给 10 万名在美国工作的亚马逊员工提供免费培训，帮助他们为未来的工作做好准备。和星巴克把员工进修大学学位的工作外包给亚利桑那州立大学的在线教育不同，亚马逊用自己的大学来完成这些培训。课程主要是技术类的，如无人机驾驶员，以及其他被美国劳工部定义为未来吃香的工作，如电脑软件开发者、运营管理员、市场调研分析员、客服人员。当然，这些培训主要是针对比较低端的员工，比如在配货中心从事检索、包装类工作的员工，人均培训费用在 12000 美元。而对于已经拥有大学学历的员工，他们则可以进修更高层次的类似硕士学位的课程。如果员工自己去大学进修这类课程，学费大概是每年 4 万美元。亚马逊内部有一个"机器学习大学"（Machine Learning University），员工不需要脱产学习。这个项目的推出得以让亚马逊解决人才储备问题，而且亚马逊有足够的底气，不叫这些员工签任何协议，他们完成课程学习后仍是自由身。从这个角度来看，亚马逊也间接为社会解决了就业问题。

　　孤独的先行者，不仅要突破人才和技术的天花板，还需要承担创造商业环境的职责，可谓是天降大任于斯人也。

亚马逊的威力和招标的艺术

　　2018 年 11 月 13 日，比奥运会竞标更热闹的亚马逊第二总部选址终于尘埃落定了。结果似乎既在情理之中又在意料之外。情理之中是因为第二总部必须离西雅图比较远，纽约的长岛市（Long Island City）和华盛顿特区附近的水晶市（Crystal City）完全符合这个条件。意料之外的是第二总部居然是在两个城市，而不是原来想象的一个。很显然，这两个城市都给亚马逊许诺了税收政策的优惠和其他方面的支持，长岛市总计 30 亿美元，水晶市总计 25 亿美元。但如果只看优惠的额度，它们其实并非最高的。新泽西州给出了 70 亿美元的承诺，马里兰州也抛出了 50 亿美元的橄榄枝，亚马逊却放弃了它们。为什么呢？

　　快速回顾一下亚马逊的发展历程，我们就可以体会这家公司在美国的威力，几乎已经到了"亚马逊一声吼，各行各业都要抖三抖"的程度。亚马逊于 1995 年成立，总部设在西雅图，当时只是众多电商之一，主营图书，基本的业务就是网上书店。两年之后（1997 年）上市，业务没有向其他领域拓展，专注于图书，但创建了硬件 Kindle 阅读器并不断完善升级（除了阅读器本身，还有与之相联系的整个生态系统，包括出版发行）。在这个过程中，美国许多实体书店被迫关闭，或宣布破产。在图书领域厚积到 2011 年，亚马逊开始并购其他各种各类在线公司，把业务延伸到人类生活与工作的众多领域，2017 年还并购了线下经营的全食超市（Whole Foods Market），基本实现了为顾客提供从 A 到 Z（也是亚马逊 logo 中那道黄色弧线的真正含义）货品的愿景。2016 年，亚马逊在华盛顿大学村开设了第一家实体书店，开启了线上线下同时经营（O2O）模式。同年，又开设了全美第一家无人零售超市 Amazon Go。2020 年亚马逊的在线销售市场占有率已经接近全美电商的 50%，在美国的总体零售（线上线下）中也占到了 5% 的市场率。

图 2　亚马逊 logo

　　在过去的 20 多年中，亚马逊在全美建造了 160 多个分货中心（Sorting Center）和配送中心（Fulfillment Center），采用最先进的自主研发的机器人和流水线设备，并不断升级，为其能够快速将货品送到顾客的门口打下基础。亚马逊的全球员工数量在 2007 年仅为 17 000 人，到 2017 年已经达到 566 000 人。就西雅图地区而言，员工数量也是大幅增长，从 2010 年的 5 000 人到 2020 年的 45 000 余人，为当地的经济发展做出了巨大的贡献，但也在某种意义上触到了发展的极限。我自己在西雅图居住了近 20 年，目睹了亚马逊的成长，以及它是如何改变西雅图城市的景观、格局和房价的。这也是当亚马逊宣布要寻找第二总部的选址时，那么多城市的市长激动得彻夜难眠的原因。

亚马逊是在 2017 年 9 月宣布这个决定的。用"一呼百应"这个词来形容市场的反应应该是相当贴切的，因为准确地说，有 238 个城市投递了申请。亚马逊在招标书中明确写道："这个候选城市的人口必须超过 100 万，拥有良好的商业环境，而且周边地区有大量的高科技人才。"其实按照这些条件，全美合格的城市总共只有 70 个而已。但是抱着侥幸的心理，很多明明不够资格的城市的市长也积极应战了。亚马逊的承诺是，假如该城市被选上，那么在未来的 20 年中，亚马逊会创造 50 000 个工作岗位，而且平均年薪是 10 万美元。此外，公司还会投入 50 亿美元的资金在该城市建造各种设施，包括高等教育机构等，吸引力可见一斑。

准备投标书却不是一件容易的工作，因为亚马逊需要投标人提供的数据多而细致。大的如当地的文化环境，包括人口的多元化程度、大学的数量和分布情况、政府官员对商业的态度；物流的环境，如机场的飞机数量和城区远近，火车、轻轨、公交交通的状况；无线网络的连接程度；优惠政策的内容，等等。小的如咖啡店和茶馆的密度、农贸自由市场的数量、受过大学教育的人数、有科技学历的人数、现有五百强公司的数量等。因此，许多城市的市长都花了不少钱（几十万美元）去准备这份投标书。有的市长还通过其他方式向亚马逊示好。比如，印第安纳州一个市的市长专门买了当地报纸的一个版面，用第一人称写信给亚马逊的 CEO 贝索斯先生，说："亚马逊需要多少土地，他都可以满足要求。"马萨诸塞州的一个市长还在投标书中夹了一枚假钻石戒指，留言："让我们结婚吧！"我觉得最离谱的是西雅图周边的几个小城市，居然还凑热闹去投了标，真不能想象其头脑发热的程度。

由此可见，亚马逊的威力是从它可能给社会和经济带来的发展来体现的。亚马逊在过去 20 多年中对多个行业的颠覆，对人民生活方式的改变，对西雅图社区质量的提高，对当地经济做出的巨大贡献是大家有目共睹的，正是这些事实和历史让亚马逊这家公司有了这样的"光环"效应。而亚马逊又善于利用这个效应来达成自己的目标。大多数公司在为自己选择下一个总部时，通常是自己组织调研团队，搜集数据，进行实地访问，然后讨论、评估，再做决定。相反，亚马逊让城市自愿来进行投标，不仅大大节约了自己的调研投入，而且获得了更多、更全面的关于美国大中城市的资料。更进一步来看，它这样的招标之举不仅为这一次选择第二总部的地址获得了翔实的数据，也为公司将来做其他的选择（如配送中心、运营中心的选址）准备了相当丰富的材料。就拿这一次的选址过程来看，除了被选中建设第二总部的两个城市外，亚马逊还根据投标书选择了田纳西州的纳什维尔市（Nashville）作为一个新运营中心的所在，并承诺提供 5 000 个工作岗位。因此，这个招标之举从公司战略角度来看，又何尝不是一箭多雕的艺术呢？

纽约长岛市区的房地产市场已经做出了强烈的反应。有小道消息透露出该市可能成为亚马逊的第二总部的选址时，房地产商就开始收到很多买房的请求——有的甚至不需要看房，直接用短信成交。正式消息宣布之后，买房者更是激增。想想前不久该地区的房地产还是相当冷落的买方市场，一夜之间就变成了卖方市场，亚马逊简直就是上帝赠送给当地房地产市场的一份大礼，长岛市房地产未来的兴旺完全没有悬念！

在本文的末尾，我想留给大家一个问题，那就是：如何才能让自己的公司成为下一个亚马逊呢？

重新想象公司的商业逻辑

资本主义是人类迄今最伟大的发明吗？它是带给人类无尽繁荣和财富的灵丹妙药，还是把地球推向毁灭的边缘，造成社会不稳定的罪魁祸首？

凝
视
未
来

要回答这些问题，哈佛大学商学院教授瑞贝卡·亨德森（Rebecca Henderson）建议大家首先环顾人类当下面临的最严重挑战：自然环境大面积恶化，贫富悬殊日趋严重，民主社会制度的坍塌和世界政治的动荡。她认为，虽然这些严峻问题并不都是资本主义导致的结果，但起码它在此过程中起了推波助澜的作用。因此，她建议重新审视资本主义，并想象一种全新的资本主义模式，它能在发挥老式资本主义优势的同时，避免对社会造成伤害。简而言之，资本主义的基本信条"逐利"和"效率"仍然值得信奉，但必须拓展对于"利"和"效率"的定义。瑞贝卡·亨德森认为，"利"应该指长远的多方利益（而不是短期的股东利益），效率是在不损害多方长远利益的基础上用最少的资源创造最大的价值。

瑞贝卡·亨德森认为，这个完美的新商业逻辑是切实可行的，而在其中起到关键作用的是各种大大小小的公司。引用"牵一发而动全身"这个比喻，公司就是"一发"，当它被牵起来运用不同的模式思考和经营的时候，整个经济和社会形态（"全身"）都将改变。

想象一下，你是一家工业垃圾回收公司的老总。显然，垃圾回收这个行业并不光鲜，其基本的职责就是定期把垃圾收集起来送去堆填区（landfill）。但是，你有没有想过，或许正是这个不受人注意的行业为你提供了独一无二的改变世界的重要机会呢？

挪威最大的工业垃圾回收公司 NG 总裁艾力克·奥斯曼德森（Erik Osmundsen）就是这么想的。根据他的估算，挪威垃圾行业可以帮助降低全国二氧化碳排放总量的 7%，是一个巨大的数字。如果 NG 收集全挪威 25% 的工业垃圾，却可以提供该行业中 85% 的再生原材料和再生能源，那么公司就可以应对两个重大问题：一个是全球的垃圾问题（堆填区越来越少），另一个是自然资源的日益减少。

但在深入了解现状之后，他发现情况比他预想的要糟糕数倍。首先，该行业中腐败现象严重，比如把非法垃圾标上合法标签并丢弃到限定的堆填区，或者把电器垃圾直接运去亚洲（比自己进行处理要便宜 10 倍）。总体来说，有接近 85% 的垃圾丢弃是违反挪威国家法规的。其次，公司里有些管理人员通过错标可回收垃圾的价格来达到短期的财务目标，而且大家认为这是行业里不成文的规矩。怎么办呢？

艾力克没有放弃，而是立即决定第一步要做的就是杜绝所有违规行为。他制定了"零容忍"政策，一旦发现违规者，立刻将其开除。结果第一年实施就有超过 40% 的管理人员主动离职，另有 50% 的资深员工请辞，很多还带走了客户。在这种情况下，他与高管团队商讨，重新界定了公司的使命。NG 从此不再是一个清理回收工业垃圾的公司，而是一个全球工业再生原材料的供应商。与此同时，他把公司里现有的丑陋全部公之于众，让全国的整个垃圾行业都认识到问题的严重性，并以此举促进全行业的改变。

接着，他先锁定一些可能认同自己使命的公司，与它们联系，争取它们变成自己的客户，他又从其他行业招募有才能、有理想、有抱负的人加盟，担任 NG 的高管。这个过程花费了好几年的时间，用了公司总收入的 40%，才算慢慢完成转型，但也引来了很多利益受损者的威胁。在他的坚持下，NG 终于出现了一些意外的机遇。一是留下来的员工本来就讨厌公司原先的腐败状态，现在看到正义得到伸张，工作热情极大提高。二是在杜绝了用不法手段获得财富的情况下，NG 开始专注于用技术创新来创造价值。NG 因此成为第一个使用最前沿光学技术的机器来分拣垃圾的公司。有了这个技术，可以使 95% 的垃圾变得可回收使用或可再生。本来这套机器可以分拣垃圾 12 万吨 / 年，后来经过创新，提高到 24 万吨 / 年，让公司得以寻找更多的垃圾进行处理，使工业垃圾回收跨出挪威国界，延展到整个北欧。而可回收的垃圾都被加工成高质量的金属，卖出了更好的价钱，效率明显提升。从 2012 年到 2018 年，经过 6 年的努力，NG 终于变成北欧最盈利的垃圾回收公司之一。

NG 公司的转型表明崇高的目标和盈利之间并非矛盾关系，而是可以彼此成就的。公司的出发点应该是长远的多方利益，而不仅仅是短期的股东利益，然后在这个框架下，通过各种制度的改变和技术的创新来同时实现短期和长期目标。

　　现在想象一下，你是一家全球连锁袋装茶公司的总裁。茶水是世界上最多人喝的饮品，大约全球有一半的人每天喝茶。在2018年被喝掉的茶水达2 730亿升，将近10 000亿杯。假如你的公司年销大约60亿美元的袋装茶，而且你发现这个行业的竞争无比惨烈。比如，沃尔玛的售价是3.48美元/100茶袋，而且大众并不能区分不同品牌袋装茶之间味道的差别，主要就是拼价格。2006年时，袋装茶的价格已经只是20世纪80年代高峰期的一半了，整个行业几乎正走在通向死亡的道路上，你应该怎么做才能咸鱼翻身、东山再起呢？

　　麦克尔·雷金斯（Michiel Leijnse）就是在2006年时接管联合利华袋装茶部门的。他反复思考了之后决定联合经销茶叶的同行做一件反其道而行之的事情。他注意到，茶叶价格的不断下降导致了几个方面的问题：一是小户茶农砍伐森林开辟茶园，致使森林面积减少，土壤变质；二是烘焙茶叶需要炭火，炭木也需要砍伐森林获得，这就造成了水土流失；三是价格战让茶农更关注每亩地的收成，即亩产量，因此也加剧了他们大量使用农药、化肥来保持亩产量的行动，长此以往，土质变酸，土壤的质量急剧下降。与此同时，伴随全球变暖而来的气温升高、洪涝、干旱等也对种茶造成了很大的挑战。麦克尔认为，照目前的方式经营下去，茶叶行业的前景一片漆黑，供应链可能在不久的将来就要断裂。因此，必须发挥想象力，做一件完全颠覆整个行业运作的事情才能拯救它。这件事情就是：改变当前茶叶的种植方式，从教育和培训50万茶农开始，再投入资金（提高茶农的收入），激励他们进行可持续性的种植，从而改善土壤的品质，提高茶叶的品质。这样一来，茶叶的价格也必须提高。

接着从生产供应链的角度出发，麦克尔提出要使联合利华的袋装茶从竞争中胜出，还有一道重要程序，即茶叶的采摘。最好的茶叶采摘时间只有 10 ～ 12 天，采茶是一件完全人工的辛苦活，但大部分地方给采茶工的报酬很低（1 美元 / 天），没有医疗保险，住房和卫生条件都很差，其子女也没有上学受教育的机会。如果联合利华是一家负责任的公司，应该付给采茶工更高的工资，并承担其他方面的费用。当然，这样一来，茶叶的价格也必须提高。

因此，联合利华出台了提高袋装茶价格的策略（而不是进一步搞价格战），以此来实现茶业的长期可持续发展，使整个供应链上的每个参与者都受到"人道"的待遇，同时让地球（土地）得到更"地道"的待遇（不使用农药和化肥，不进一步毁坏森林资源）。

上述的想法听起来都非常好，但是茶叶价格提高之后销量会怎么样呢？顾客会不会埋单呢？如果不能，那么这些想法就只能流于高谈阔论而已。

为了说服联合利华的高层决策者，麦克尔提出了一个重要命题：采取持续性发展的策略会促使消费者更愿意掏腰包购买联合利华的袋装茶。要证明这个命题，他组织了全球消费者调研。结果发现，大部分人认为这是联合利华玩的一个好游戏。有四分之三的消费者声称自己为了环保的原因愿意更换自己的袋装茶牌子；有近一半的顾客甚至说愿意放弃名牌袋装茶，而饮用无名的有机茶。来自拉丁美洲、非洲和中东的消费者，有 90% 的人认为联合利华应该尽早考虑环保问题。但是把所有的数据汇总起来看，大部分人认为所谓可持续性生产，起码在当下，还是一件值得追求但并不是必须做到的事情。

不过联合利华在美国肯尼亚的克里乔（Kericho）茶园的经营方式让大家看到了一个不同的图景。该茶园占地 210 平方千米，多年保持了可持续式经营。比如，茶树修剪之后的枝叶就留在地里自然腐烂，既保持了土地的养分，又防止了水土的流失；茶园里的水力发电站提供了稳定的电力，而且费用只有使用国家电网时的三分之一；茶园四周种植了大量快速生长的树木，以用来做烘干茶叶的木料，并且该茶园几乎不用农药和化肥，而是通过有效管理周边的土地，使其成为害虫天敌的居所，创造了良好的茶树生存环境。

在这样的经营模式下，克里乔茶园的茶叶亩产量几乎达到了世界最高：每一万平方米 3.5 ～ 4.0 吨，是传统茶园亩产的 2 倍。所以，在这里工作的 16 000 名茶农的工资收入几乎达到当地农村最低工资的 2.5 倍，而且公司还为他们提供免费的住房和医疗保险，以及其子女的教育资源（公司自己办了学校）。

克里乔茶园模式的成功给了麦克尔极大的信心，在他的反复鼓动和说服下，公司终于同意了他的计划，给每一包袋装茶加价 5 美分（原价是 3.5 美分，现价是 8.5 美分）。接着，他们采取了一系列的措施，包括培训 50 万名茶农，采用克里乔茶园的经营模式，包括正确使用农药喷洒技术，与多个环保机构、金融机构合作，帮助茶农购买相关的工具和仪器等。最后统计发现在第一年的净投资总额竟不到所有茶园总收入的 1%，而且茶叶质量提高了，运作费用降低了，茶叶的价格上升了，茶农的收成也达到了 5%～15% 的增长。更重要的是，茶农看到了希望，他们认为现在的经营模式提高了土地的健康水平，因此可以把茶园世世代代地经营下去。

到 2010 年，联合利华在西欧、澳大利亚和日本销售的立顿黄牌和 PG 茶尖袋装茶全部符合持续性标准；到 2015 年，所有来自热带雨林的立顿袋装茶也全部达标。至此，成千上万的茶农的生活得到了改善，茶叶供应链也得以持续。但是，成本确实大大增加了，消费者究竟埋不埋单呢？

联合利华在全球各地的广告部于是各显神通，用可持续性作为主题设计了各种脍炙人口的广告语，比如"现在轮到你了，把茶壶放上吧""和立顿一起做更好的选择""你的小茶杯可以做大贡献"，等等。立顿袋装茶的市场占有率不仅没有降低，而且在英国、澳大利亚、意大利等市场都有所增长。

从以上两个实例可以看到，公司有可能成为实现人类理想社会的载体。理想社会需要具备两个要素：（1）自然生态环境可持续；（2）社会人文环境的公平和包容。公司通过利用自然资源和人文资源创造产品和服务，以获得利润去实现人类的长期目标，对于联合利华来说，强调公司在乎可持续性发展这个宗旨，绝对不是一个欺骗消费者的游戏，而是内心坚定不移的信念。

除了与同行合作来共同改变行业的运作方式和文化，瑞贝卡·亨德森还讨论了公司如何作为杠杆去撬动整个经济体制和政治体制的合作，即多方合作模式，包括公司与政府、公司与投资人、公司与非营利机构、公司与全球同行业公司，以及公司与消费者的多方合作。

最后，关于用经济体制和政治体制的设计来保护人类的财富和自由，瑞贝卡·亨德森提出了自己的构想。她这样写道："市场经济需要民主、透明的政府才能得以维系，也需要其他开明、包容的社会制度来加以保障，如法律对真相的尊重、对媒体自由的承诺。同理，自由的政府需要市场经济。如果没有一个真正自由公平的市场为人民提供机会，社会就很难维持其合法性，也无法捍卫弱势群体的权益，而这一条恰恰是有效民主治理的核心所在。"

她进一步指出，真正自由和公平的市场需要政府的帮助。但是政府有两种类型：包容型政府（inclusive government）——透明、民主、有效、对市场友好、支持媒体自由；榨取型政府（extractive government）——社会被代表少数人利益的少数人控制。市场的自由需要政治的自由，

图3　瑞贝卡·亨德森

她因此呼吁民营企业家积极投身到政治中去，确保对市场友好的政治家执政。也就是说，"在商言商"并不能确保自由的市场经济，自由和公平的市场经济必须有政治的参与。比如在美国，商人可以通过游说（lobby）来改变国家的经济政策（如税收政策、行业条规），也可以通过给某个党派或个人捐款来达到目标。

瑞贝卡·亨德森在其著作《在水深火热的世界格局中重新思考资本主义》（*Reimagining Capitalism in a World on Fire*）一书中，

汇集了她 15 年的研究成果，系统阐述如何重新想象资本主义来达到人类社会的理想状态。其观点鲜明，案例翔实，整个叙述条理清晰，逻辑顺畅，一气呵成，充满激情和希望。我曾思考过"有良知的资本主义"的概念和以此概念为核心所兴起的共益企业，比如星巴克、全食超市、沃尔玛等。这些公司本着多方共赢的宗旨，不仅看重利润和股东利益，更看重公司对生态环境和社会利益（包括员工利益、消费者利益、社区利益）所造成的影响。但是，对于这些公司为什么这么做、具体怎么做的细节，以及做了之后的结果，长期以来缺乏系统性的阐述。打开她的这本书，我突然找到了答案，大家可以想象我的欣喜之情。

凝
视
未
来

谁是有领导力的领导？

2020 年 5 月的最后一个星期，美国发生了三件大事，或将载入史册。

第一件是因为感染新冠病毒而死亡的人数达到了 10 万人，超过死于越南战争和朝鲜战争人数的总和。同时，失业人数达到 25%。

第二件是马斯克的私营公司 Space X 与美国国家航空航天局（NASA）合作发射火箭，把两名宇航员送上太空，并成功把第一节脱落的火箭头收回，准确无误地落入早已等待在海上的无人船中。历时 19 个小时之后，龙飞船与国际空间站成功对接，开始其 110 天的航天之旅。

第三件是明尼苏达州双子城（Twin City）的白人警察过度执法，导致手无寸铁的黑人弗洛伊德窒息而死。新闻发布的当天，双子城的市民示威抗议，后转成打砸抢的暴力活动。第二天，全美多个大城市的市民和平抗议示威，却被白人至上（White Supremacy）的信徒捣乱劫持，放火烧车，抢劫商店。西雅图市长当晚向全体市民说明问题的严重性，强烈谴责暴力行为，支持和平抗议，要求公道的举动，然后宣布宵禁，让大家不要出门（其实本来就在疫情宅居之中），同时出动大量警力甚至民兵，在市中心站岗维持秩序。宵禁，这个常常在战争中才采取的措施，是我在美国生活 30 年以来第一次发生。

一个可以把宇宙飞船送向太空的国家，竟有如此之多的国民死于新冠病毒，一定是国家领导无方的结果。而一家民企竟然可以带着人类飞离地球去太空遨游，一定是民企领导有方的表现。至于执法过度、市民抗议、白人至上主义者的捣乱、市长的谴责和宵禁措施，则牵涉不同层次的领导之间领导力强弱的博弈。在本文中，我试图分析领导力的本质，阐述如何判断一个领导是否具有领导力的方法，剖析不合格的领导对人类可能带来的伤害。

虽然关于领导力的定义林林总总，比如前瞻性、使命感、沟通说服能力、团队建设能力、战略规划和执行能力、获得资源和调配资源的能力、个人魅力等，但这些因素汇总起来，可以归纳为一个人的影响力。有的人通过愿景与使命影响别人，有的人通过团队建设改变别人，有的人通过职位和权力让别人听话，有的人用自身的个人魅力使别人追随。所以，领导力简单来说就是一种**通过自己的各种特质和能力去影响别人以实现组织共同目标的能力**。这里的组织可以是一个小集体（如家庭、工作团队、部门），也可以是一个大集体（如公司、企业、国家）。领导力的本质可以从两个维度去判断：（1）影响力的强弱；（2）实现共同目标的概率。

那么组织的共同目标是什么呢？组织的愿景和目标常常是由创始人（或领导）的眼界、格局和理想决定的。对于营利企业来说，总体目标相对聚焦，容易达成共识而形成共同目标。最常被接受的就是企业的绩效。比如，内部绩效用销售额、产品或服务的数量、质量、利润率、员工满意度来衡量，外部绩效用客户满意度和社会责任承担度等指标来进行衡量。对于国家来说，可能就是在内国富民安、生气勃勃、人才济济、欣欣向荣，在外受到世界其他国家的尊敬和爱戴。

如果创始人就是现任领导（如 Space X 的马斯克），那么他的个人目标就是企业目标。在这种情况下，领导的愿景越清晰，目标越具体，其影响力越强，员工越愿意投身其中，实现共同愿景目标的概率就越高。马斯克从他联合创办的 PayPal 上市中获得价值 1.6 亿美元的股份后，和几个合伙人一起去拉斯维加斯庆祝，在大家都喝醉的时候，他却若无其事地翻看一本苏联出版的火箭制造说明书，并和同伴畅聊太空旅行及改变世界的梦想。那还是 2001 年，全球所有的太空项目全是国家项目，未曾有过任何一个私营企业胆敢染指航天业，大家都以为他是痴人说梦。可是马斯克一头扎了进去，时隔 7 年，三次火箭发射全都失败，他濒临破产的境地。可是他不折不挠，还开启了特斯拉电动汽车厂和太阳能电池工厂项目，游说各类投资人，并说服 NASA 与他合作。他的梦想和激情不知感染了多少人，其中最重要的就是 Space X 的董事局主席兼 COO 桂妮·邵特威（Gwynne Shotwell），那个帮他把梦想落地的女性。他们可以说是天作之合：一个天马行空、口无遮拦，一个脚踏实地、严谨认真。通过 18 年孜孜不倦的努力，Space X 终于把人类遨游太空的梦想实现了。

但如果现任领导是聘用的经理人或选举上来的总统（或主席），那么除了组织目标外，这个人也可能存在与组织目标相冲突的个人目标。在这种情况下，假如领导把个人目标放在首位，那么他的影响力越强，组织的理想目标就越不能实现。

影响力和实现共同目标这两个维度是彼此独立的。简而言之，虽然影响力弱的人一定不可能实现组织的共同目标，但是拥有强大影响力的人也不一定能帮助组织实现其目标。现任领导的领导力因此存在四种可能的情况，如下表所示。

表1　领导力的四种可能情况

影响力强 能实现组织目标 （马斯克）	影响力弱 不能实现组织目标 （企业或国家"二把手"）
影响力强 不能实现组织目标，但可能实现个人目标 （特朗普）	影响力弱 不能实现组织目标，也不能实现个人目标 （大部分普通人）

当然，最理想的状况是担任领导职务的人不仅影响力强，而且有被大家认可的梦想和愿景。这样的领导能唤起人崇高的情感体验，并且把人最优最美的特质挖掘出来，从而激发人的潜能，让大家互相取长补短，共同合作，达到通常被认为不可能实现的目标，抵达星辰大海（如马斯克）。最糟糕的情况是当任的领导一心以个人目标为重，把其他的事情全部视为实现那个目标的手段（不管他说得多好听，伪装得多巧妙），而且具有超常的影响别人的能力，或者强大的扭曲力场，蛊惑大众（如"二战"时期的希特勒、墨索里尼），让大家进入催眠状态，然后打开潘多拉的盒子，把人性中最恶毒、最丑恶的东西都释放出来，让人类互相伤害、互相残杀，从而巩固自己的权力地位。

另外两种领导的情况虽然达不成组织目标，但相对伤害力要小一些。一种是影响力弱的人（如老好人）被安排到了领导岗位，即使此人胸怀组织目标，但因为缺乏沟通能力、团建能力、整合资源能力和决策能力，就无法影响别人去追逐他想要达成的组织愿景，企业的进步就很慢，距离理想状态总是遥遥无期。另一种是影响力弱，但不在乎组织目标的人被安排到领导岗位，比如，为了摆平各种关系而提拔上去的某位即将退休的干部，他即使只想着自己如何能在退休后捞到最大的好处，但由于影响别人的能力有限，也难以颠覆组织既有的运作形式来实现个人目标。

由此推论，在选择企业领导时，最重要的指标应该不是其影响力（包含沟通能力、决策能力、知识专长、战略战术、获取资源的能力、个人魅力等），而应该是他们对于组织共同目标的界定：是以个人目标来定义组织目标，还是以有利于组织长远发展的员工利益、客户利益、股东利益、社会利益来定义组织目标。

因此，一个领导人是否把组织的短期和长远利益放在首要位置，应该成为衡量领导力的第一要素，其次才是其影响别人的能力。

用这样的框架来仔细检验当前在位的每个领导，应该很快就能判断出谁才是真正有领导力的领导了。

CEO 的不可承受之重

迪士尼的卡通形象深入人心：开心的米老鼠、滑稽的唐老鸭、貌似吊儿郎当的高飞狗，每个看上去都让人忍俊不禁。这个为人类制造快乐的公司，至今已经创立将近 100 个年头了，从沃尔特·迪士尼本人担任 CEO 开始，到现在总共经历了四任 CEO。罗伯特·艾格先生是在 2005 年就任迪士尼 CEO 的，在他执掌迪士尼的过程中，不仅让公司不断创新与时俱进，还不断描绘新的商业版图，尤其在数字化和流媒体业务上，通过陆续并购大大小小的公司，成功整合并完善一系列战略目标。

《一生的旅程》（*The Ride of a Lifetime*）一书叙述了罗伯特·艾格先生担任迪士尼 CEO 的一些经历。艾格先生早年在美国广播公司（ABC）工作，他从底层做起，到主管 ABC 的电视剧频道、体育频道（有奥运会直播权），再到后来执掌 ABC，算是做得风生水起。没想到 1995 年迪士尼收购了 ABC 和 ESPN，艾格先生在无奈之下加盟，十年之后（2005 年）在迪士尼陷入低谷时他临危受命，成为公司的 CEO。在他的领导下，迪士尼重新定义自己的使命和战略目标，并且采取了一系列的举措，先后将数字化动画片鼻祖——皮克斯（Pixar）、超人英雄系列 IP 拥有者——漫威（Marvel）、星球大战系列影视公司卢卡斯影业（Lucas Film）、福克斯（Fox）影视（原先传媒大亨默多克的公司）、影视流媒体 Hulu 等收归旗下，让迪士尼经历了脱胎换骨的变化，再创历史辉煌。更令世界瞩目的是，迪士尼进行了有史以来最大的一笔投资——用 30 亿美元重金、历经 18 年时间建成了上海迪士尼乐园。

这些伟大的成就可能会让大家产生一种错觉：在这么开心的公司工作的 CEO 一定也是轻轻松松、快快乐乐的。但是打开书的扉页，读到艾格先生的序言，你会发现完全不是这么回事。就在上海迪士尼乐园开幕，他的行程和节目被安排到以分钟来计算的那天（早上通常从 4:30 开始），在美国却发生了两起令人痛心的恶性事件，而且都与迪士尼密切相关。一起是佛罗里达的枪杀案，在迪士尼酒店区域的一个夜总会发生，当场死亡 50 多人，受伤 50 多人，其中有两名是迪士尼员工。另一起是鳄鱼吞咽了一个两岁男孩，发生在迪士尼酒店区域的水塘里。这两起都是人命关天的事情，虽然他身在上海，而且要会见中方的政府要员，要给来自美国的董事会成员和亲朋好友当迪士尼导游，要上美国电视接受采访，要在午餐和晚餐上致辞，还要在开幕盛典上发表演讲，其中有几句话还得用中文说，需要反复练习。但艾格先生心里非常难过，决定必须立刻抽出时间亲自对失去亲人的家属打电话安抚，尤其是那对失去了男孩的年轻父母。于是在节目的间歇（本来是用来喝水、化妆的），他直接与他们进行了交谈，并安抚了他们。之后，还得面带笑容，扮演快乐的 CEO 角色去庆祝上海迪士尼乐园的开幕。

CEO 的不可承受之重在那一天也许只是一个集中表现，但是正如艾格先生所言："这么大一家公司，而且足迹遍布全球，有那么多员工，每时每刻都可能有意外发生，坏消息变得不可避免。"迪士尼在全球有 20 多万名员工，每年接待 5 200 多万名游客，只要其中任何一个人出了事，都会对公司产生巨大的影响。而作为巨型公司的 CEO，需要多么强大的心理承受能力才能应对如此多的挑战呢？

《一生的旅程》虽然不是艾格先生的自传，但是从他对自己职业生涯的回顾中，可以了解到他成长的历程以及对他的成长有过巨大影响的人物（包括苹果公司前 CEO 史蒂夫·乔布斯、迪士尼上一任 CEO 麦克·艾森纳、资本城市集团前 CEO 汤姆·墨菲、ABC 体育频道节目制作人鲁尼·阿莱格等），并发现他的沉着、镇定、换位思考能力、不断创新的精神及出色的讲故事水平其实都是有迹可循的。

除人命关天的大事外，CEO 不可承受之重还有好几种。在艾格先生讲述的故事中，每一种都与人有关，主要纠结在道德、感情和商业理性的权衡上。其中一个故事是和迪士尼皮克斯的上一任主管约翰·拉塞特有关的。约翰是一位才华横溢的数字化动画电影导演、制片人。《玩具总动员》（*Toy Story*）、《虫子的生活》（*A Bug's Life*）、《小汽车》（*Car*）、《大冰冻》（*Frozen*）等都是他的作品，而且他两次获得奥斯卡金像奖。在 2006 年艾格与乔布斯达成协议由迪士尼收购皮克斯时，艾格主要是看中了皮克斯团队的才能和创意，尤其是看中了约翰的艺术才华。因此，虽然皮克斯收归迪士尼旗下，但艾格充分信任并放权，让他们依然保持原有的创作自由。有了迪士尼这个平台，该团队大放异彩，每年都有艺术性与票房双问鼎的电影问世，为迪士尼增添了无上荣光。艾格热爱这个团队，欣赏约翰的才华，一切看来都完美无缺。

可是在 2017 年，随着"Me Too"运动的普及，有人指控约翰涉嫌性骚扰，在女性不情愿的情况下强行拥抱并亲吻女性。约翰觉得很冤枉，他承认自己喜欢拥抱并亲吻女性，但没有其他的企图。面对这些指控，艾格认为迪士尼不能有这样的丑闻，因为它会有损公司的形象。但他那么器重约翰，不得不让他走，内心痛苦不堪。最后他决定亲自找约翰谈话，把这个决定和自己的思考告诉他。为了缓解局面，他让约翰休半年假，等到 2018 年年底合同到期了再正式离开公司。约翰答应了，并表示理解和感激。

还有一个故事也是和约翰有关的，不过是约翰·斯基珀。约翰·斯基珀从 2012 年起成为 ESPN 的主席，同时兼任迪士尼传媒的联合董事长，曾经成功谈成了几个重大直播项目，包括与美国职业篮球联赛的 9 年合同、美国大学橄榄球季后赛合同、四大网球公开赛的直播及高尔夫大师赛直播合同等。不幸的是，2017 年爆出他药物成瘾的丑闻。出于对公司声誉和形象的考虑，艾格亲自与他交谈，告诉他立刻罢免他的决定。艾格在书中写道："一个公司的声誉是由公司中个体的声誉决定的。"因此，公司的每个人都得以高标准严格要求自己，否则必须离开，这是公司对自身形象的承诺：不从政治角度考虑，也不从商业角度考虑，而是从事情本身的对错考虑。

与此承诺密切相关的另一个事件是解除与《罗珊》（*Roseanne*）

这个电视节目的合约。罗珊是美国著名笑星、作家、演员、导演、制片人，曾经获得过最佳女演员艾米奖（Emmy Awards）和金球奖（Golden Globe Awards）。她在 20 世纪 80 年代后期至 90 年代创作演出的电视秀 *Roseanne* 在美国曾经家喻户晓，而那段时间就是艾格执掌 ABC 的时期。我还记得自己刚到美国时经常在电视里见到她。1997 年罗珊息影，之后一直都没有动静。没想到 2018 年，ABC 又开始播出新的 *Roseanne* 秀。原来艾格早年是她的粉丝，后来两人成为朋友。所以，当罗珊有复出的意愿时，他立刻予以支持。节目一播出就大火，收视率极高，给迪士尼提高了口碑。艾格非常高兴，为自己的眼光和判断得意。

出乎意料的是，某天早上他一觉醒来就被罗珊的一条 Twitter 刷屏。他看到时，这条 Twitter 已经成为美国所有电视台、广播电台的谈论焦点，内容只有一句话，就是罗珊说奥巴马总统的前资深顾问瓦莱丽·贾勒特是"来自猿猴星球和穆斯林兄弟会的产物"。艾格一看，就意识到问题的严重性，而且必须立刻做出决定。在和公司几位高管商量后，他马上找到罗珊，亲自告诉她迪士尼不容许有任何种族歧视的言论出现，因此，即使 *Roseanne* 的收视率很高，他也必须立刻停止这个秀的播出，没有第二种选择。接着，他马上把这个决定告知董事会成员。在邮件中，他如此写道："作为一个公司，我们永远秉承一个原则，那就是我们做我们认为正确的事情，与政治和商业都无关。换言之，公司所有的人和产品都具备最高品质和道德水准是我们至高无上的信条。我们绝不容忍任何对公司声誉产生危害的举动和行为。"

《一生的旅程》是一本让我拿起来就放不下的书，这与艾

格先生讲故事的能力分不开。全书总共
有十四章，每一章的故事都扣人心弦。
艾格先生的故事虽然按照年代的顺序来
写，但每一章都有一个突出的主题。总
结一下他自己对 CEO 领导力中最重要
的品质和特征的理解，主要有以下几点：

图 4 《一生的旅程》

- 讲好故事需要卓越的才能。
- 不创新就灭亡，不能惧怕新
  事物。
- 坚持不懈地追求完美。
- 敢于承担责任。
- 有强烈的同情心和善意。
- 正直，有强烈的道德感。
- 保持乐观、好奇、专注、勇气。
- 深思熟虑但又敢于做决定。

希望这本《一生的旅程》能够带给你兴奋、紧张、恐惧和快乐，
就像坐迪士尼乐园中的过山车时体验到的一样。

风口的猪飞起来之后

虽然中国有的行业刚刚起步，但是在互联网和移动支付领域，中国在全世界已经处于领先地位。就拿移动支付来说，2017 年中国的移动支付总额达到 15.4 万亿美元，是美国移动支付总额的 40 倍。从 2016 年到 2017 年，中国电子商务交易量的增速是 30%，突破 10 万亿美元，而美国的增速只有 16%，达到 4.5 万亿美元。中国互联网公司的飞速发展和快速迭代令世界瞩目，这也是 2018 年很多中国互联网企业能够在海外上市的重要原因。套用雷军的话说，那就是站在风口上，猪都能飞上天。

但是，飞上了天的猪能够在空中持续飞多久，就要看企业的内在实力了。上市只是这些互联网企业万里长征的开始，之后每一步的状况都会受到公众的监督，如果内在功力不足以支撑飞起的高度，那么重新落地就是迟早的事。对于一个企业而言，最后凝结在一起的，应该是文化和精神，而锻造企业的"魂魄"则是一个长久的任务。

因此，准备打持久战应该成为企业的基本战略。专注于自己的领域，不断寻找新的突破口，持续创新，给自己的用户创造价值，才是立业之本。如果借用阿里巴巴前参谋长曾鸣的比喻，互联网企业是"面"（平台），它的价值在于连接"点"（每一位服务参与者）和"线"（平台上的商家），使他们享受网络效应，通过大幅提升匹配效率来创造价值。如果现有的和即将上市的中国互联网企业都能够练好内功，并在扩张过程中形成强大的基础，那么它们将会衍生出其他的平台型企业。之后这些"面"就会互相交错或融合，推动中国经济升级换代，形成一个基于互联网的新型经济体。

感恩的习惯

感觉幸福，从清晨开始。

即将醒来的时分，梦境尚未消失，我回想一下离奇的美梦，微笑浮上嘴角。

然后洗个热水澡，再泡一杯热茶，细细品味来自迪拜的蜜枣，仿佛全身的每个细胞充满了正能量。我打开电脑，开始工作，新的一天又开始了，多么开心。

开车上班，一路都是美丽的风景，早晚不同，四季不同。虽然有时交通堵塞，但是有收音机里的古典音乐萦绕，或者美国国家公共广播电台的时事新闻、精彩故事陪伴，堵车也可以心情平和、不急不躁。有时音乐太好听，故事扣人心弦，就是到了目的地还不愿意下车呢！随遇而安，在每个时刻都能找到有益于身心的东西，快乐就变成了常态。

走进学院的大楼，进门就看见忙忙碌碌的年轻学生，从一个教室走到另一个教室，每个小会议室里也都有学生小组在讨论。公共空间的沙发上、壁炉前面的椅子上，都有学生拿着手提电脑在学习或互相切磋。充满生机和人气的大楼，让人看到未来商业的希望。能够在一个永远与年轻人交流的大学工作，是一件多么幸运的事情。

来到办公室，见到自己熟悉和喜欢的每一件物品、每一本书和杂志，我心里充满了喜悦。今天也许有一些比较难处理的人事问题，或者难以解释清楚的研究问题，不过，这难道不就是正常生活的一部分吗？只要实事求是，带有同情心，并且有足够的耐心，没有什么问题是不能妥善解决的吧。而且这也是提升自己处事能力的机会啊。这么一想，信心大增，不觉莞尔。

作为一个心理学家，我常常进行自我分析，分析自己的行为、情绪、梦境等。在进行分析时，我假装是另一个人，跳出作为客体的自己，飞到半空中去俯视它们、审阅它们，完全就像一个旁观者一样。这时，我可以中性客观地看到自己、自己与周围的人和物的关系，以及这些关系所依存的大环境。此时的我看见的是全景，而不是从一己出发的隧道景观（tunnel vision）。

有趣的是，在我分析自己为什么天天感觉幸福的时候，我想到的是家人、朋友、同事，还有我日常所处的地理环境、物理环境和人文环境。直到有一天阅读了几篇关于感恩和幸福感之间关系的论文，我才意识到，原来自己在不知不觉中养成的感恩心态，可能也在很大程度上决定了我的幸福感。

研究发现，90%的职场员工认为感恩对人的生活会产生积极的影响，可见大家在感恩有益这个命题上非常有共识。与此同时，有66%的员工表示如果在工作中不能得到别人赏识的话，他们就会离职，而这个比例在千禧一代中是76%。

还有研究发现，只有10%的员工每天会对同事道谢。相反，有60%的员工从来没有在工作中对别人表示过感谢。由此看来，虽然我们都渴望得到别人的赏识，但自己在表达感谢上却非常吝啬。很显然，这两者之间存在一条鸿沟，被学者称为感恩的鸿沟（the gratitude gap）。

为什么感恩的现象不普遍呢？究其原因，不外乎两个。第一个原因是人们普遍有一种错觉，那就是对别人感激涕零会显得自己不够"厉害"或太情绪化。另外，我们觉得别人也根本不会在乎我们的谢意。第二个原因是我们工作已经够忙了，顾不上去体验感恩的情绪，有时即使体验到了，也没想过要表达出来。

感恩是一种指向他人的情绪，体验感恩能够让人变得谦卑，更愿意倾听别人的意见，采纳别人的劝说，与周围的人建立更深层的联系。心怀感恩不仅能够使自己感觉良好，而且表达感恩之情能使别人感觉良好。因此，感恩是一种能够使自己和他人都快乐的情绪。

既然感恩与幸福感之间的关系密切，而我们又都希望体验幸福的感觉，一个自然的结论就是要学会感恩。迄今为止，让我觉得最有意思的研究成果是，感恩的心态是可以培养的，而且有了感恩的习惯后，大脑的神经回路都能被重新构建，以至于可以让幸福永驻心间。

如何培养感恩的心态呢？有两种有效途径：一种是群体练习，另一种是个人日记。

群体练习特别适合于工作团队。一个简单的做法是，把团队成员（不超过五个人）聚在一起，给每人发一张空白卡片，让他们各自在卡片上写下在上班的某个时刻他们对某人产生的感激之情。可以写一个人，也可以写几个人，同时描述当时为什么产生了那样的感觉。有的人可能写不出几个字，或者写得很抽象。想让这个练习做得比较有意思的话，就要强调把具体的事件细节写出来，有哪些令人吃惊之处，有哪些自己的痛苦体验，别人怎么帮助你摆脱了痛苦，或者你要感激的那个人如何帮助了别人，等等。此外，在语言选择上，尽量用"礼物"二字来表述自己所得到的好处和帮助。比如，"上星期三我上班迟到，但苏珊主动把我要负责的那部分讲义整理出来了，使团队的工作进度没有拖延。我非常感激苏珊的这份厚礼。"

写好之后，让每个人轮流分享自己写的一两个感恩事件，以增进彼此的了解。接着，设立一个"被感恩席"，随机选择一个队员，让他坐在"被感恩席"上，然后让其他队员用一分钟时间轮流对他表达感谢。被感谢的人只允许认真倾听，不能打断对方说话或者插话，等到结束的时候，可以说"谢谢"。这样一轮结束后，再选另一个队员坐在"被感恩席"上，重复同样的步骤，直到每个成员都坐过了"被感恩席"，练习才结束。

在团队里，如果每周能够抽出半小时做这个感恩的群体练习，我保证大家都会心情愉快，笑容满面，而且越来越愿意彼此帮忙，从而大大增进团队合作的氛围。除此之外，每个人都会越来越留心别人对自己做的好事，并记录下来，以便再做这个练习时可以说出更多的内容。这种正面的效应会自我强化和循环，最后的结果就是大家提高了对团队的认同感，并深深感到自己是团队中不可或缺的一员。

再说说个人日记。这是七天一个循环的练习，坚持半年以上，基本就能养成感恩的习惯。每天的日程表如下。

表 2　养成感恩习惯的七天日程表

时间	活　　动	具 体 描 述
第一天	三件好事	花几分钟时间写下今天发生在你身上的三件好事，以及应该归功的人的名字
第二天	三个你最感激的人	回想一下自己生命中最想感激的三个人，并写出感激的原因
第三天	感恩对话	找一个朋友、家人或同事，聊一聊你这一生中最感恩的人和事
第四天	表达感激	确定一个具体的人，然后亲自对他去表达你的感激之情
第五天	假如好事没有发生	思考一下你这辈子最感恩的方面，然后写一写假如这些好事没有发生的话，你会怎么样
第六天	向前还愿	通过帮助另一个人来表达自己对恩人的感谢
第七天	反思日	花几分钟时间记录一下自己在过去六天中的体验和感想

　　上述这些活动大部分不难做，只要你有心，就能做成。较困难的是亲自对别人表达感谢这一项，因为有时候我们会觉得别扭。其实表达感谢也有多种形式，包括用语言表示，和别人一起共度时光，帮别人的忙，或者是给别人送礼物。用语言表达感谢最好是以一对一的方式，不要就事论事，而是尽量提升到这个人的人品和格局。和别人共度时光的主要目的是创造机会，产生共享的经历和体验，以增进彼此的情感链接。至于帮别人的忙，千万要先征询对方的意见之后再帮忙，否则可能产生反作用。关于用礼物来表达谢意这一项，虽然在中国十分普遍，但在美国，只有 6%

的人喜欢此举，68% 的人则表示，用送礼来表达感谢是他们最不喜欢的方式。看来跨文化差异还是挺明显的。

　　走笔至此，可见，常怀感恩之心的人幸福感很强。有的人可能在不知不觉中养成了感恩的习惯，那是幸运儿。假如你的感恩习惯尚未养成，而且希望自己被幸福感包围，那就赶紧按照上述的方法训练吧，还等什么呢？

在与病毒共处的时代绝处逢生

在 COVID-19 席卷全球，在全球经济遭受重创的情况下，中国的疫情控制和经济复苏都走在了世界的前面。然而，受疫情影响，有多少中小企业已经无声无息地倒下？有多少人失去了工作，找不到安身立命的所在？又有多少企业迅速脱胎换骨、凤凰涅槃，担当起救国救民的重担？

2020 年是一个充满不确定性的新时代之始。这个不确定性的最大来源是新冠病毒，它不可能在短期内消失，还可能不断迭代，与人类斗智斗勇。第二个来源则是世界政治经济格局的不稳定，以及在此基础上制造的各种谎言，形成信息病毒侵蚀人的头脑和心灵。我认为未来人类将生活在与病毒共处的时代，每个人都必须时刻提高警惕，才能防止被病毒感染而身心俱亡。

怎么办呢？

首先，要善于识别真相。真相存在于信息之中，只有真实的信息才能引导你寻到真相。要找到真实的信息，必须关注信息的出处。出处可靠，信息的真实程度就高。简单而言，不需要关注太多媒体，只要关注可靠媒体的信息，就会大大提高你识别真相的能力。

其次，在对真相正确判断的基础上，迅速判断企业的布局和盈利模式在新常态之下是否可以运作，如果不行，立刻调整。调整是一个创新的过程，需要突破原有的框架，调整局部或全部重来。比如，餐饮门店开不了，就必须立刻开启外卖配送业务。再如，呼吸机紧缺，汽车工厂的流水线重新建构，不造汽车零配件而改造呼吸机。又如，把没有生意的汽车加油站改建成给居民提供蔬菜食品的"加油"站，或者建立网站，把制造商和买家直接连起来。

当然除了短期应对，更要思考现在的调整对于企业长期持续竞争力的影响。既然病毒长期存在，人与人的隔离将成为常态，那么就应该把线下的基本业务搬到线上，把非数字化的经营过渡到全面数字化，把商用建筑逐步改建成民用，等等。否则，再发生危机时，人们还会措手不及。

此外，巧妙利用危机对企业进行变革和升级，对员工进行再培训，使他们的知识得到更新，技能得到提高，也是为未来做准备的重要举措。危机之下，人们对于变革的心理阻力会大大减小。正如大学的教学方法，过去让一个老师去上网课往往需要各种动员和激励，而新冠肺炎疫情一来，几乎所有的大学老师都被"逼上梁山"，在一周之内全面开始网课。可见在没有心理阻力只有生存压力的情况之下人的学习潜能有多强。

这正应验了中国人的两句古话：一句是"天无绝人之路"，另一句是"置于死地而后生"。

创新企业的管理秘诀是自由和责任。《无规则规则：Netflix 与重塑文化》（*No Rules Rules:Netflix and the Culture of Reinvention*）这本貌似关于企业管理的书，却颠覆了所有 HR 一直提倡的各种管理制度，包括目标管理、群体决策、KPI、绩效工资、涨薪幅度、工资等级制度、休假制度、出差费用管控、开支管控、决策批准程序、管理者签立合同等一切繁文缛节。书的作者用自己公司在过去 20 年中的实践和数据说明：废除这些制度才能给企业带来活力、创造力和生命力。简言之，"不管"才是管理的最高境界，和老子说的"无为而治"是一个意思！

更绝的是，书中提到的公司不是诞生在深谙道家哲学的亚洲国家，而是在最讲细则管理的美国。而且该公司没有因为"不管"而垮掉；相反，自 2002 年上市以来，年年业绩上升，销售额呈指数级增长（见图 5），股价也上升了 32 倍（从 2002 年的 15 美元到今天的 485 美元）。该公司在美国站稳脚跟后，在 2012 年走向世界，慢慢摸索出了一套把"不管"哲学应用到不同文化情境中的方法。2016 年，公司一举扩张到全球 130 个国家和地区，几乎没再遇到文化挑战。目前，该公司来自美国之外的营业额已占大半。

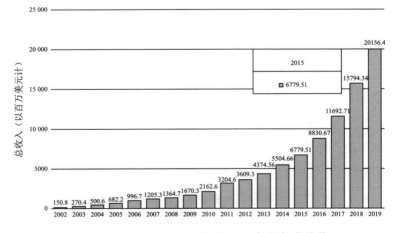

图 5　网飞公司从 2002 年到 2019 年的年度总收入

现在来想象一下，你自己刚刚被该公司录用，还没有谈妥工资。你现在居住于一个二线城市，生活消费较低，如果全家搬到公司所在地，目前的工资肯定不能维持原来的生活水平。你心里有点嘀咕，不知提出要求2倍的工资是否合适。这时你的手机响了，正是该公司的人事部经理。他说，经过全面的市场调查，了解到具备你这个技能的员工最高的工资数额

图6　《无规则规则：Netflix 与重塑文化》

（你一听真的是你目前工资的 2 倍）。但公司的哲学理念是，因为你是该领域的高才（top talent），所以要付给你比市场最高价更高的工资来吸引你加入，因此你的年薪将比目前 2 倍的工资还要多 30%！你会不会接受？

当然接受啊！但你转念一想，给你这么高的薪水，是不是公司要求大家 996，或者 7/24，今后连个休息日也没有了？于是你询问公司的休假制度。对方说，公司没有休假制度，你愿意休多少天假、在什么时候休假都由你自己决定，但不休假是万万不行的。你想，怎么还有这种好事？那是不是工资里面有很大一部分是浮动绩效工资，必须做出多少业绩水平才能拿到？一问，答案居然是完全没有浮动的成分，不管绩效如何，一分钱都不会少。你还是觉得蹊跷，就问每年你的 KPI 指标是什么，年度考核在什么时候，平时工作是否事事都要请示领导，和外面的客户吃饭或喝酒是否有金额限制，等等。结果一圈问下来，答案都是"No"。

你终于松了一口气，开心地接受了这份工作。同时心里更好奇了："咦，这家公司到底是怎么运作的啊？"

这本书就是来帮你揭开这个谜底的。本书的作者有两位，一位是奈飞（Netflix）公司的创始人兼 CEO 里德·哈斯廷斯（Reed Hastings），另一位是欧洲工商管理学院的资深讲师艾琳·迈耶（Erin Meyer）。他们采用穿插叙述、夹叙夹议的方式，生动具体地描述了公司"不管"文化的起因、原理、方法及演变的过程。他们将这个"不管"文化命名为"自由和责任"的文化。全书分为四个部分。

第一部分：自由和责任文化的基础建设要点。先增加人才密度，再鼓励直率沟通，然后废除管控（从休假政策、差旅费限制开始）。

第二部分：自由和责任文化的实施管理方法。高薪付高才，开卷管理，废除较多管控（下放决策权到第一线）。

第三部分：强化自由和责任文化的技巧。完善人才评价体系，建立反馈圈，废除所有管控。

第四部分：让自由和责任的公司文化走出美国、走向世界。

增加人才密度。

能够吸引顶级人才的条件除了高薪外，还有很多方面，比如公司的发展前景、文化氛围、同事和领导的品质及专业水平、发挥个人潜能的空间、职业发展的空间等。哈斯廷斯认为，其实最重要的是其他同事的水平，如果大家都是行业高手，就凭这一点，高手就愿意加入，因为这样才有机会与其他高手过招，学习他们的思路和技能。高手云集就是人才密度高的象征，这一点对于一个创意公司来说至关重要。

及时地直率沟通。

其目的是提高工作透明度和工作效率，避免背后议论，形成"秘密"文化。同时，及时反馈沟通可以尽快消除误解，纠正错误，帮助自己和他人进步。奈飞公司鼓励无论等级、性别、长幼，所有人都坦诚相待，把心中所想大胆地说出来。它可以是对于项目的新鲜想法、怪异念头，也可以是直接指出别人工作中的问题，或者表达对老板工作方式的不满。这样的尝试一开始出现了不少问题，尤其是用词过激或者情绪愤懑时，同事间伤了感情，起到适得其反的效果。为此，奈飞公司专门对如何直率沟通才能取得良好效果进行了实验和提升，总结出了四 A 方针：Aim to assist——意在帮助，Actionable——可以付诸行动，Appreciate——赞赏，Accept or decline——接受或拒绝。也就是说，在指出错误、批评某人的时候，如果遵照四 A 方针的话，一定能得到期望的效果。如果直率沟通发生了问题，每个人都从这四个方面找原因，并做出改变，直到完全深入人心、熟能生巧为止。

奈飞公司的这个方针在日本实施时，遇到了很大的障碍，尤其是下属给领导直接提出意见这一条，在日本公司里闻所未闻，大家都不习惯。后来公司根据日本的另一个文化特色攻克了这个难关（以子之矛攻子之盾也），那就是日本人特别听领导指挥，特别注重仪式化。所以公司就把给领导提意见这一条正规化，放入开会议程，并且给大家足够的时间按照四 A 方针去做准备，结果发现日本员工做得特别到位，对领导的意见提得也很中肯，其中大部分被领导采纳。

废除管控。

废除管控是一件需要特别小心的事，必须先在非关键领域尝试，然后慢慢延伸到其他领域。奈飞公司是从废除休假制度开始的。当然一开始公司也是仿照其他公司的做法，比如年休假六个星期，不用作废。人力资源管理部门追踪每个人的休假情况，提醒员工别忘记休假，但也不能超过休假天数。这样管理成本比较高，也并不在实质上改变休假状况。哈斯廷斯认为，休假，尤其是旅行，可以调整个体的视角和心态，对于创新来说是必需的。天天待在办公室里的人容易目光呆滞，失去工作热情和新鲜感，极不利于创意的产生。因此，他决定废除休假制度，变成无限期休假。他自己带头，一有机会就出去旅行，然后和全公司员工分享旅行照片。他也让各部门的负责人做同样的事情，大力宣传休假旅行。但在此过程中，也产生了问题。比如，财务部的人员都决定一月初休假，而那个月正是财务报告审计的时候，结果无人干活，急煞主管。为了防止类似的现象发生，公司对主管进行了培训，教他们如何给出一些基本的参数，以便员工休假不会影响工作的顺利完成。几年下来，一切顺利，大大节约了管理成本，员工的幸福感也爆棚。而且统计数据显示，即使如此，员工的平均年休假时间也在六周左右，与从前没有显著差异。

差旅费无限制地管控问题更复杂，因为无限制，开始时有不少人利用公款满足自己的私欲，比如近距离出差也坐公务舱，和客户喝酒点最贵的，有时甚至用公款请私人朋友吃饭。公司用两个原则来指导如何花钱：一是以公司利益为重，比如长途国际旅行，如果第二天就要和客户谈生意，坐公务舱就是合理选择；二是如果钱数超出寻常范围，领导向你询问，你必须能说出充分的理由。公司给员工报销所有账单，不需要提供任何证明。不过，事后也有两个方法来发现作弊的人。一个方法是主管每个月会收到一次来自财务部的报销细节，注明每个员工详细的费用信息。如果主管发现出格的费用，会让员工加以说明。如果员工不能提供充足的理由，那就会得到警告。还有一个方法是主管完全不检查，但如果财务部年终抽检时发现异常开支，该员工就得立刻走人（没有警告这一阶段）。这样实践下来，发现没有差旅费限制制度，实际的费用并没有增加太多，管理成本降低了，而且员工开心，更把自己当作公司的主人了。

下放决策权。

解除了这些管控之后，下放决策权才有了基础。在奈飞，负责项目的一线员工可以直接签单，多大的单子都行（几百万、几千万），而且只有一个签单人，不允许上级领导联合签单。签单权的下放让员工直接感到身上的责任，因此做决策更加慎重，必须反复倾听意见和建议，反复思考利弊之后才会做出决定，更进一步激发了主人翁意识。此外，公司的开卷管理，也就是与员工分享公司的详细的财务信息，这一条在上市前做比较容易。但在上市之后，这些敏感信息在上交到华尔街之前与员工分享，风险就比较大。哈斯廷斯在反复思考后，决定继续采用这个做法，但是事先提醒大家要绝对保密，一旦发现有人泄露信息，立刻开除，因为这对公司的股价影响巨大。一个公司对员工有如此之高的信任程度，实属罕见。可喜的是，奈飞的员工也都经受住了考验，至今未有泄密者。

当然，哈斯廷斯也反复强调了这种"不管"文化只适用于强调创意的公司，而非那些必须把安全放在第一位的公司（如飞机或汽车制造、医院等）。随着 AI 和智能机器的进步，未来的大部分不需要创意的工作都将被机器取代，一个公司的价值最集中的体现可能就在创意上了。而要让员工创意不断，管理者必须放权，给予大家最大限度的自由、信任和责任。假如你所在的公司期待创新，但你发现老板和高管把人事权、财权、决策权都掌握在自己手里，那么很遗憾，贵公司的创新理想将永远不能实现，前途堪忧。

掩卷思考之后，我发现了另一个有趣的悖论。那就是，虽然奈飞公司基本不靠制度管理，但其实领导花在"管理"上的时间和心血却是超过一般公司的。从公司创建以来，哈斯廷斯和人力资源总监帕蒂·麦考德（Patty McCord）女士用了近 20 年准备、尝试、实验、纠错，经过不断思考与修正才达到今天无为而治的境界。而所有这些准备工作都是为了打造一个合适的软情境或文化，使员工进入该情境之后不需要制度也能自觉。换言之，"不管"的前提是创造铺垫合理的构架和情境；而"不管"的结果是培养大家的内在动机，使大家修炼出行为的自觉性。

全球化的趋势可以逆转吗？

英国作家查尔斯·狄更斯曾说："这是一个最好的时代，这是一个最坏的时代。"以前我认为这句话自相矛盾，如今才体会到其中的智慧和无奈。当今这个时代是有史以来最好的，因为互联网和物联网的发展，我们只要动动指尖或给一个口令，就可以得到自己想要的所有东西，包括食物、衣服、工具、音乐、信息。我们看见机器人在商店门口和我们打招呼，自动驾驶智能汽车问世，能够带我们到处旅行。我们可以和远隔重洋的亲人随时交谈、分享资讯。我们甚至拥有几辈子也用不完的物质财富。但是，我们也处在一个最坏的时代：森林大火、草原沙化、冰川消融、空气重污染、种族纠纷、难民不绝。

这种趋势被全世界国际直接投资（Foreign Direct investment，FDI）流入流出总值的急剧下降所印证，也从实际货品的贸易量的减少窥得一斑。从实际数据来看，全球的 FDI 流出总值在过去十年中最高的年份是 2015 年，达到近 1.76 万亿美元。2018 年这个数字变成了 8 100 亿美元，是自 2005 年以来最低的。但是从中国的 FDI 流出数字来看，却是自 2005 年以来逐年提高，到 2016 年达到顶峰，即 220 亿美元。2018 年虽然有所降低，但总数还在 100 亿美元左右，比 2005 年的 10 亿美元要高出 10 倍。再看中美两国之间的 FDI 互流数据，虽然中国向美国的投资数额自 2016 年之后急剧下降，但是美国对中国的投资总值相当稳定，从 2010 年开始，一直保持在 125 亿美元左右。

更有意思的是，民间风险投资（VC）在中美市场的资金流动中扮演的角色却越来越重要。因为 VC 更具备对国家政策变化的抵抗力，所以我认为它更能体现市场的民意。2018 年，中美 VC 双向的投资总额首次超过两国 FDI 的总值，达到了 220 亿美元。美资在中国初创企业的投资更是打破了历史纪录，达到 190 亿美元。与此同时，中国 VC 在美国的投资也保持了自 2014 年以来的稳步增长。虽然中国对美国的 FDI 严重下降，但在 2018 年，VC 的投资量却达到近 36 亿美元，参与了超过 270 项多轮投资。这些数据表明，经济全球化的趋势是势不可当的，即使在国家层面设置障碍，这些障碍也无法阻挡民间的、市场的力量。

在信息经济已经到来的今天，纯粹用 FDI 数值及实体物品的贸易量来判断全球化的方式可能已经过时。全球化其实有许许多多的渠道。以手机为例，不管是苹果的还是华为的，全球的信息在手机平台上基本都可以得到，这些信息包括新闻、数据、电影、歌曲、书籍、公司、个体。我们知道脸书的用户量已经达到 20 亿，微信的用户量也超过了 10 亿，影视网站 Netflix 已经有一亿四千万注册用户。所以随着经济载体的变化，如果我们转换一下视角，用跨国信息流动量的变化作为指标，就会惊奇地发现，在过去十几年中，每秒钟数据跨国流动量以兆兆位（terabits）计，增长的曲线呈指数级，从 2005 年的接近于 0 到 2017 年的近

1400 兆兆位/秒。这个数据充分说明全球化程度非但没有削弱，反而大大加强了。

再从跨国服务贸易（cross-border trade in services）的总量来看，自 2010 年到 2018 年也呈持续增长趋势（40%），这些服务包括银行业务和音乐流媒体服务等。而跨国版税和许可费的增长量更高，达到 60%。任何一个电子产品，每个部件的发明专利持有者、设计师、制造商可能来自不同的国家和地区。不管是小米的手机，还是联想的电脑；不管是长虹的彩电，还是红旗牌轿车；不管是中央电视台用的摄影机、发射台，还是 C-919 客机，其中一定有某些技术和元素来自中国以外的国家。在某种意义上，除了品牌本身的文化或国家属性外，其余的内容要分清国界变得越来越难。

此外，当今的公司，不管是中国的还是外国的，都变得越来越全球化。就从公司收入总值中来自海外业务的部分来看，用标准普尔 500 指数外汇收入指数（S&P 500 Foreign Revenue Exposure Index）来表示，这个指数从 2010 年的不足 150 增加到 2019 年的将近 380，可见企业全球化程度的提高。虽然美国提高来自中国进口物品的关税，似乎自由贸易的壁垒加固了，但也迫使中国提高美国物品的进口关税至 20%。然而从全球范围来看，这么高的关税是例外，而不是常态，因为中国对其他国家（包括欧盟）物品的进口关税都只在 5% ～ 7%，远远低于 20%。

另一个全球化越来越明显的领域是产品创新。从全球专利申请的数目来看，在 2000 年美国占 32%，中国只占 5%，但在 2014 年，中国的专利申请数已经在全球占了 28%，略低于美国的 29%。从创新名列前茅的公司来看，哪一家不是撬动了全球人才的资源来实现的？美国的公司自不必说，因为美国本来就是移民国家，是文化大熔炉。走在创新前沿的中国公司，又何尝不是在全球范围内网罗人才的呢？不管是阿里巴巴还是华为，联想还是小米，都有跨文化的研发团队。而像瑞典的宜家家居公司，还专门提出了"民主设计"的理念，把来自全世界40多个国家的1 000多名设计师聚在一起，共同设计适合全球居民使用的家具、灯具等。正是这样的文化融合的创新形式才使宜家得以在全球50多个市场开花结果。

还有一个重要的全球化迹象，就是跨国旅行人数的急剧增多。虽然各国移民的数量由于国家政策的限制在过去20多年中没有太大的变化，但是短期海外旅行的人数呈指数级增加。这一部分原因是交通工具发达，飞机的性能和飞行距离不断提高，同时费用不断降低。另一部分原因则是商业的国际化进程使人们需要通过面对面的方式解决问题，当然在此过程中人们也对异国文化产生了好奇和想了解更多的愿望。

因此，虽然从某些角度观察，全球化似乎有停滞甚至逆转的倾向，但从上述新经济指标衡量的话，全球化在当今世界已成为无可争辩的现实。历史的车轮并不以某些人的意志为转移，而会循着它既有的轨道，滚滚向前。

人类同呼吸，人类共命运

尽管人类的科技已经发展到了能上九天揽月、能下五洋捉鳖的程度，并且掌握了去土星居住的核心技术，

尽管人类的文明已经积淀了几十个世纪，创造出了精美华丽的艺术品、美妙动听的音乐、各色风格的建筑，

尽管人类对万物和自身的认知已经抵达量子和神经元的层次，并且成功绘制出人体三百多亿个基因组图谱，

但当我们面对那个直径不到万分之一毫米的新冠肺炎球状病毒时，

不论你的肤色是白，是黄，是黑，

性别是男，是女，

不论你说的是汉语、日语，还是英语、西班牙语，

住在城市、乡村、海岛，还是大陆，

都会突然感觉无能为力、张皇无措、血压上升、心跳加速。

在这样的非常时期，

我们是该贸易封锁、各自应付、停止信息全球化的脚步，

还是应该立刻认识到"人类同呼吸、共命运"的现实，

彼此表达善意、伸出援手，

鼓励政府与政府、政府与企业、企业与企业、企业与社区、

社区与个体全方位通力合作？

我的答案简单明了、毫不含糊：

人类作为最体弱的哺乳动物，

之所以能进化到今天，本来就是不断合作的结果。

因此，当前，就是又一次考验人类智慧的关键契机。

尝试后者，不仅可以助推人类共同视病毒为敌，

而且可以消除彼此曾经有过的一切怀疑与猜忌，提前走向实现世界大同的坦途。

只要站在全人类的高度，我们就可以看得清清楚楚：

病毒可以通过"人"传播，并不区分人种、国籍、性别、年龄、容貌、地位，而是人人平等，毫无差别。

这是因为人类共享同一种基因组。

正如全球的猫，不管是黑猫、白猫、黄猫、花猫，

还是波斯猫、斯芬克斯猫、德文莱克斯猫，

它们的基因组相同，免疫力也差不多。

而人的不同在于人的大脑。

如果将脑力用于造谣离间、恶意中伤，人类也许将很快走向世界末日。

相反，如果将脑力用于共担风险、互相帮助，也许就能创造出防范任何"黑天鹅"事件的神器。

人类是一个命运共同体，

若干年后，当我们在太空俯视，

希望看见这个蓝色的孤独星球依然在不紧不慢地行走，

而地球上不仅有崇山峻岭、海洋湖泊、飞禽走兽，

更有行人匆匆、炊烟袅袅、民居簇簇、万家灯火。

下篇

启动未来商业模式的先驱
—— 中国企业家

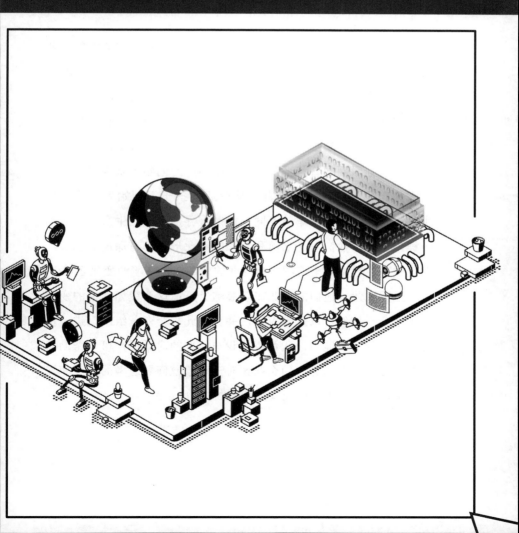

导言

　　这里收录的是我在 2016 ～ 2020 年里对走在时代前沿的企业家和高管的访谈实录。这些企业家有的来自高科技行业，如腾讯公司创始人马化腾先生、华大基因的 CEO 尹烨先生，以及阿里巴巴前技术委员会主席、阿里云的创始人王坚博士。有的来自餐饮业，如海底捞的创始人张勇先生和外婆家创始人吴国平先生，也有来自互联网教育行业的，如 VIPKID 的创始人米雯娟女士，还有来自用互联网思维经营实体商店的孩子王创始人汪建国先生。虽然这些企业家年龄不同，性别有异，企业的生命周期也不一样，但是，他们对于当前和未来的商业形态都有深度的思考，并且能在实践中未雨绸缪，将企业的变革放在环境的变化之前。

　　正因如此，他们的企业在新冠肺炎疫情这个突如其来的变故发生之后，依然可以从容应对，并且趁此机会变革组织，进一步提升企业的抗疫能力。我希望从我与他们的对话中，可以帮助读者窥见这些具有洞见力的企业家对于现象或问题思考的角度和深度，从而提高大家的商业预知和判断能力。

把大树变成森林 把生意做成生态

——访谈腾讯公司创始人、CEO兼董事会主席马化腾先生

陈晓萍：马化腾先生，恭喜您再次在《哈佛商业评论》评选的全球最佳CEO中榜上有名，您是唯一上榜的中国企业家！您作为腾讯公司的创始人，对您成功的原因有哪些思考？

马化腾：感谢鼓励！过去18年，腾讯的成长见证了中国和整个互联网行业的高速发展。腾讯一直快跑，今天我们仍然在路上，还在一直往前冲。可以说我们很幸运，在国家和行业高速发展的过程中努力做一些事情。

我相信腾讯今天长到这么大，受到这么多的关注，肯定是很多方面因素共同作用的结果。18年前，腾讯初创时是一个非常小的公司，为了养活我们第一个2C的产品QQ，我们当时甚至需要接一些2B的小生意。然而从第一天开始，我们几个创办人就非常看重用户的需求和体验。那时候大家没日没夜地为用户着想。无论是听到用户的一点抱怨也好，还是网络的抖动也好，完全不用发号施令，大家会自发地去做调整和改进。我觉得，这种完全

从用户价值出发的理念非常好。虽然创业阶段已经过去很久了，但直到今天我们公司的产品整体上仍然保留着这种强用户导向的品质，用户不满或者等待多一点时间我们都会觉得很难受。我想，这是腾讯能够走得这么远的一个重要原因。

另一个重要原因可能是我们的开放战略。以前腾讯像个八爪鱼，什么都做，过去几年我们逐渐回归到自己的核心业务，专注做连接，聚焦在内部称为"两个半"的核心业务上，一个是社交平台，一个是数字内容，还有半个是正在发展中的金融业务。核心业务以外的领域，都交给各行各业的合作伙伴去做。我很喜欢"半条命"这个说法。"半条命"意味着需要互相信任、互相支持，并且我们基本上不去主导和控股，而是尽量成为帮助者，让他们自主地成长为独立的公司和平台。这种"去中心化"的开放战略，让"一棵大树"变成了"一片森林"，现在看来，这也是腾讯能够长这么大的一个重要原因。

当然，我们还在路上，大家都在边跑边想，可能还有很多重要的原因，我们还没有感觉到其重要性，但它们一直在默默地发挥着作用。

陈晓萍：您觉得腾讯今天的成功是否与您个人的领导风格和管理特点有关？您认为自己生命中的哪些经历深刻影响了您创业和管理的特点或风格？

马化腾：我从大学开始就靠写代码养活自己，算是个典型的程序员。当时我更想做个产品，没有开公司的想法。连我父母都没有想到，我这个书呆子还可以开公司。现在想想，如果我当时一个人单枪匹马地开公司，肯定是走不远的。我觉得我当时走对的第一步是找一些合作伙伴，我的缺陷他们可以弥补。

我们最早的创业团队里，有四位是我的中学或大学同学，大家都知根知底，互补性很强。比如我对产品比较在行，我知道我要什么，怎么去实现，这方面我想得比较清楚；张志东是个学霸，技术能力很强；陈一丹从政府部门出来，他虽然技术不强，但是善于组建团队，对行政、法律和政府接待都很有经验。正因为我们都不是全才，所以需要相互补充，这也使得腾讯的风格比较民主，有事大家一起商量，没有出现"一言堂"的局面。

后来腾讯的风格也是这样，比较民主，比较多元化，让不同的声音传达出来，我觉得这是好事情。但是，关键时候还是要强硬一点。比如说实在讲不通，该动手得动手。

现在看来，这种风格让我们后来避免了"孤家寡人"的情况，也让很多中途加入的人才能够带着创始人的心态在公司里成长起来。腾讯现在高层和中层人才梯队比较厚实，也跟早期形成的创业风格有一定的关系。

微信是如何拿到移动时代的"船票"的？

陈晓萍：微信至今已有 8 亿用户，成为中国社会各阶层人士不可或缺的通信、购物、支付工具。我自己也是微信的忠实用户，我用微信和国内亲人、朋友联系。这是我使用的唯一的社交通信工具，我深刻体会到它的方便、有效和神奇。回想那天我的高中同学建立了一个微信群，让我加入，几分钟后，我发现30年未见的老同学都戴着面具、披着马甲从各个地方冒了出来，简直有恍如隔世的感觉。再看我的父母一辈，每天抱着微信与天涯海角的老朋友聊天，我突然觉得微信解决了他们因年老而怕孤独、寂寞的危机。我不禁好奇，微信是怎样创造出来的，又是如何与时俱进的。

马化腾： 当时有个大的背景就是从 PC 互联网到移动互联网的转变。对腾讯来说，当时要解决的一个很大问题是从 PC 端到移动端怎么打通。当时我们说，大家要抢移动时代的"船票"，都生怕落后了，搭不上这艘船，因为用户向智能手机的迁移是非常惊人的，记得诺基亚前一年市场份额还是 70% 左右，下一年就一下子掉下来，被安卓、苹果这类智能手机迅速抢占了。反应过来的互联网企业才能活下来，没反应过来的就倒闭了，这是一个真正的危急时刻。

更重要的是，新浪微博那时已经兴起，甚至开始从社交媒体转向社交网络，比如有些学校将微博用于班级之间的通信，这对我们来说是个实实在在的挑战。当时我的第一反应是我们也要做微博。但这很难，同样的产品是没有办法去战胜对手的，你只有找到一个不一样的角度去突破，满足用户在智能手机上移动通信的需求，才能解决这个问题。

当时我们内部有三个团队报名来做这个叫微信的产品，相互之间不告诉对方研发的进展。这里面包括当时无线事业群的团队，还有张小龙的团队。张小龙此前负责做 QQ 邮箱。当时公司高管用黑莓手机来收手机邮件，这个团队负责开发过一个手机邮箱，初衷是让每个员工都能很方便地使用手机邮件。因为他们有这个经验，后来也加入去做微信这个新项目。这个团队很快研发出来了新产品，今天的微信，其实就是以快速短邮件为原型的。

微信出来后不断迭代，推出了很多创新功能，比如语音、附近的人、摇一摇等。同时，它又把界面和操作做得非常简洁清晰，用户体验很好。在微信自身强大的内生增长能力展现出来后，我们还把 QQ 用户关系链导入，这使得它获得更迅速的用户增长。微信其实还跟米聊、易信、来往等外面对手进行了非常激烈的竞争，最后在移动即时通信领域站稳了脚跟，拿到了一张宝贵的"船票"。

在此后的几年里，我们看到微信仍然在不断创新，比如微信的公众号平台，现在已经成长为一个独特的生态体系，让再小的个体都能拥有自己的品牌，他们可以建立自己的用户群，拥有自己的粉丝，自由地与自己的用户沟通。微信的"小程序"功能更是进一步帮助服务提供商与自己的用户更好地连接。微信的移动支付业务使得整个微信生态实现了闭环，这些都是国外同类产品没有的创新。

创新机制：鼓励"兄弟爬山"

陈晓萍：看来腾讯鼓励企业内部团队之间的竞争和创新。您认为这是腾讯企业文化中的一个核心理念吗？

马化腾：其实这也是我们慢慢摸索和总结出来的经验，内部一些良性的竞争是很有必要的，往往自己打自己，才会更努力，才会不让公司丢失一些大的战略机会。因为你如果不做，这个行业里总会有人做出一个能抓住机会的产品。正因为微信是从内部竞争中脱颖而出的，它才足够强壮，能够在外部竞争中站立得住。

我们的经验是，在公司内部往往需要一些冗余度，容忍失败，允许适度浪费，鼓励内部竞争和试错。创新往往意味着巨大的不确定性，不创造各种可能性就难以获得真正的创新。有时候为创新而创新反而会让创新动作变形。

我们也走过弯路，我们过去搞了一个研发中心，让他们就搞创新，结果发现干的都是重复性的工作，并没有做到真正的创新。我们事后回头看，很多创新点并不是我们搞一个只干创新的部门就能做出的。别的部门就不做创新吗？现实不是这样的，很多创新往往是自下而上的，总是在不经意的边缘地带出现。比如微信，不在成熟无线业务里面诞生，反而是在以前做邮箱的广州研发中心诞生。我们有一款很受用户青睐的游戏叫"王者荣耀"，它是由不太受人关注的成都团队做出来的。如果企业完全采取自上而下的方式，往往导致企业没有活力，很僵化，尤其在变化特别快的互联网产业中是非常危险的。

陈晓萍：有趣的是，腾讯又特别强调合作分享，不仅是内部的合作，也强调外部的合作分享。您曾经向合作伙伴致公开信，表示孤木难成林，只有赋予开放分享的基因，树木才可能长成一片森林。而且您认为腾讯的开放精神是源自其社交基因——社交网络天然呈网状，鼓励朋友间开放分享。请问公司是如何平衡管理团队之间既竞争又合作的关系的？

马化腾：我很喜欢一个比喻叫"兄弟爬山"，大家努力看谁先跑到山顶。这有点像我们内部竞争的方式。在试错阶段，原则上鼓励大家都可以来试，正如前面提到的自下而上的方式。评判试错结果是有个客观标准的，也就是用户和市场说了算。当然在腾讯往往是结合自下而上与自上而下两种方式。对成熟的业务，我们采取比较稳健的管理方式，但对于新兴的模糊地带，我们鼓励自下而上的试错，我们会通过成熟业务来帮助未成熟业务。比如一旦微信成形，腾讯全公司的力量都支持微信，包括核心的QQ关系链，也包括各种营销资源，以及与公司其他产品和业务的联动。

腾讯诞生在深圳，深圳本来就是一个新兴的城市，大家从各地来到这里，不是以地缘或血缘连接在一起，而是以一种开放协作的心态来做事。这很像我们在社交网络里的状态，QQ和微信把天南海北的人联系在一起，也不分你我来自哪里，大家都可以在这里交朋友。我们比较鼓励以这种开放心态来做事，不限于一地一隅之争，只要肯努力并且保持开放协作的阳光心态，每个人或团队总有发挥自己所长的可能性。

对于互联网公司来说，我们可能会看到，在"网状结构"中，用户、员工、合作伙伴三者的边界会进一步模糊。

通过互联网提升人类生活品质

陈晓萍：如果要您总体描述一下，您认为公司的核心文化理念究竟是什么？这些理念又是如何形成、巩固、发展、演化的？

马化腾：我首先想到了"一切以用户价值为依归"。前面也提到我们从创业开始就自然而然地产生了强用户导向的理念，并一直延续下来。比如，在过去国内不太理想的互联网环境中，如何让QQ不掉线，如何让它更快地传送文件等，这些都是我们针对"用户痛点"进行的创新。这些创新可能看起来不显眼，但是确确实实地解决了当时用户的需求。我们做开发时往往要避免纯粹的"炫技"，也就是搞一些体现自己很厉害但用户不需要的东西。这种对待用户需求的务实态度，也让腾讯逐渐形成了比较强的应用型创新能力和技术落地能力。

我还想到了"通过互联网服务提升人类生活品质"。腾讯把它当成使命。怎么用互联网能力来解决一些社会问题，其实是我们一直关注的问题。微信、QQ等已经是国内装机量最大的软件，有很多民生和便民应用的场景，我们通过"互联网＋"在城市服务方面落地很多这方面的运用。另外，我们还尝试用手机QQ为全城助力寻找丢失儿童，用微信为盲胞读书，用404页面发布寻人信息等。很多是我们员工自发想到去做的，我们为员工做正确的事情点赞，鼓励他们用企业自身的能力来解决社会痛点。有个例子是，我们尝试利用地理位置信息定位（Location Based Service，LBS）能力来推出自动体外除颤（Automated External Defibrillator，AED）设备地图，就可能在人们发生猝死危险的情况下，让急救人员尽早拿到最近的AED设备，争取急救的黄金时间，这个功能我们通过微信和手机QQ率先在上海进行尝试，接下来还会在很多城市推广。总体来说，我们一直希望腾讯成为一家受人尊敬的互联网公司。

陈晓萍：我很欣赏腾讯所做的一切：产品、服务、平台。腾讯作为一个连接未来的行业，你们现在的所作所为将直接影响到全人类未来的生活状态。您对腾讯的发展前景有什么展望？

马化腾：腾讯一直以来专注做连接，未来会继续深耕前面提到的"两个半"核心业务，同时将关注可能影响未来二三十年的技术趋势。

我之前把"互联网＋"比作一种信息能源，就像电能一样，会给各行各业带来深刻的变革。今天大量的企业不再局限于简单地触网，而是开始把后台和数据迁移到云端。这带来了云业务高速增长。这种业务和数据的云端迁移，使得大量企业在技术架构的层面实现了连接，这为未来各行各业在云端利用人工智能处理大数据奠定了基础。

应该说，产业互联网的变革才刚刚开始，未来还有很长的路。在这个过程中，腾讯不但能输出自己的互联网技术与能力，提供云、大数据等基础设施，还能为各行各业解决"最后一公里"的连接问题。

陈晓萍：在胡润榜上（2016 年），虽然您在财富榜上名列第三位，但您在慈善榜上却高居榜首，总共捐赠数额达到 139 亿元，因此成为中国的最大慈善家。我也了解到腾讯每年差不多投入至少 1% 的利润到公益项目中。您可以分享一下您对慈善的思考和想法吗？

马化腾：腾讯 1998 年成立，到 2002 年注册用户过亿时，仍然是个求生存的创业公司。当时我们几个创始人就开始思考，在埋头做产品之余，如何去做一些回馈用户和社会的事情。后来我们进入一个发展比较好的阶段，也更清晰地看到，如何利用我们创造的财富和平台影响力为社会做更多的事情。我们在 10 年前发起了中国第一家互联网公益基金会，努力促成国内的互联网公益平台。我个人还先后尝试参与了公司以外包括爱佑慈善基金会等在内的一些公益项目。

我觉得，一个人或一个企业的力量毕竟是有限的，只有大家都参与进来，关心和参与公益，才能形成解决公益问题的力量。在过去这几年里，我们尝试利用腾讯的互联网公益平台，让公益项目与更多网友和企业连接。

2016 年是腾讯第二年推出"99 公益日"活动，相比 2015 年，捐款额和捐款人数都明显提升。捐款额达到 3.04 亿元，较 2015 年增长 138.6%；捐款人次达到 669 万人，较 2015 年增长了 234.5%。共有 3 642 个公益项目及 120 家公募机构得到了捐助。可以说，腾讯不断开放平台和产品能力，正在把数千家公益项目和组织与亿万用户及合作伙伴有机地连接在一起，希望促成一个"人人可公益，民众齐参与"的互联网公益新生态。

值得一提的是，把传统公益与互联网创新结合起来，能带给我们不少惊喜。比如，我们在公益项目中实行月捐计划，这就借鉴了我们做互联网产品每月订阅的经验，效果非常好。捐赠者不但可以选择有计划地进行每月捐赠，不必一次性完成项目捐赠，而且可以通过手机邀请朋友们一起捐，每个月还能收到捐赠项目的进展情况，很大程度上解决了公益项目缺乏个性化和透明度等问题。

在参与公益实践的过程中，我感到自己学习了很多东西，发现慈善这个领域是非常专业和复杂的，有很多原来没有想到的问题。这个过程牵涉社会、政府、企业、个人等多方面，也涉及理念、人才及政策等多领域，需要我们更深入地学习，以及培养、引进更多的专业人才，同时需要我们全社会各个方面共同努力。

陈晓萍： 最后请您总结一下您的创业和管理哲学，以及您最想与别人分享的管理经验。

马化腾：如果要创业，最好不要单枪匹马。第一，要发挥自己所长，同时要找伙伴一起来做，这样能够弥补自己的不足。在这个过程中，尊重彼此不同的声音，寻找互补和共识。企业发展起来之后，更是如此。要保持开放协作的心态，寻找合作伙伴一起来发展，孤木难成林，只有在自己的优势上集中力量，把其他交给合作伙伴，才能真正把生意做成生态，获得更大的发展空间。

第二，创新从解决用户痛点开始。为创新而创新，容易让工作变形。有时小步快跑，从专注解决一个用户痛点开始，往往更有效果。很多创新往往是自下而上的，总是在不经意的边缘地带出现。公司内部往往需要一些冗余度，容忍失败，允许适度浪费，鼓励内部竞争和试错。创新往往意味着巨大的不确定性，不创造各种可能性就难以获得真正的创新。

第三，留意跨界。要想进入一个成熟产业里挑战原来的企业是很难的，因为这个产业有重兵把守，完全是一片红海，但是两片红海的交界处和跨界部分往往可能是一片蓝海，就像我当初选择了在互联网和传统通信的跨界领域做了 QQ，当时没有多少人看好，但是现在来看，它其实是一片巨大的蓝海。未来的创新和很多传统行业的转型往往可能通过跨界进行，很多产业不是一成不变的，如果从中抓到机会的话，会是创业的好方向。

互联网公司的管理大变革（腾讯研究院的科技向善访谈）

——腾讯研究所对陈晓萍的访谈

  2017 年，针对腾讯的价值观、管理风格、组织使命、创新机制等一系列问题，美国华盛顿大学福斯特商学院 Philip Condit 讲席教授陈晓萍女士对腾讯公司董事会主席马化腾先生进行了一次深入长谈。彼时，成立 19 年的腾讯跻身亚洲市值最高公司之列，马化腾亦入选当年《哈佛商业评论》的全球最佳 CEO 榜单。尽管当时"科技向善"还只是腾讯研究院内部的一个研究课题，但在这次访谈中，当被问及核心的文化理念时，马化腾提到了两点："一切以用户价值为依归"和"通过互联网服务提升人类生活品质"。这实际上已经蕴含了科技向善的精神内核，即"实现技术向善，避免技术作恶"。

  这次访谈的内容最终被整理成为题为《腾讯的成年焦虑》的文章，发表在复旦大学管理学院与中国管理研究国际学会联合出版的《管理视野》杂志第九期。2019 年，腾讯把企业使命更新为"用户为本、科技向善"，这一理念的升级也凸显了在纷繁复杂的环境下，一家科技公司所做出的选择。一如马化腾在为《科技向善：大科技时代的最优选》一书所作的序言中写道："科技是一种能力，向善是一种选择，我们选择科技向善，不仅意味着要坚定不移地提升我们的科技能力，为用户提供更好的产品和服务，持续提升人们的生产效率和生活品质，还要有所不为，有所必为。"

科技向善的千里之行，我们只是迈出了第一步。所谓"知不易，行亦难"，如何把科技向善从一家公司的使命拓展为全行业的共识？如何把科技向善从一种理念转化为企业技术产品研发的准则？如何把科技向善从口号真正内化为企业的核心竞争力？带着这些问题，腾讯研究院回访了陈晓萍教授，期待她能够从组织行为和人力资源管理的研究角度给予我们启发。

腾讯研究院：许多人会把科技向善和传统的慈善、企业社会责任混同，当然这也给我们带来一些困惑，是不是"科技向善"的概念太超前了，您如何看待这三者之间的区别和联系？

陈晓萍：科技向善中"向善"的理念，也可以理解为有良知的商业逻辑。它是把所有与产品或服务相关联群体的利益，包括用户、开发人员、供应商、社区和社会整体，全部考虑到产品与服务的设计和使用中。这不仅要考虑公司和用户角度的短期收益，还要考虑相关群体长远的发展和利益。从这一点来看，科技向善和传统的慈善是不一样的。传统的慈善做法一般是企业在赢利之后，把一部分捐给贫困地区，帮助别人解决生活的困难，但是和企业自己的产品与服务没有直接的挂钩。企业社会责任是一个名词，与科技向善相关，但其包含的范围要更广泛。在我看来，企业社会责任一方面是指企业的存在帮助社会解决了就业问题，解决了很多人的生存发展问题，另一方面企业赢利给国家交了税，也是间接为社会贡献了力量。当然也有企业额外对社会做捐赠，比如给灾区人民捐款、捐物、捐人力等，也是对社会承担起责任的表现。所以科技向善与企业社会责任的理念是一致的，只是科技向善把这个概念更深层地植入公司所做的一切事情中去，考虑的不仅仅是股东的利益，更有所有和产品与服务相关的各方群体的利益，做综合的考量和嵌入。在这个方向的指导下，整个逻辑思维也发生变化，从原来的把产品与服务做好了就能挣钱，转到从一开始思考做什么样的产品与服务，如何做这些产品与服务，怎么对待参与做这些产品与服务以及它们的受众的时候就会高瞻远瞩，考虑到多方的长远利益。腾讯在这个阶段提出科技向善，我认为恰逢其时。因为以腾讯目前的体量、收益和影响力来说，它已经有能力这样做，并且可以带领一批公司这样做。这将会对整个中国社会的未来发展起到不可估量的积极作用。

"向善"的代价

腾讯研究院： 在推行科技向善的过程中，我们碰到很多执行上的阻力。比如在内容生态方面，很多文章缺乏营养，但是点击量高，而且智能算法会强化这类文章的受欢迎程度，最终迎合人性中较低趣味的一部分，您如何看待这种矛盾？

陈晓萍： 这是一个选择题，在科技向善和流量之间发生冲突时，哪一个更重要？企业事先需要模拟各种情景，讨论针对不同情况的举措。如果向善是企业的终极目标，那么就要考虑出现损失的话，企业的承受能力怎么样，到了哪个临界点必须止损，然后再通过什么方法把情况扭转过来。其实，选择向善的企业，对于其运营能力、创新能力的要求是更高的，因为它要在兼顾所有相关群体利益的同时还要赢利，持续发展。

比如在内容平台上，公司通过技术可以做到把虚假信息都去掉，或者不去迎合低级趣味。短期内流量少了，收入也少了，如果公司可以承受，也许在这个过程中，用户会感觉到你这个平台上的内容都是精品，质量很高，那么更有品位和识别能力的人就会对你更信任，从而形成口碑效应，使流量重新增加。所以向善要考虑企业能在多大的程度上忍受损失，因为在一开始的时候肯定是有损失的。

联想到之前我分享过的联合利华生产袋装茶的案例。子公司准备走有机茶路线时，一开始需要投入大量的成本去培训茶农，教育他们杜绝森林砍伐，还要支付他们更高的报酬，并且为茶农的孩子提供受教育的机会。总公司算了一笔账，发现亏损相当严重，因此不同意实行。但是子公司的项目负责人有坚定不移的信念，他从"茶业向善"的理念出发，觉得从产业链持续发展的角度来看，必须善待茶农、善待土地、善待用户（喝有机茶更健康）。在经过仔细计算之后，他们决定给茶叶提价，并做了大量的宣传工作。结果，虽然一开始购买者不多，有所亏损，但几年之后情况完全改观了。

所以当企业抱着向善的目标前行时，一方面需要有心理承受能力，另一方面要打开脑洞，想出有创意的方法来减少亏损。我相信长期的效果一定是好的，用户会因为认同你这家企业而埋你的单。

腾讯研究院：让用户知道并选择优质的互联网产品，需要开展漫长的用户教育，如何解决这个问题？

陈晓萍：用户的意识觉醒需要时间和等待。全食超市于 1987 年在美国刚刚开店时，它的理念算是非常超前的。那时候商超行业还处于低价竞争阶段。而全食超市坚持有机食品的理念，虽然价格偏高，一开始受众少，但是在几十年之后，随着人们对健康越来越重视，有机食品已经渗透到所有超市，越来越多的人认同、追捧这个理念，全食超市因此在美国遍地开花（2017 年被亚马逊收购），它的盈利状况也因此好起来了。所以有的时候需要等理念成熟。

科技向善可能会经历一个教育的过程和等待大众成熟的过程，但这个事情总要有人先行。全食超市是先驱者，它并没有与市场脱节，而是很好地活下来了，并带动了整个行业对有机食品的追捧。在科技向善成为商业主导原则的整个链条里，先行的企业在早期会遇到很多困难，需要很多投资者对它们有信心，它们才能坚持下去。

用"向善"超越竞争对手

腾讯研究院："科技向善"的概念最早诞生在腾讯研究院，我们希望这样一种理念可以成为产品设计的准则，进而形成一种企业的核心竞争力。但在实践中并不容易，您觉得科技向善有可能成为企业的核心竞争力吗？如果一家公司做这些事情，能改变大环境吗？

陈晓萍：我觉得可以。麦当劳是美国最大的快餐公司之一，已经称霸全球很多年了。但最近几年美国有一家迅速崛起的快餐公司叫 Chipotle，是墨西哥风味的快餐公司。这家公司很有创意，给客户很大的自主选择性，店里使用的鸡肉全部采用放养的、没有用过激素的有机鸡肉。在美国，Chipotle 生意火爆，尤其受到年轻人的欢迎。

作为竞争对手，Chipotle 给麦当劳带来了很大的冲击。一开始麦当劳对它置之不理，但是四五年以后，它的存在迫使麦当劳做了改变。第一是麦当劳推出了更加健康的食品，比如芝士减量的汉堡，现在用户可以有更健康的选择。第二是选择有机鸡肉。麦当劳在两年前做出了决定，在美国所有的麦当劳卖出的鸡肉都是有机的。这是它在 Chipotle 的压力下不得不做出的选择。

可见，即使是 Chipotle 这样一家小公司，倡导用有机食品做食材，坚持下来之后，越来越大，在全美都开了连锁店，生意甚至比麦当劳还好。虽然其产品价格更高，但是有顾客愿意为它埋单。这样的新企业迫使老牌玩家也得做出改变，变得更负责任。

与此同时，用联盟的力量来推动向善的商业逻辑也会比较有效果。腾讯已经足够大，但如果还能联合同行一起来推动的话，效果和影响都会更明显。所谓同行是在同一个领域做着类似事情的公司，它们的初衷应该是相似的，比如让用户能够及时得到准确信息，为用户提供沟通的平台，或为用户提供娱乐等。在同一行业里的公司，在某种意义上应该具有共同的愿景和目标，所以可以先联合志同道合者，慢慢形成向善的共识，联手努力，直到社会上的知识分子和普罗大众也都能够响应，能够赞赏这样的做法。与此同时，不断宣讲你们做事的动机、目标和坚定不移的信念，宁愿承担短期损失也要做。这是一种面向所有人的、带有教育性质的举动。

从另一个角度来说，假如中国有越来越多的投资者看重长远的利益，从对人类未来发展有好处的角度去投资企业，投资者就会愿意下成本，并且有耐心去等待和推动向善理念的成熟。资本在这方面也需要有长远的看法，才会使整个企业的发展有良性循环的效益。我认为一个企业是可以带动整个行业向善的。腾讯要坚持，也能够坚持住。

腾讯研究院：在讨论使命愿景时，也有人担心"科技向善"会成为被攻击的对象，您怎么看？

陈晓萍：担心被攻击不是因为"科技向善"的理念，而是在多大程度上实践没有跟上理念。所以这正好提供了一个思考的角度，就是如何缩小实践和理念之间的距离。

比如游戏，虽然它存在负面影响，但也有很多好处。游戏可以让你彻底放松，进入另一个世界，完全沉浸其中，享受心流（flow）的感觉。另外就是很多游戏要动脑筋，可以锻炼智力、手眼协调能力等，对开发人的潜能也有很大的好处。还有些体感游戏，可以帮助人们运动、锻炼身体。

所以游戏本身有益于人的身心健康，但是玩过度了就会产生问题。其实所有的事情，包括学习、工作，过度透支精力都会产生问题。因此，真正要解决的问题是游戏过度。游戏玩到恰到好处时停下来，办法当然有很多，软措施、硬措施，或者其他更有创意的能够提高玩家自制力的方法，这些都是可以实现的。

腾讯研究院：对于小型创业公司而言，生存是第一位的，而创业公司的投资者往往更关注短期盈利，从这个角度您能不能给国内创业者一些建议？

陈晓萍：创业者在明确了自己公司向善的目标之后，要尽量游说看好向善企业的投资者，给自己做后盾。从美国这些年的情况来看，有一些投资者在 20 多年前就开始非常注意企业本身价值观的问题，只选择投资向善的企业。这些投资公司，很多年以来都没有赚到什么钱，但是从 2019 年开始它们赚钱了。而且现在投资向善企业的公司的比例已经提高了很多，可能有将近 25% 的投资公司只投使命驱动的企业，一定不投不向善的企业。我个人觉得随着共益企业的兴起，以及"有良知的资本主义"概念的出现，将会有越来越多的投资者持有长远的观念。我希望有远见的投资者越来越多。

腾讯也是投资者，在投资企业时也应该把"向善"作为一条重要的考查标准，从另一个方面践行其科技向善的理念。另外，头部公司和投资基金也应该起到模范带头作用，如果它们投了很多向善的公司，投资界的局面应该会发生很大改变，整个中国的商业生态也会发生很大变化。

互联网公司的管理"大革命"

腾讯研究院：微软、谷歌、脸书等一波互联网科技公司的兴起，给传统企业的组织管理方式带来了哪些改变？在信息革命爆发的同时，管理的"革命"是否也在爆发？

陈晓萍：在美国，企业管理方式在最近 30 年里发生了巨大的变化。很多是从管变成不管，不仅不管，还主张赋能员工。当然赋能是在一个大框架的前提之下，比如价值理念、公司的愿景、公司的目标产值等。在大框架之下，给员工非常大的自由度，给他们赋能，给他们资源，在符合法律和道德规范的前提之下，支持员工尝试不同的方法去达到目标，可以有各种各样的创意。

当然，其中最有名的就是谷歌公司。它有一个"奇怪"的规定，就是员工一定要把 20% 的时间花在与工作无关的事情上。也就是在上班时间，每周五天里有一天必须做你自己喜欢做的事情，比如旅行、打球和其他爱好。由于他们有 20% 的时间用在爱好上面，结果反而从中发掘出很多有意思的创意，转化成谷歌一些非常有名的产品。

这样的做法给了员工很大的自主性。当一个人发自内心喜欢上班的时候，他对于工作的热情和激情是不一样的。相反，年轻人出现丧文化就是因为自己不想上班，别人强加了很多压力，自己才不得不上班。像谷歌那种完全反过来给员工自由的文化，真的让人向往。

另一个管理方法就是让员工始终觉得自己能够学到新东西——有学习和自我定位意识。当他觉得自己越来越能干的时候，就愿意尝试更多东西，这就是能力的提高。提升自己是每个人都有的欲望，所以公司提供很多定制的培训项目，或者提供学费让员工去大学修课等。而为了给员工减压，有些公司还专门请了瑜伽师、正念大师，随时开诊开课。

还有一个很重要的方法就是让员工感觉到工作的意义，觉得自己做的事情对社会有正面影响，或者是实现了自己的愿望。就

凝视未来

像腾讯提倡科技向善，对吸引员工和提升员工的归属感就是有帮助的。科技向善不仅是口号，而且能够落实到产品中，使其蕴含社会效益。如果大家都能清楚地看见腾讯的所作所为皆抱着向善的宗旨，虽然公司在实行一个相应的新举措时会有亏损，但依然执着前行，那么大家还是会觉得这是一家值得尊敬的公司。当员工觉得自己能和这样的公司连在一起时，也会不由自主地感到自豪。

思考未来企业和商业的形态
—— 访谈阿里巴巴前参谋长曾鸣博士

我和曾鸣相识已有 20 多年了。我们曾经都在美国伊利诺大学攻读博士学位，后来又一起合作写过关于企业多方战略联盟竞合关系的论文，发表在管理学顶尖期刊《美国管理评论》上。再后来他去了业界，而我一直留在学界，各自忙碌了 10 多年。这些年，每每读到阿里巴巴的新举动和新发展，我就会想到曾鸣这个参谋长所起的作用，十分佩服他从学者到实践者的成功转型。现在他从参谋长的位置退下，总算有时间让我对他进行访谈了，我心中甚喜。

图 7　曾鸣

陈晓萍： 曾鸣，你好！在你的职业生涯中，从欧洲工商管理学院和长江商学院的教授到阿里巴巴的参谋长（Chief Strategy Officer），你经历了一个从学者（旁观者）到实践者的角色转换过程。在这个过程中，你有什么样的感悟和体会？

曾鸣： 虽然我的任务角色似乎发生了变化，但我后来意识到，其实在整个过程中，有一个一直没有变的东西，那就是我的思考者的角色。无论是做研究，还是去实践，能不能深入地思考问题，有没有一套好的方法论去分析问题，是非常关键的。而我作为博士时所接受的训练中，最重要的就是培养深入思考的能力，以及掌握分析问题的方法论。所以我觉得这是我没有变的地方。

而变化最大的地方就是，我原来做学者的时候是由外向内看，看到的东西总是隔了一层，没有切身的感受。进入企业以后，我对问题与产生问题的情景的理解就大不一样了。所谓情景化的知识（contextual knowledge），是建立在非常深入的了解之上的，这样的了解会促使你发现需要去思考和解决的实际问题，而这时候的问题也就不再停留在抽象层面了。总之理论研究追求抽象和简洁，而实践当中的情形是具体、模糊、混乱的。在这种模糊状态下不断优化战略的过程，是企业的常态。所以我刚开始觉得在公司里面最不适应的一点就是不能针对问题给出一个完美的答案（perfect answer），总是得不断地试错。

公司的文化价值理念是指导战略和行动的指南

陈晓萍： 你能够具体举个例子来说明吗？

曾鸣： 比如说在阿里巴巴，我们最基本的思考方式是，遇到问题时从公司文化价值观出发，结合发展过程中的使命、愿景去思考解决方案。但最近这两年我接触了很多创业企业后，就发现其实真正从这个角度去切入思考的人还是很少的。大部分人做事情可能还是从自我成就、兴趣、机会这些角度出发的，而从比较深的底层结构去思考、形成一种比较长期的驱动力的企业还是相对比较少的。

陈晓萍： 这其实也是阿里巴巴之所以这么成功，与众公司不同的突出之处。阿里巴巴的使命是"让天下没有难做的生意"，文化价值观用"六脉神剑"（客户第一、团结合作、拥抱变化、诚信、激情、敬业）来描述。在制定公司战略的过程中，阿里的核心文化价值观是如何起到作用的？

曾鸣： 它是最基本的指导，所有的东西到最后都会用这个原则来考评。一个非常典型的例子就是要不要做云计算。当时我们面临非常多的技术挑战，技术人员之间还有很大的分歧，反对派的意见也非常激烈。但马云最后决定坚持往前，最重要的原因就是做云计算符合阿里巴巴的使命。因为它使 IT 服务平民化了，很小的创业公司也可以享受以前只有大公司才可能拥有的好的云计算服务，实际上是让做生意变得更容易了。云计算让创业的门槛降低了很多，非常有价值，也符合我们企业生态发展的方向，所以后来就坚持下去了。

陈晓萍： 云计算能够帮助中小企业成长，跟你们的"让天下没有难做的生意"的使命完全吻合，所以就坚持下去了。

曾鸣：是的，从价值观出发来做决定的公司才会有真正长期的打算，也会有超越盈利的社会责任的担当。虽然这个愿景和使命是阿里在不断的摸索中总结出来的，也会随着环境、成长阶段的不同有调整，但是总体来说对这个原则的坚持是贯穿始终的。

陈晓萍：你从加入公司的第一天起就有这种认识了吗？

曾鸣：对，我认识马云很早，2000 年我俩就认识了，2001 年、2002 年我也去阿里做过培训。那时候我就觉得这家公司很特别，有追求，有理想，这也是特别吸引我的地方。

陈晓萍：在当阿里巴巴参谋长的时候，你是如何与 CEO（马云）共事的？你如何把握自己的角色定位？比如当你们对公司发展的战略思考很不一致的时候，会采用什么方法来达成共识？能否举几个例子说明？

曾鸣：这就回到刚才讲的使命、愿景、价值观的问题。我后来深刻意识到，一个好的战略不可能没有愿景的指引。愿景给的是方向，有了方向以后才可能去讨论实现这个方向的最佳路径、最好的方法等，而这些才是战略。

在我和马云的配合中，最核心的就是他有特别好的基于直觉的远见，而我有很好的系统化思考的能力。所以我会做两个重要的工作，一是"拼图"，把他的相对散乱的思想闪光点连接起来并融会贯通，"拼"成大家都容易理解的一张整体图，二是把整体图背后的逻辑关系、执行时间的节奏跟大家梳理一下。所以我们开会的时候大家经常开玩笑说："马总讲的话听不懂，请曾教授翻译一下。"

陈晓萍: 也就是说你们在大的方向上,比如你对马云的远见,常常是相当有共识的。

曾鸣: 的确如此。但也有一个很有意思的现象,就是我们的合作也有周期。比如说在两三年内,我们的共识度会在70% ～ 90%内波动。通常我们磨合得很好之后,会形成一个比较明确的愿景和战略方向。但是随着环境的变化和业务的推进,大家对这件事情的理解开始产生分歧。然后慢慢地大家又会一起努力,再往一起走。我个人觉得这是一种很好的张力,如果大家总是一直没有分歧,那么彼此就没有什么互补性。

陈晓萍: 总是百分之百一致的话会比较无聊,也不容易激发新的思维。我觉得阿里巴巴是非常有创意的公司,不断有新的东西、新的业务滋生出来,从原来一个B2B的平台变出那么多新花样,我想每一次你都有深度介入。

曾鸣: 是的。比如说,淘宝从2008年到2010年,就是从一个相对模糊的生态概念走向很清晰电子生态、电子商务生态系统的定位。而这两三年就是我们非常典型的磨合阶段。

对于哪些事情交给合作伙伴做,哪些事情应该自己做,甚至生态的边界在哪,我们都有过一些比较大的争论。例如,淘宝是自己来帮所有的卖家建立可以开店的网站,还是让第三方合作伙伴来做这个网站,就是早期面对的一个很具体的问题。经过一段时间的尝试、磨合、讨论,我们最后决定,我们只提供最基本的模板,而把所有的相对个性化一点的定制店铺服务都交给第三方去做。淘宝基本上不收费,只提供基础服务,不把它作为一个盈利点。这样定下来以后,淘宝的发展就很迅猛了。因为我们等于又搭了一个市场平台，专门做建站工具和网站装修的第三方服务商可以直接跟卖家合作，因此造成了市场的巨大繁荣。

陈晓萍： 而且这样又激活了一个新的市场。

战略本身已成为一个持续迭代演变的动态概念

陈晓萍： 您曾经把 2016 年之前淘宝的战略总结为三个阶段：战略尝试期、成形期和扩张期，分别对应了创立之初至 2007 年（日均商品交易总额过亿）、2007 年至 2012 年（日均收入过亿）、2012 年至 2016 年（超过沃尔玛）。这是事后的概括还是事先的计划？战略制定和演变之间在你看来是怎样的一个过程？您认为现在淘宝处于什么发展阶段？它的未来图景又是怎样的？

曾鸣： 这个总结是事后的概括，但当时也是能感受到这种节奏的。比如 2008 年以后淘宝就进入第二个发展阶段，去尝试做一个开放平台。这是一个很明确的方向转变，可以说淘宝进入了一个新阶段。2008 年淘宝的商品交易总额是全年 999.7 亿，到 2012 年就到一万亿了。那几年是一个井喷期，那时我们就知道它进入了一个高速发展的阶段，并在战略上明确了它是一个生态系统，然后讨论如何快速扩张。相比原来从 2003 年到 2007 年建立一个基本的电子商务市场，让这个市场达到基本的规模，完全是两个不同的发展阶段。

陈晓萍： 当然事后来看会更加清楚，其实之前在这个过程中你们也有清晰的感受。那么，在战略制定和演变之间，你觉得是怎样的一个过程？

曾鸣：我最近提到，现在企业的战略跟以前工业时代的战略有很大的不同。战略的制定和执行，在传统的管理学中是两件不同的事情，所谓的战略形成（strategy formulation）和战略执行（strategy implementation），还有战略的内容（content）和实施过程（process），基本上是放在两个不同的领域里做研究的。但现在我发现，其实战略本身也在快速迭代，所以我把它叫作愿景（vision）与行动（action）的快速迭代。战略制定不再有一个很正式的程序，不再有一个很清晰的计划阶段，不再有一个很明确的执行的阶段。传统企业完成战略制定、实施、结束这一整个过程可能需要5年、8年甚至10年，但是对于现在的互联网企业来说，战略是一个持续的迭代、改进、优化的过程，战略制定和执行是一个交织在一起的不可分割的持续过程。

陈晓萍：二者交互作用，一个给另一个提供反馈，不断演变。而且演变过程中不断出现颠覆性的创新。下面我顺便问一句，你认为现在的淘宝处于什么样的发展阶段呢？

曾鸣：我觉得淘宝可能正在进入第四个发展阶段，沿用刚才的说法，它进入了一个新的创新期。这跟外部大环境有关，移动互联网的发展经历了将近10年的高速增长，开始进入一个相对的饱和期。用户的消费习惯也在改变，即所谓的消费升级。同时整个的商业环境也越来越从简单的流量导向走向客户导向。有了这几个大的趋势变化，淘宝就必须在原来的基础之上有更大的创新，所以实际上相当于进入了一个传统意义上所说的战略升级创新的过程。

陈晓萍：关于这个战略创新的内容和形式，你能否提供一些具体信息？

曾鸣：最核心的就是怎么以用户为中心，把现在的互联网产品更好地用于促进下一代产品的创造。比如说无所不在的网络、更广泛的互动，还有类似 VR、AR 的技术，怎么利用这些新的技术进一步提升用户体验，这是下一步淘宝甚至整个电商行业都要去面对的一个新挑战。

陈晓萍：也就是说最终目的是能够提供个性化（individualised）的定制服务、体验和产品。

曾鸣：对，也就是我们一直讲的千人千面。

陈晓萍：如果从这个角度来讲的话，你个人对淘宝未来图景的描述是什么样的？

曾鸣：在未来，我会将它描述为 C2B 模（Customer to Business），而不是工业时代典型的 B2C 模式。之前所说的定制服务的核心是以客户为中心，也就是怎么通过与客户进行持续的互动来更了解他们，同时根据他们的场景提供定制化的、适合那个特定场景的服务。所以不仅是千人千面，还要有不同场景下的不同体验及更加灵活多变、更加精准化的服务。

阿里巴巴的履带战略

陈晓萍：阿里巴巴现在涉及的业务领域越来越广：B2B，B2C，C2C，淘宝、天猫、金融（借贷、存款、汇款、跨境支付）、物流（菜鸟）、医疗、餐饮（饿了么、盒马鲜生）、云计算等，马云称之为履带战略，你是怎么看待这个履带战略的？

曾鸣：它其实指的是在不同的阶段都有一个关键的驱动场景。比如说，我们一开始把 B2B 作为最核心的业务，做海外的出口贸易。但是后来淘宝成为推动整个集团发展的引擎，因为掌握了客户以后，能影响的产业链的相关环节就更多。后来进入第三个阶段，支付宝就变成了引擎。由于整个移动互联网的发展、智能手机的普及，移动支付一下子就被引爆了。在这种情况下，支付宝就变成了一个拉动新用户、推动商业发展的非常重要的火车头。再到下一阶段，云计算开始崛起。所以履带战略的特点是，根据技术变革的进度，不断找到下一步的创新突破点，并以此带动整体生态的繁荣。

陈晓萍：你们是一开始就构想出了履带战略吗？还是像你前面说的，是顺着商业场景的变化自然出现的？

曾鸣：阿里巴巴是被愿景驱动的，所以会很积极主动地寻找下一个制高点，这样就能有机会跟随大势的发展，快速前行。在这个意义上，履带战略虽然不是最初就有的决定，但它的出现也是一个很自然的结果，因为我们总是在关心下一步该怎么走，下一个大的突破口在哪儿。

陈晓萍：你们是不是每年都有高管的务虚会专门讨论这些问题？

曾鸣：对，我们有一个很严密的程序来做这件事情。每年大概八九月份开始，从一个相对宏观的 8～10 年的这种长期战略的头脑风暴开始，之后基本上每个月都会开会讨论，最后把它聚焦到下一年的运营计划，再根据这个运营计划去制定预算。所以我们的愿景其实会落实到很具体的公司运营中。

举一个简单的例子，大部分公司是由 KPI 驱动的，且 KPI 通常是明年比今年增长 10%，然后再把这个目标分解下去，就变成了明年的运营计划。而我们完全是从愿景驱动出发，然后到战略，再到运营计划，最后是合理的 KPI。

陈晓萍：也就是说你们制订计划的过程与别的公司是反过来的，至少思维的方式是倒过来的。那么一般是什么层级的高管参与到这个过程当中呢？

曾鸣：其实全公司都会参与进来。比如我们 8 月份有高管层讨论，但是在这个时候，我们就已经把讨论议题向下发布。第二次会议时就能讨论收集到的反馈意见，这时候可能所有的高层副级人物都会参与进来。这样一层一层下去，落实到运营计划的时候，其实每一个业务单元都已经参与进来了。这个过程基本上贯穿了整个组织，因此效果就比较好。

陈晓萍：下面我想问一下，你在阿里巴巴工作了 10 多年，见证了它从一个名不见经传的小公司发展成全世界市值最高的公司之一。现在已经有超过 8 亿用户在阿里平台上生存发展，站在你的角度，你最感到骄傲的是什么？

曾鸣：回头来看，比较难得的是阿里巴巴跟上了这将近 20 年里一浪接一浪的技术变革。从最早的新浪、搜狐，到后面的百度，再到更后面的这批企业，其实经过了好几轮的大发展。阿里一步步地这么走过来，越到后面，发展后劲越足。所以我觉得能够坚持做长期正确的事情，又能够跟上时代的大变革，才是最让人欣慰的。

其次是团队的配合，比如我和马云的配合。各位总裁也有很优秀的执行力、战略思考能力，能够进行深度的沟通，我们基本不用担心他们无法实现我们所构想的整体图景。

陈晓萍：马云曾经和我谈过他怎么培养接班人的事情，每个人都是打磨了很长时间的，而且都把公司的文化渗透到了骨子里。这可能是你们能配合好的重要原因。那你有没有觉得有遗憾的地方呢？

曾鸣：我们犯的错误很多，马云曾经说过阿里巴巴犯了一千零一个错误。但是我觉得这些都谈不上遗憾，因为在当时的环境里，认识就只能达到那个水平，而且犯错是一个自然的过程，也是一个学习的过程。

未来的商业将会是智能商业

陈晓萍：我觉得你确实是一个思考者，不管是原来做学者也好，还是在企业里面，都抱着学习研究的心态。你最近提出未来的商业将会是智能商业，而"生态"是智能商业的核心概念。在新型的生态中，有"点、线、面"三种核心角色，其中"点"是每一位服务参与者，"线"是平台上的众多商家（B2C 企业），"面"是平台，帮助商家广泛链接，享受网络效应，通过匹配效率的大幅提升创造价值（比如淘宝）。面是体的最根本组成要素，在面的扩张过程中，如果有足够强大的基础，也许还会衍生出其他的面，这些面互相交错融合，推动中国经济升级换代，形成一个基于互联网的新型经济体。我觉得你这个"点、线、面、体"的比喻非常形象地描述了互联网经济体的要素，妙不可言。你能否谈一谈点、线、面三者之间互相依存、互相推动进化的关系？

曾鸣：我先来讲一下点、线、面、体这个经济体的概念。之前所说的履带战略，在今天来看，可能更像一个从面到体的自然演化。淘宝是一个面，从这个面上衍生出来支付宝这个面，然后在支付宝这个面上又衍生出蚂蚁金服这个面，之后又演化出了云计算、菜鸟等等。这些面渗透得越来越广，其实已经在建设未来商业的基础设施，到最后可以推动整个经济的升级换代。

整个过程中最关键的是面的形成。什么是面？用大家比较熟悉的词，面就是生态系统。生态系统是什么呢？其实是一个多元角色协同的网络。而工业时代是一条典型的封闭的线，它是一个线性的供应链，品牌商从头到尾强管控整个供应链。

未来智能商业时代最核心的一点就是把一条条封闭的供应链打开，形成一个开放的协同网。而这个协同网上会出现新型的整合服务商，就是新型的线。比如，李宁是典型的线下服装品牌，也是典型的 B2C 的线性服装品牌，它什么事情都要自己做。但是淘宝上的时装品牌，比如说一个女装品牌，在过去四年左右的时间里就能做到 20 亿的销售额，还有很好的品牌知名度。这其实是非常典型的新型的线，它为最终消费者提供产品和服务，但是这条线是完全借助淘宝提供的基础设施，以及活跃在淘宝上的各种各样的服务提供商来完成的。所以它的效率就非常高，比传统 B2C 完全自营的模式效率高很多。

陈晓萍：因为别人帮它做好了很多事情，它只要做自己最擅长的那件事情就行了。

曾鸣：对，这条新型的线只要整合协同的服务就行了。它能这么做，是因为很多新型的点，比如说提供网站在线服务的公司，在传统意义上都是很小的公司，但是这些公司在淘宝上可以用相对标准化的在线服务来为很多的企业提供服务。所以它们的规模经济也非常大，这些点反过来支撑线的发展，而线的发展又让整个面具有巨大的竞争力。所以相对于传统产业来说，点、线、面最核心的地方就是它们具有共生的关系。它们是同时发展的，没有点和线，就没有面；反过来，没有面，点和线也无法存在。

陈晓萍：它们互相依赖，互相促进，互相支持，提高整体的效率。

曾鸣：这个经济体的整体效率超越了传统工业时代 B2C 的组织方式，而且可以提供真正的个性化服务。

陈晓萍：如果李宁来淘宝上经营会怎么样呢？是不是能省很多事？

曾鸣：是的，传统企业应该往线上转型。但相对来说，一般的企业的步伐都会比较缓慢，力度也会比较弱。它虽然会在微博上传播，或在淘宝上开店卖货，但是它不能真正利用互联网思维来重构它的整体运营。因为老的体系和包袱还在，让它难以摆脱原来相对传统的思考方式，它还是想自己控制大部分经营过程。

陈晓萍：那么，从公司战略的角度来说，你觉得在点上的公司、在线上的公司和在面上的公司，各自的关注点应该是什么，各自的机会和挑战又在哪里？

曾鸣：点的最大挑战其实就是抓住机会，要判断出哪一个面是下一步最大的发展机会。因为点相对来说壁垒比较低，所以抓住机会是最重要的。但是它的优势在于可以爆炸性增长，因为它做的是简单服务。比如刚才讲到的店铺装修，这就是一个相对简单的服务，在淘宝上可以很快放量。但是反过来说，这个服务别人也可以做，不容易形成太大的壁垒，过两三年这个市场可能就相对饱和了，但是很可能又有另外一个机会出现。

面所应对的挑战是最难的。我先讲面，再讲线，因为线虽然看起来跟原来一样，但实际上是一个新物种。

陈晓萍：为什么这么说呢？

曾鸣：面是以前不存在的一种组织形式，所谓生态也好，平台也好，它的核心其实是赋能。通过给别人赋能来最终实现对客户价值的超越。再来说线，线的挑战则在于整合资源，要能够看到面提供了什么样的可能性，然后要善于把点的价值都整合起来。

陈晓萍：线的挑战在于它是否能够很好地整合点和面的资源，可以举个例子吗？

曾鸣：比如说阿里这个生态系统，像支付、物流、云计算，都是平台提供的大型基础服务。刚才讲到的店铺装修、仓储管理软件、客服的管理等都是可以利用好的点的资源。如果线既能够利用点的资源又能够利用面的资源，把资源整合起来去实现它的目标，就能达到非常高的效率。

创造力革命时代企业家所需要的素质

陈晓萍：在你的心目中，中国未来的企业家所需要具备的最重要的素质有哪些？

曾鸣：我觉得有几个方面，第一个就是学习能力，因为现在有太多的新东西了，不能只靠经验吃饭。第二个就是整个世界变化太快，不管你的优势是用什么方法建立起来的，在短时间内都有可能会过时，所以你必须能够快速学习、成长。而且最难的是还要突破自己的瓶颈，这个挑战非常大。以前一个企业家可能是在 20 年之内逐渐成长起来的，但现在的创业者经常在 5 年之内就得锤炼出来，所以这个压力是远远大于以前的。第三个是一种跨界整合的能力。因为现在创业涉及的领域非常广，而且需要很不一样的互补技能，所以有比较高的情商、能够整合不同领域的专家就变得非常重要。现在你会发现合伙人或团队一起创业的企业越来越多，也是因为它对多元因素的要求太高了，只有一个人往往搞不定。

陈晓萍： 其实阿里巴巴也是如此。虽然马云是一个有远见的人，但是他对技术或者其他方面其实不懂，要靠团队中有不同专长的人把各个方面整合在一起。那从知识和技能的角度，你觉得什么又是最重要的呢？

曾鸣： 我认为知识和技能越来越不重要了。德鲁克曾经把时代的变革划分成为几个阶段：工业革命、管理革命、技术革命。我觉得现在的时代已经到了第四个阶段，叫作创造力革命（creaivity revolution）。因为不管你学的是什么，只要是能够被结构化的知识，终将被机器所取代。

陈晓萍： 但是如果自己知识不够的话，要具备整合的能力也很难，因为你没东西可以整合。

曾鸣： 同意，一个人肯定要有某一个领域的专长，这种专长其实强调的也是你对这个领域的本质的理解，而不是对具体知识的掌握。如果一定要说应当去了解什么领域，我认为应该对人工智能（AI）有一个大致的理解。因为它将改变方方面面最通用的技术，会在越来越多的行业里快速得到应用。所以我说，未来世界最重要的就是创造力，因为普通的知识和技能都会被机器取代。

陈晓萍： 最后请你总结一下你最想与创业者和管理者分享的思想和智慧。

曾鸣： 如果谈到商业的未来，我觉得最核心的就是智能，这是未来商业最基本的趋势。如果聚焦到创业者，那么最核心的就是持续学习和突破的能力。而创造力则对所有的人都重要。

陈晓萍： 你觉得创造力可以培养吗？

曾鸣： 我觉得必须去培养，因为没有创造力就会被机器取代。但我并不悲观，在过去的 100 多年里机器取代了人的体力劳动，而人脑在其他方面的技能则得到了极大的开发。所以如果机器可以把人从枯燥的重复劳动中解放出来，那大家就可以专心做些有创造性的事情，可以是很多事情，哪怕是做面包。

陈晓萍： 不一定是特别高大上的东西。

曾鸣： 对。其实人跟人的互动本身就充满了创意，只是现在的教育中还缺乏这样的内容。我们正在努力，希望能够通过对创意行业从事人员，如演艺、设计界人士的观察和研究，或者对跨界人士的创造力的研究，总结出一些系统性的新知识。

陈晓萍： 谢谢你的分享！

构建世界大课堂的雏形

—— 访谈北京大米未来科技有限公司（VIPKID 创始人）、CEO 米雯娟女士

凝
视
未
来

　　2020 年的正月，突如其来的新冠肺炎疫情阻止了我和米雯娟（Cindy）约定在北京的面对面访谈。情急之下，我们决定将访谈放到线上，通过视频完成，毕竟这是 VIPKID 的惯常授课方式，我们趁机体验一回。

图 8　米雯娟

陈晓萍： Cindy，你好！很遗憾不能与你当面聊，不过通过视频也算是一个好的弥补方式了。这倒让我觉得 VIPKID 线上教育模式的先见之明，既不受病毒感染的威胁，也不受空间距离的限制。我想问一下你创办 VIPKID 的初心和缘起，是什么触动到你，让你产生网上英语课堂这个想法的？

米雯娟： 我创办 VIPKID 至今，已经 6 年时间。但其实我从事英语教学已经有 20 多年的时间了，从 1998 年就开始在课外班教小朋友学英语。所以我的初心挺简单的，就是觉得小朋友要学好英语，一定需要很好的外教老师、很好的内容和学习体验。我从老师的角度出发，认为可以通过 VIPKID 平台给孩子们带来这些东西。VIPKID 是一个技术驱动的互联网平台，我们通过它不仅可以找到优秀的老师，还可以设计有趣的内容呈现方式来增强孩子们的沉浸体验，使他们喜欢学习英语。我自己从初一开始学英语，一直都没有间断过，因为我觉得学语言是了解世界的一个重要途径，不仅帮助我，也帮孩子们拓展全球视野，让他们学习了解不同的文化，跟外国人交流，成为世界公民。

陈晓萍： 你当时教英语的对象是小学生还是中学生？

米雯娟： 我教的是课外辅导班，小学生、中学生都有。那是我第一次参与创业的过程，和舅舅一起做了一个线下的英语培训机构。当时在国内差不多有 5 万家的少儿英语培训机构，我们就是这 5 万家中的一家，小朋友课外来学习英语。我们先在哈尔滨做，后来到北京。记得 2000 年在北京做线下培训班，我要去招生、发传单，算是个"首席打杂官"吧。不过在此过程中我也一直在教课，一开始兼职，后来全职，再到完全投入进去。

通过互联网打破地域限制

陈晓萍：为什么当时你没有想办法在线下和新东方等机构竞争（红海），而是完全跳出线下模式，重新开辟一片蓝海，移到线上来做呢？

米雯娟：我当时想法比较简单，主要考虑的是孩子们的需求，然后是通过什么方式传递给他们，线上或线下都行。从我个人的体验来看，学英语最需要的是好的外教老师，他们不但发音准，而且对语言的文化内涵理解到位。我先在线下寻找，发现有经验的好老师大部分都是有家庭的女性，要她们到中国来授课很困难。要获取教师资源也许可以通过互联网这个平台。但2013年之前互联网的带宽和稳定性不是那么好，我注意到当时韩国和日本是通过电话的方式让菲律宾老师教英语的，也有学生通过电话的方式向印度老师学习数学，这是数字化传输的早期体现。当然更早是通过电视或广播学习，都是用远程的方式学习，不算一个新鲜事。

所以我当时的想法就是，要在国内找到足够多的好的外教老师是不太容易的，因为在整个中国，美国外教老师的数量也就差不多300个而已，供给是严重不足的。只有通过互联网的方式才有可能打破地域的限制，让孩子们找到最适合自己的好老师。

陈晓萍：你这个想法还是蛮有超前意识的。不过我有一个问题，优质的老师在美国，可是他们并不会讲中文，国内的学生正在学英文，还不流利，师生之间怎么沟通呢？如果那个美国老师住在中国，他毕竟在中文这个大语言环境里，可能沟通起来会比较方便。而网上缺乏情境因素和线索，这个老师又只会讲英文，不会讲中文，怎么办呢？

米雯娟：我们考虑了两个方面的因素。第一个是大部分在中国的外教老师其实也不会讲中文，第二个是并非一定使用中文才能有效地进行英语教学。我们发现有一种叫作浸入式的教学方法，可以解决您提到的这个问题。

教学其实是一个沟通过程，沟通可以通过语言，也可以通过非语言如肢体动作、语音语调、情景元素进行。这样，我们创造一个很好的语言环境，使用道具、视觉助手如图片，再通过文字语言来描述的话，语言本身传达含义所占的比重很小。比如，一杯冷咖啡，我们会放一张图片传递要表达的内容，然后加上老师的肢体语言，孩子一下就跳过理解中文"咖啡"的含义，直接学到了"coffee"这个英文单词。所以 VIPKID 的小朋友在看一个动物比如鳄鱼的时候，常常会下意识地直接说出"crocodile"，不会经过中文在脑海里的"二次翻译"。要达到这个效果，我们需要做两件重要的事情：第一是制作非常有效的课件，以减少老师和学生之间的沟通成本，提高沟通效率；第二是要对老师进行有效的培训，让他们学会用极简单的语言和肢体沟通的方式去教孩子，从而达到我们所要的教学目标和效果。我们在教孩子们学习中文的平台 Lingo Bus 上也这么做的，效果非常不错。

陈晓萍：你们这个关于提高沟通有效性的理念和方法非常好。通过创造合适的语言环境，用图片、用肢体动作把语言本身的含义表达出来，所以不需要用中文解释，孩子就可以建立概念和语言之间的直接连接。

创业原则：用户价值、使命必达、志同道合

陈晓萍： 下面我换一个比较抽象的问题。你创业的基本理念是什么？基本的管理哲学又是什么？你认为你个人成长经历中有哪些事件深刻影响了你的创业理念和管理哲学？

米雯娟： 我觉得创业理念和管理哲学是相关联的，有什么样的理念就会有什么样的管理哲学。对我来说，有三个重要的指导原则：第一是用户价值，第二是使命必达，第三是志同道合。用户价值指的是我们的平台对用户具有价值，否则无业可创。我们的用户主要是学生、家长、老师，所以我们对他们都秉持一种服务的心态。从技术和机制上来说，我们有客户之声（Voice of Customers，VoE）和员工之声（Voice of Employees，VoE），让我们可以做到随时了解问题，为客户和员工们服务。我自己既是学习者，也是老师，可以感受到孩子和老师最想要的东西，所以特别在意我们做的东西对他们的实质性帮助。

使命必达指的是全力以赴。对于我来说，决定做一件事情就一定要全力以赴，不管这件事多么有挑战性。我在 1998 年就开始兼职教英语了。在这个过程中，我发现自己是发自内心地喜欢教孩子们英语这件事儿，后来加入了舅舅办的英语培训机构。在还没有社会经验时就决定去创业，当时（家里人）觉得是很难的目标，但我坚持下来了，每天工作十几个小时，不知疲倦，乐在其中。后来我发现在做某些事情的时候，自己没有足够的知识和技能储备，所

以就每天自学到凌晨一两点，坚持了若干年。其间，我也一直都没有中断过工作，比如去上海、宁波、广州，在那里租房，办学，装修，招生，开拓市场等，这些事儿做起来都非常辛苦，而且似乎都是难以实现的目标。后来我又想去读 MBA（周围的人都说没可能的事），没想到长江商学院给了我一个机会，说我只要经企管理研究生入学考试（GMAT）考过分数线，就可以被录取，我就努力攻关，把 GMAT 拿了下来。后来自己创业的时候，也是每一步都全力去做。我认为很多时候创业本身的理念就是要去实现不可能的事情，所以有时候我会给团队提出很多听起来不合理、难以实现的目标。

陈晓萍：看来你是一个特别喜欢挑战自己，让自己能够不断地拉伸（stretch），不断往高走、往前走的人。你不会停止在某一个点上，不会说："嗯，我做得差不多了，我做得足够好了。"

米雯娟：停滞一定会导致落后。我的另一个原则是志同道合。我们很重要的投资人是红杉资本，迈克尔·莫里茨（红杉资本合伙人）先生曾到我们这里来看过。他有一个观点，我一直记得很清楚，他说一个公司的基因在它最早 18 个月的时候就决定了，不会有太大改变的可能性。如果基因是对的就活，不对就死。所以我们很在意 VIPKID 的员工、合伙人，还有我们的老师是不是和我们志同道合，如果底层的价值观理念都不认同的话，我们是不希望他担任老师的，因为如果理念都不认同，行为上就更难达成一致了。事实上，我们的很多投资人是我们学生的家长，因为他们很认同我们的创业初心和教育理念。

VIPKID 的愿景：爱孩子、懂教育、构建世界大课堂

陈晓萍：讲到理念和价值观，你能不能分享一下 VIPKID 的愿景是什么？其最核心的文化价值理念是什么？

米雯娟：VIPKID 的愿景就是构建一个世界大课堂。我心目中非常向往的一个境界就是让每个孩子都拥有个性化和高质量的教育。不管他们来自哪个国家、地区，出生于什么样的家庭，只要内心有学习和成长的愿望，我们就可以通过技术的普及，通过全球的连接，通过教育内容的普惠，让更多的小朋友实现愿望，有机会成为最好的自己。

在创业过程中，我坚持的动力来自我的激情和愿景，我希望能够不断学习，希望能够看到更大的世界。我希望让自己更有价值，希望也给别人带来价值。我相信很多小朋友都有这样的想法，只不过碍于他的学校、同学、老师、家庭、资源，缺少这种成长的机会，就没有办法想到更大的目标和世界。把这个愿景体现在公司的核心价值上就很简单了，就是我希望我们每位员工包括老师都是"爱孩子、懂教育"的。爱孩子是起点，如果不爱孩子就不要做教育。因为学习其实挺复杂的，你要激发起孩子的兴趣，又要给他非常好的教育效果，中间有一个长链条，有很多的影响因素，包括孩子的学习动机、学习能力等。只有每个环节都很好地得到提升，才能有好的教学，所以一定要爱孩子。当然另一个就是要懂教育，要愿意去钻研教育的工具、方法、理念。老师怎么教，孩子怎么学，内容设计怎么突破，传播和反馈媒介如何优化，都是懂教育的组成部分。这就是我们的核心价值理念。

陈晓萍：那你们的"爱孩子、懂教育"这个核心价值文化理念在管理中又是如何具体体现的呢？能否举几个例子？

米雯娟：我们把"爱孩子、懂教育"转化成更具体的行动，那就是VIPKID所有员工都知道也很重视的一句话："努力捍卫小朋友的每一节课。"我们每天差不多有20万节课在平台上发布，虽然20万节课这个数字很庞大，但我们认为，每个小朋友每节课的体验都很重要。这个体验包括音频、视频会不会掉线，老师是否一直保持微笑，孩子是很活跃还是要睡觉等，细节非常多。我们会看到每节课在这些方面的数据，然后判断这是优质体验还是不合格的体验。我们的工作人员把每节课的互动、每个孩子的体验、每个老师的体验都盯得非常紧，以此来确保每节课在用户价值上都得到最大的发挥。

陈晓萍：今天我看了一个课中的录像视频，一个美国女老师在给孩子教课时发现孩子病了，误以为孩子得了新冠肺炎。老师很难过，但她还是继续教了下去。我可以感觉到这个老师对孩子发自内心的疼爱。我当时感觉这个老师践行了"爱孩子、懂教育"的理念，确实非常感动。

打造爱孩子、懂教育的全球化团队

陈晓萍：我觉得VIPKID与其他传统企业有一个相当不同的地方，那就是，大部分企业都是先在国内立足之后再向海外扩展的，但VIPKID从一开始就是全球化的企业，有着与众不同的成长过程。我特别想知道你们是如何组建管理团队和师资团队的。

米雯娟： 因为老师在北美，学生在中国，所以我们的管理团队注定一开始就要全球化，才能够服务好美国的老师，同时服务好中国的家长。不管是管理团队还是师资团队，他们在一起工作的时候，确实产生了很多的碰撞，比如在文化习俗上或者方法上常有很多的不同。但我们的产业模式注定是全球化的供应链，因此怎么解决这些不同，就是我们关注的焦点。我们的解决方法相对简单，就是先把大家统一到"爱孩子、懂教育"的理念上来。这个理念通俗易懂，也很容易被家长和老师所接受，因此成为解决一些问题和矛盾的共同基础。

在爱孩子这个共同前提下，大家对学习的结果和学习效率的追求就很快达成了一致。虽然由于文化理念的不同，美国老师有时会觉得中国家长对孩子有点"粗暴"，后来经过沟通，他们了解了中美教育方法的差别，就消除了误解。所以我们鼓励彼此理念的碰撞，在爱孩子的前提下，最后达成互相理解。

在管理团队的组建上，我们也使用相似的方法。在创业初期，我的合伙人都是非常喜欢小孩、非常喜欢教育的人，大家都想给孩子做一个最棒的学习平台，让孩子们提高英语水平。所以在VIPKID早期，我们就有了这样一个爱孩子、懂教育的管理团队。之后我们在全球寻找人才，也是寻找那些被这种愿景感召的人加入。比如，加入我们的首席学术官（CAO）和首席技术官（CTO）都是在自己领域里有多年建树的人。首席学术官刘骏教授是世界英语教师协会（TESOL）首位华人主席，他在美国的大学担任过副校长，也是语言学领域全球知名的专家。他加入的目的是希望自己一辈子做教育的积累，能对孩子们有帮助和影响，通过

VIPKID 这个平台与技术结合，是比较理想的途径。我们的首席技术官郑子斌先生是新加坡人，以前是百度搜索的 CTO。他加入我们也是希望能够帮助孩子们建立一个世界课堂，把他多年在全球求学工作的经验贡献出来。另外，在旧金山也有非常多的当地老师，曾经参与过 Teach For America[①] 项目的老师，纷纷加入我们的管理团队。这些人本来当过老师，也做与教育有关的公益项目，很希望帮助更多的老师们学习和成长，而且加入 VIPKID 也可以增加他们的经济收入，改善美国老师一年只有几万美元年薪的境况。我们的全球化管理团队就是这样慢慢组建起来的。

VIPKID 商业模式的演化逻辑：聚焦用户价值

陈晓萍： 我观察到，VIPKID 从外教与孩子一对一英文学习到开发中文学习平台（Lingo Bus），再到一对四的教学方式，成立大米网校，还拓展到数学等领域，这是一个自然演化的过程，还是因为你刻意想要不断地把它扩大，还是迫于环境和竞争的压力？请分享一下 VIPKID 商业模式进化背后的逻辑。

米雯娟： 其实您说的这几点都是我们思考的因素。我也觉得我们有一段时间有点浮躁，没有想清楚自己的商业模式。所以我们在过去的一年中不停地纠偏，不停地问自己，我们这样做究竟是为了用户需要，还是受到市场的驱动。反思之后，我们就停止

---

① "为美国而教"（Teach For America）是美国的一个非营利组织，成立于 1989 年。它是一个自愿组成的多元化教育者网络，旨在改变美国不同地区教育不平等的状况。参与的老师至少任教两年，且常常在较为贫困落后的社区学校任教。

了很多错误的尝试，回到我们的"用户价值"原则上。也就是说，我们应该遵循的是世界大课堂的逻辑，基于客户的需求去做。

于是我们做了几件事。首先，从一对一到一对多，使课程形式变得更多样化了，这是基于学习效率及支付成本的考量。从英语到中文是语言种类的增加，这是因为有的美国老师的小孩需要学中文，而且要学得开心。比如，有的老师在盐湖城，他们说那儿没有中国老师，请我们帮忙去找。

增加数学的内容也是基于这个年龄段孩子的需求。他们说学英语很好玩，老师很好，他们能不能也学数学，让数学也变得好玩。这就促成了学科品类的多样化。再说从直播到录播课，那是技术手段呈现的多样化，也是为了满足孩子的需求，因为有时候直播效果好，但当孩子想通过看动画片学东西的时候，录播效果更好。同时，我们用技术手段把很优秀的老师做成一个 AI，进行互动，让孩子做语音测评变得更有意思，更好玩。有时候学比较枯燥的东西时，老师的教学常常是重复性的，这时用一个 AI 老师会教得更稳定，成本接近于 0，而且广泛适用于不同国家的孩子和老师，参与者也可以更加多样化。我们的目标是建设这样的世界课堂，所以思考方式也在不停地纠偏，试图找到更本源的东西来指导未来的探索。

陈晓萍： 很好，所以演化逻辑是为用户创造价值。现在你们项目单上的花样更多了，原来只有一对一，现在你有一对四，有中文，还有数学，对用户来讲挑选余地更大了，能满足他们更多的需求。

米雯娟： 确实是这样，不仅如此，还可以以更低的价格去帮助他们满足需求。

陈晓萍：但站在公司的角度，你们的成本是不是更高了？如果我用餐馆做比喻的话，原来这个菜单上只写 10 个菜，你只要准备这 10 个菜的原料就可以了；现在写了 20 个菜，你就得把原料都备齐（成本增加了），不管最后别人点了没有。

米雯娟：我们是先发现需求再提供选项。套用一个价值飞轮的说法，我们是针对学生需求来设计价值飞轮的。虽然我们有这些不同的项目，但并不代表它们每个都是重点。比如，中文教学有需求，但可能量不大。不过我们会建立优秀的师资库，提高底层系统能力。此外，AI 老师的技术是既可以用到英文课也可以用到中文课的教学上的。

我们追求的是更好的学习效果、更高的品质价格比（品价比），更能够满足学生的主要需求，这就是我们不停地在为用户构建的价值。

陈晓萍：你觉得 VIPKID 商业模式的演进，与互联网发展跟 AI 技术的进步，有着什么样的关系？

米雯娟：如果没有移动互联网和很好的视频带宽的技术，我们就不会存在和发展。我们是移动互联网设备普及的极大受益者，而 AI 则为我们提高效率发挥了巨大的作用。我们能够极大地降低学生的支付成本和我们的运营成本，把一对一的课程效率提升，这都是 AI 的功劳。AI 同时帮助我们保证很好的质量，并固化商业模式。比如每天 20 万节课的审核和质量评估，靠人工是无法完成的，但通过技术扫描每一帧的画面去固定某一段音频，看里面有哪些地方需要关注、核查、追踪教学效果和学习效果，AI

做起来是最得心应手的。

当然，除了 AI，我们也让家长写评价，这点遵照自愿原则，而且我们把全部的评价共享给所有家长和潜在用户。家长会把这些反馈作为选择老师的重要参考依据。

信任的来源和巩固：线上线下互相强化

陈晓萍： 互联网公司因为大部分时间是在虚拟空间中运作，缺乏人与人之间的直接接触和联系，信任常常是一个突出的问题。VIPKID 是通过什么方式和举措来帮助建立师生之间的信任，老师与家长之间的信任，以及老师和家长对公司的信任的？你们有没有遇到过挑战？是怎么应对的？

米雯娟： 师生之间的信任很容易建立，因为能被挑选进来的老师都是爱孩子的，孩子特别尊重老师，老师对孩子也非常喜爱。有很多美国老师说，他们教的学生是他们在中国的孩子。

我们每年会在线下开四次教师大会（每季度一次），会有七八百个老师聚在一起分享经验，讨论他们对平台的评估，提一些意见和建议，做一些总结、培训等。老师们跟孩子们的信任，首先就来自他们对中国家长付费，给他们提供工作保障的感谢；其次来自他们那种桃李满天下，能帮助全球孩子成长的职业满足感。在 Facebook 和 YouTube 上，我们的老师会主动录很多的视频，分享他们的教学，而且会有非常多的社交群组去讨论。

比如，有的老师会分享自己的故事。有的老师说："我 10 年没有买车了，有了这份业余教职，我买了新车。"有的老师说：

"我加入 VIPKID 之后终于把贷款还清了。"还有的老师说："我已经 50 多岁，腿脚不便之后无法回学校工作，现在 VIPKID 让我有了再次充实自己的机会。"所以他们对公司的信任感，不只是一种感情或感觉，而是建立在实实在在的薪酬回报、职业满足感和群体的归属感之上的。

陈晓萍：老师们在线下每个季度都有一次很大的聚会，彼此之间分享经验、故事，这不仅培养了老师对 VIPKID 很强的认同和归属感，也让老师和老师之间建立起了某种意义上的情感链接，真是一个好方法。这些聚会是你们组织的吗？

米雯娟：我们是帮忙发起聚会，但活动本身都是由当地的老师志愿者自发组织的。他们平时社交的机会不多，因此也特别渴望相互之间的连接。这些老师们的奉献精神很强，有些很愿意做义工，连接社群。

上次教师大会是在拉斯维加斯召开的，有一个老师专门从达拉斯过来，坐着轮椅，带着他的大狗。他说他已经一年没有出家门了。但是加入 VIPKID，教了孩子之后，感觉到这些孩子带给他新的生活热情，所以他一定要来参加这个聚会。这些老师们对中国学生们的感情非常纯朴和真挚，他们对孩子们也是真的有感情。

除了老师的线下聚会外，每年也有一部分老师自费来中国，就是想来看一看他们教的孩子们。从线上走到线下，师生拥抱的那一瞬间是难以描述的；说再见的时候也是非常值得纪念和感动的。老师们会说："期待能一直教你，期望看看你十年以后的样子。"

每年我们都收到五六万件礼物，是老师们寄来的，希望通过平台转交给孩子们。很多礼物都算不上是很值钱的东西，但很有意义，比如当地的一块石头，在课堂上老师和孩子讨论过这种石头的细节，就给孩子寄了过来，国际运费却很贵，要花 100 美元。还有一次，一个老师寄了一个北美最新款的乐高给孩子，是乐高著名幻影忍者凯的坐骑火龙，家长都不知道自己孩子有这个爱好，但老师知道。

陈晓萍：有没有遇到过出问题的？

米雯娟：有的，主要表现在老师们不理解为什么中国家长有时候会对孩子态度不好，比较着急。比如，老师问孩子一个问题，孩子没有立刻回答，有时候陪课的家长就会捅孩子一下，说："快点回答。"美国老师则觉得需要给孩子哪怕 10 秒、20 秒，甚至一分钟的思考时间。而且老师很难接受家长捅孩子，觉得太粗鲁了，找我们客服反映问题。在这种情况下，我们就向他们解释文化或家庭教育理念的不同，让他们换一个角度去思考。

陈晓萍：孩子上课的时候。大部分的家长会陪吗？

米雯娟：一般来说开始几节课家长都会陪，但后来就不陪了，因为上过几节课之后就放心了，而且小朋友也会说："你别影响我，你出去。"家长就不再陪课了。不过我们设了一个让家长监课的功能，不管在哪儿上课，家长都可以通过网络看到孩子上课的情况。我们也是进入全球著名在线安全非营利组织"国际家庭在线安全协会"（Family Online Safety Institute，FOSI）并成为会员的唯一的中国教育企业。这也证明，我们在数据保护和孩子安全上是下了非常大的功夫的。

新冠肺炎疫情带来的挑战和机会

陈晓萍： 这次由于新冠肺炎疫情导致的封城封路，让很多人只能在家里待着或者远程上班，对很多中小企业是极大的挑战。相对而言，因为 VIPKID 本来就是一个互联网公司，挑战可能要小一点。我这里有几个问题，第一，这次疫情让你们的业务受到了多大的影响？第二，由于你们这个平台得天独厚的条件，这次是否争取到了更多的学生和老师资源？第三，你们是否为线下的教育机构提供了帮助？

米雯娟： 其实在刚刚出现疫情的时候，我在 2020 年 1 月 13 日去了一趟武汉，回来之后一个星期左右武汉封城，我很快感受到这个事情的严重性。我们首先想到的是员工，因为他们是我们公司运营的保障。我们把员工的生命安全和身体健康放在第一位考虑，因为保障不了员工就保障不了学员和老师，而学员不能上课的话，对我们企业的发展是灾难性的后果。这个后果表现在几个方面：首先是对孩子有损失，因为他们很喜欢上课，不能上课就学不到新东西；其次是老师也会有损失，如果老师不能教课，就不会有收入，十万个老师没有收入，他们的家庭生活质量就会受到影响。因此，我们首先把员工的安全、健康放在第一位。

我们过年期间就开始讨论应对方法，最后决定过年一回来我们就实行远程办公。我们原计划是 2 月 24 号结束远程办公，开始线下办公，但我们要求所有的管理人员在大年初四就回公司，不管他们在哪儿都要赶紧回来，因为他们是公司的中枢，在这个时候必须做逆行者。没有管理层坐镇后方，将很难保障几千名员工的高效协作。决定一宣布，我们的高管有的还在澳洲度假，有的还在老家过年，就全回来了。疫情其实很考验人，从这一点上来说，我们可以说是同心协力的优秀团队。

我们同时做了几件事情去帮助社会上我们能帮助到的人。比如在帮助孩子方面，我们基于"捍卫孩子每节课"的理念，推出了"春苗计划"，并做了停课不停学的部署，给孩子们提供免费的直播课、大班课、小班课、录播课。我们做了这些课程内容，承诺150万份，集结了30多人的专门团队做"春苗计划"。大家做了很多的工作，做了很多努力和尝试，我能看见在这段时间里我们的企业文化起了很大的作用。

第二件事就是把我们线上平台，就是我们在线课堂的技术系统，做成了"威米课堂"，送给受疫情影响需要转到线上教学的学校和线下教育机构。这里面有一对一的场景，也有小班直播场景、大班直播场景，都免费提供。

这些线下的机构，有公立学校，也有培训机构。这就是我们希望做到的众志成城、守望相助吧。我们把优质资源分享给社会，希望能普惠到更多有需要的人。基于"春苗计划"，我们也跟很多主流媒体合作，如与新华社、央视频、学习强国等平台合作，让在家隔离的学龄孩子们也能免费享受到更好更多的学习资源，不中断学习的节奏，截至2月中下旬，这些资源累计已经有超过1个亿的播放量。

当然，这对我们自己的运营提出了很多挑战。不过这次疫情也为我们提供了更加广泛的认知。比如，原来家长中有一大半人对在线教育没有那么深的认识和体验，但今天连幼儿园小朋友都要在线学习了，在线教育的理念更加深入人心了。其中最主要的挑战是我们已有的小学员在上课频率和课量上有所增加，这就考验我们的技术能力能否保障和支撑系统运营，也考验我们如何调整老师的课程计划，保障带宽稳定，去满足现在这种新的需求。

同时，我们是第一次远程办公，有很多不确定性。我们的CTO及时从海外赶回来，从大年初五就投入工作，并在1月31号之前设计了远程办公的系统。但前面几天使用这个系统的时候波动很大，一会儿断线，一会儿出其他状况，经过反复测试、调整、迭代，终于经受住了考验。现在员工都在家进行正常的业务，不管是老学员的维护还是新学生的招生，都如常进行。这促使我开始思考新的工作模式：如果我们那么多外教老师都可以远程办公，那为什么我们员工不可以远程办公？有些员工可能因为远程办公而绩效更好，一些原来找不到感觉的员工，对远程工作适应得好，有可能一下子找到工作的节奏了。

所以，总结一下就是每临大事有静气吧。如果大家能静下心来，不被很大的担忧所干扰，不被很大的需求冲昏头脑，既看见挑战也看见机遇，就可以化危为机。目前，我们坚定地把用户价值放在第一位，坚决守护每个孩子的每节课，守护"春苗计划"，让在线课程普惠更大的人群。在做好用户价值的基础上，再思考我们能对整个行业提供的价值。希望疫情过后能见彩虹吧。

陈晓萍：接下来我想问，在 VIPKID 发展过程中，你们的新用户增长策略是如何设计的？如何不断获得新的学生？

米雯娟：我们主要靠口碑策略。简单来说就是创造用户价值之后，孩子、家长认可，他们就会转介绍。对于我们的每个用户，我们必须提供极致的学习体验和服务的体验来成就口碑。从我们最开始只有 4 个小朋友来上课，到现在有 70 万名学员，主要是品质和口碑的结果。当然我们也做很多公益课堂，让更多的孩子们体验这种价值。我们希望是老带新，让老用户的口碑成为我们增长的基础。我们现在每个月百分之六七十的新用户都是由老用户转介绍来的。

陈晓萍：你们一开始的那 4 个孩子，现在多大了？

米雯娟：最小的女孩 Lily 都上初二了。2019 年最大的那个孩子暑假来看望我，已经上高中了，感觉就是大人了。

创业激情、人际感情和商业理性的平衡

陈晓萍：从我和你短暂的交往过程中，可以看出你对 VIPKID 的创业激情。我想问一下，你有没有把自己的激情传递到高管层、中管层和一线员工？

米雯娟：我觉得自己肯定做得不够好。我一直都很喜欢星巴克"将心注入每一杯咖啡"的理念，引入我们企业来讲，就是每节课老师和孩子的互动都是倾心注入的，只有这样，才能说我们做到位了。但是很明显，我们还有很多需要改进的空间。我们在各个维度上设置对企业文化价值的认同感：比如要在用户价值上有自己的判断；每个人做的事情是否产生用户价值；我们是不是志同道合的伙伴；在疫情面前，在项目面前，每个人是怎么去想的。这些举措都是我们在文化价值观方面的考核。而在干部筛选上，我们在每个环节上都在积极提高我们价值观的纯净度。

陈晓萍： 你们如何考核老师和管理人员在多大程度上已经内化了公司的价值观？

米雯娟： 考核老师和一线员工比较容易，比如老师每教一节课家长会有评论，客观的数据也看得到。一线人员有工作的KPI，家长满意度，用户体验度也都能够看得到。但管理层就很难，我们现在做价值观的考核，采用的是一票否决制。我们做360度测评，若价值观有问题，则一票否决。但是我们在淘汰方面做得不够好，不够坚定。这是我们在管理上的问题，今年希望重点解决。

陈晓萍： 你有没有考虑过如何把自己的激情传递给他人？比如有的人在面试的时候可能假装十分有激情，但入职后这个人没有激情，你有没有想过在这个过程中去感化他，或者把自己的激情传递给他？

米雯娟： 我们现在主要靠对人的把关，没有愿景或者热情的人不招进来。但新人进来之后，怎么验证和考核、淘汰做得还很欠缺。

而且我发现，没有激情的人，别人是很难感染他的，因为有可能是动机问题。我们之前碰到这种人时，由于淘汰不坚决，反而会把有激情的人感染成没有激情了。现在看到这样的人我会毫不犹豫地淘汰，我就明确说这是我们的导向和价值观。

陈晓萍： 与这个问题相联系的，就是商业理性与情感的冲突。就像你刚才说的，有些人其实应该被淘汰，但碍于面子和感情没有，就是这种冲突之下的一种处理方式。现在回过头来看，你觉得应该以商业理性为重，还是以人的感情为重？

米雯娟： 我觉得应该以商业理性为重。但在过去，有的时候我是以感情为重的，犯了一些错误。一般来说，冲突的场景不外乎两种。一种场景是创业和家庭的关系，另一种场景是创业过程中与员工伙伴的关系。家庭关系相对容易处理，因为这是个人对于自己使命的追求和选择，一般家里人还是很理解和支持的。虽然冲突在所难免，但总的来讲是易于处理的。第二种相对复杂，比如在管理层，在公司发展很快的时候，需要有人干活，这时如果有历史贡献的老员工，或者看似职业背景很强、很有能力的新员工的价值观有问题，我是比较纵容的，没有坚决淘汰。

去年年底我对此做了非常深刻的反思，并决定改变。最近我们结构性优化了几个背景非常好、履历很光鲜的员工，我们直截了当地对他们说，他们的能力很出众，但遗憾的是，他们的价值观与我们不符合，这份工作并不适合他们。

在线课堂的成功处方：品质、规模、效率

陈晓萍： 学会理性、坚定地解聘员工真是艰难的进步。现在请总结一下你最想和别人分享的创业体验、管理思想和智慧。此外，在目前的疫情条件下，很多线下教育机构包括传统的学校都在想要转型线上。VIPKID 作为线上教育的先行者，你会给出什么样的建议和提醒呢？

米雯娟： 主要有三个方面。第一个是用户价值，这是所有创业的本源，如果不能为用户产生足够多的价值，你为什么要创业？第二个是使命必达，一定要千方百计地找到方法兑现用户的价值。第三个就是把握好品质、规模和效率之间的关系。

用户价值和使命必达我前面已经详细说过了。关于品质、规模和效率的关系我展开讲一下。我们追求的是极高品质下的极低成本。这两个东西看似矛盾：好品质可能限制规模，可能限制效率，同时追求规模可能降低品质，也可能降低效率。而三者的平衡是对好公司常态化的要求。我认为，品质是根源。我们最早关注的是品质，在过去几年，我们着重于规模，从 2020 年开始，我们特别关注效率，即如何通过内部体制的改变驱动效率的变革。

陈晓萍：所以 VIPKID 是从品质着手的，最关注的是品质，做到比较极致之后才考虑规模和效率的问题？

米雯娟：对，可是在这个过程中我们对规模和效率的把握还是有点问题的。由于我早期创业没有管理大企业的经验，没有亲身体验过高效率的大机构是怎么运营的，所以在早期追求规模的时候我忽视了背后效率的提升。现在我们有了 CAO、CTO 和 AI 首席科学家，他们都是在行业里面的领军人物，效率问题有望解决。

对于线下教育机构转型线上，我觉得最核心的提醒就是要重点关注孩子们要学什么，老师们怎么教，而不是纠结于具体采用哪种在线工具，或者其他的在线学习系统。应该关注的是本质，不是工具。像我们一对一的本质是北美老师、中国孩子、标准化的课件和好的测评体系。如果是一个大班直播，也许钉钉的视频会议就可以了。如果只是一个听课的内容系统，那么微信就能解决。所以首先关注的是用户的需求和解决这个需求的最好方法，而不是关注要建什么样的平台或者搞什么系统。我觉得这是在一开始比较容易陷入的误区。

此外，要关注管理系统的效率。比如，是用 1 000 人的技术团队还是 500 人的？每个辅导老师是帮助 150 个孩子成长还是 250 个孩子呢？管理系统的工具能够做什么去改变这样的体验？对这些问题的深入思考和决定最后都会体现在管理效率上。

凝
视
未
来

基因科技造福人类

——访谈深圳华大基因股份有限公司 CEO 尹烨先生

　　本人很早就对华大基因有浓厚的兴趣，不仅因为其创始人汪建先生曾经在我任教的华盛顿大学（华大）医学院工作，更因为这家公司的起点与众不同：这是一家集基因科研、技术、应用、检测和治疗为一体的公司。华大基因主导和参与的科研成果屡次被发表在《自然》《科学》等全球顶尖的科学期刊上，每年培养20多名博士和硕士，为世界基因科学的进步做出了显著贡献。而在应用领域，华大基因迄今为止已经做了超过400万个无创产前基因检测和200多万个耳聋基因检测，居全球领先地位。

　　带着极大的好奇和敬意，我和香港教育大学的陆佳芳教授来到深圳的华大基因办公大楼，和公司的 CEO 尹烨先生进行了两个多小时的长谈。

图9 尹烨

陈晓萍：你好，尹烨！我在网上看了你和梁冬的对谈节目《觉者》，也看了你的一些演讲视频，以及关于你和华大基因的大量采访报道，觉得你是一个多才多艺、与众不同的人。你首先是一个科学家（生物学家），在顶尖科学杂志如《自然》《科学》上发表过多篇论文。而且自从2002年加入华大基因后你每年都升一级，到2015年成为公司的CEO，同时又做了很多科普节目，如《天方烨谈》等，还有各种公益慈善活动，非常了不起。

不过我们今天主要把重点放在你作为CEO角色来展开。我的第一个问题是，作为华大基因的CEO，你的管理哲学和管理理念是什么？这些又是如何形成的？

尹烨：我先从大的进化背景去讲。做生命科学的人都明白，现在人类是第六次登上历史舞台的生物，前面地球上的生物已经经历了五次大灭绝，而且每次大灭绝之前的统治性物种，比如恐龙，没有做错任何事，只是一颗小行星撞过来了，一切就结束了。

这是小概率事件，却是股不可抗力。这时候如果去讨论霸王龙族群或是三角龙的繁衍策略，就没有什么意义了。所以从根本上讲，每个人如果要想寻求自己在世界上的意义，先要有时代感，这个时代感将决定在没有不可抗力的情况下，你应该把你的时间用在哪一个角度、哪一个方向，会获得更大的回报。这个回报可能是自己的满足，或者传下一些东西。

21世纪初期，所有学科的发展都遵循从科学发现到技术发明，再到产业发展这样一个"三发"过程。这个过程在工业革命之后越来越明显。以中国为例，从改革开放40多年以来看中国的市场，大部分人在初期其实玩的是从产业到产业，从产业到扩大再生产再到产业。最近的20年开始出现第二种现象，就是从技术到产业。但至今很少有人碰科学，研发不算科学，发现才是科学。因此，从发现开始到创新，从发明开始到创新，它和从技术到产品创新是非常不一样的。现在很多人把它们捆在一起，称为科技。但其实科是科，技是技，创新和创业也是相当不同的事情。

生命科学却没有办法直接从技术发展到产业，因为它研究和作用的对象是人类自身，我们必须做科学，从科学入手才行。如果我不做科学，比如一个药品，我能证明它治什么病，但不知道它的原理，对大众就没有太大用处。对每一种药，必须在验证以后才允许它上临床，然后再经过产业发展，变成可以普惠的公共卫生产品，受到大家的认可。所以生命科学领域与所有其他领域都不一样。现在看起来很成功的企业，基本的路子无外乎就是以前做得慢，今天做得快；以前做得贵，今天做得便宜；以前没有互联网化，现在互联网化；以前没有移动化，现在移动化；以前没有物联网化，现在物联网化。它们面对的场景其实都是我们可以认知并容易接受的，唯独生命科学在很多点上其实是非常难以验证的。

陈晓萍：也就是说你们必须从源头开始？

尹烨：从这个角度来讲我们需要回答几个根本的问题：首先21世纪到底是不是生命科学的世纪？20世纪的100年里，前面的二三十年，爱因斯坦提出了狭义相对论，他1905年的那4篇文章就足以证明物理具有一种创世的力量，是解决原子之间的、质子和中子之间的结合方式，这是一种非常近距离的强相互作用，我们在宏观物体上感受不到，但这是创世的力量，是这个力量造就了宇宙以及今天的万事万物。我们发现，这个力量可以被释放出来，就有了后来的原子弹和核能。接下来量子力学出现了，薛定谔、波尔等科学家从另一个角度创造了一个新世界，那就是，以前我们认为的那个可知、可以被预测的宏观世界，其实从微观看并不是那么可预测的。起码在今天测量技术的极限下，它不可被预测。

人一生最大的幸运，就是在年富力强的时候发现了自己的人生使命

尹烨：从这个角度去理解，我们就看到从20世纪到今天，不管是航空航天技术，还是我们用的手机，都依赖于物理学原理，是从经典物理向量子物理学的跨越。制造，甚至原子制造，是我们从根上去研究这些物质科学的极限，但生命科学不一样。为什

么呢？20世纪40年代很多物理学家的共识是生命的本质是化学，化学的本质是物理，物理可以被数学描述，因此生命就可以用数学算出来。当时很多人讨论"生命是什么？"并尝试用物理的方式解决生命问题，但后来发现我们没有办法用氢和氧的性质去判断水的性质；氢加氧变成水，性质出现了巨大的差异，这样的现象有人称之为"涌现"，有点像"熵""鲁棒性"这样的描述复杂性质的术语。生命科学也是一样的，就是这么简单的碳、氢、氧，我们把它们变成了四种含氮碱基（ATCG），再根据 ATCG 的组合，添加氮、磷、硫等，形成了生物。但是不同的数量和排列就出现了不同的结果，比如我们和大肠埃希菌就是不一样的。生命用还原论看当然符合物理定律，然而在系统论上又不完全能被物理定律预测。它或许符合更高级别的生命的逻辑，这是一种高维、高阶的语言和思维。

从那以后，大家认识到生命科学可以成为独立的学科，而不应该被层层套到物理和化学中去。接着在 1953 年 DNA 的双螺旋结构被发现，1970 年之后人类学会了对基因进行序列测定，而商品化的测序仪则在 1986 年被发明。人类第一次完成的物种测序是一个很简单的噬菌体。这就是科学发现和技术发明的过程，通过几十年的产业发展，我们把一个人基因组测序从需要花费 38 亿美元降到今天的接近 2 000 元人民币，经过这样一个漫长的过程，才算到了产业发展前期。

陈晓萍：感谢你提供这个大框架和背景来铺垫你的管理理念，那么你的管理理念到底是什么呢？

尹烨：我的管理理念就是茨威格在《人类群星闪耀时》里说

的那句话："一个人生命中最大的幸运，莫过于他还年富力强的时候，发现了自己的使命。"

华大基因把它提炼成一句话，那就是"**基因科技造福人类**"。这句话每个字都有含义：基因是基本的因素，科是发现，技是平台，造福是一个使命，我要为了这个使命努力去做。然后是人类，不仅仅是中国老百姓，而是全人类，它所探索的不仅仅是如何满足健康的需求，而是从根本上认识我们是谁，我们从哪儿来，我们往哪儿去。

陈晓萍：所以你在讲解公司使命的时候，就是"基因科技造福人类"，对每个员工都要从根本上来讲现在的使命，从人类发展阶段到现在这个时代自己的使命和价值。

尹烨：我和员工说，没有人比你们位置更好，你们都在年富力强的时候，平均年龄 30 岁，正是造福人类、达则兼济天下的年龄。造福是一件长远的事情，意味着我们做好多事情都要违背今天所谓的商业规律，不遵循短期的市场定律，不按照常规增长曲线。我们想的是这个事情怎么最快普及，通过这个过程倒推我们需要做哪些准备。把目标放到最大，这个地球 80 亿人，每年新出生 9 000 万人，当然也大概死去 7 000 万人，在人口不断增长的过程中，我们应该怎么去让每个人把握住时代的脉搏，这就是我觉得最应该去做的事情。我们在"道"的层面让大家必须先统一，然后在"术"的层面才能执行起来不走形、不走样。

因为在商业社会里，大部分人都会被现实的事情所困扰，大家会遇到一些具体问题，会想不通，看不清楚，甚至可能会忘记自己为什么来到这里，初心是什么。

陈晓萍：你们遇到过比较困难的情况吗？

尹烨：是遇到过不少情况，比如华大曾经也有很多人离开。

陈晓萍：离职的人大部分是因为什么？

尹烨：不一而足。管理理念不合，认为待遇不匹配，自己独立发展会有更好的成就等。

陈晓萍：管理理念不合这条，是因为不认同华大的使命？

尹烨：他们即使人离开了华大，心里还是认同华大想做的事情，依然走正道，只是变成盟军，或者生态中的一部分。在这个过程中，其实每个人的离开对这个组织来讲，或多或少都会产生震动，但也带来新的可能。所以在这个过程中，我们也会永远面临一个长短期之间博弈的矛盾，即在追求远期的大目标的前提下，如何能够脚踏实地地跟上梦想。

现在我们对他们进一步赋能，再团结回来，大家就变成舰队，和谐地一起向前运动。我觉得这可能是华大基因对这个行业最大的贡献，培养了一大批同领域的创业者。

陈晓萍：刚才你讲从科学、技术到产业的过程，而华大基因实际上是从科研机构演变成为商业组织的，从组织管理角度来说，你们是如何完成这个转变的？其间最大的挑战是什么？采取了什么样的措施？

尹烨：商业和科学之间最大的区别就是，科学是有对错的，只要给出限定条件，科学结果一定是可以重复出现的。而商业没有对错，更多的是得失，它是一个灰区，不像科学，更多的是黑白。做商业最后要跟社会打交道，发挥更多的还是情商，而科学更多的是智商的层面。在上市过程中，我们经历了若干阶段。最开始我们是做科研，为科学家服务，为科学家服务的时候还是在讨论对错，因为大家的基本知识背景相同。后来我们开始做医学服务，面对的是医学从业人员，但他们的终端对象是老百姓，这时问题就出来了。就像你说英语，他听汉语拼音。从英文到汉语拼音怎么转化，这就挑战我们商业化的能力。商业化肯定受成本影响，成本是第一位的，成本是平台决定的，技术普及的根本是成本，成本低到一定程度，技术一定会普及。但是普及的速度和速率实际上是受商业化或者转化的速度影响的。好东西就是好东西，怎么成为刚需，如何去应对我们一系列的缺失，比如政策法规的缺失、教育系统的缺失、既得利益的牵绊、大众的各种误解，我们自己还有人才的问题、资本的问题，还有各种各样规范性管理的问题。我们只能边干边学，没有任何人能够给出答案。

基因科技造福人类

陈晓萍：你们现在哪部分业务是为科学家服务的？

尹烨：比如，我们每年还会在《自然》《科学》上发表论文，并且给科学家提供数据和实验。测序，把样本变成数据，对数据进行分析，然后大家讨论这样的分析会产生什么样的发现，这些结果哪些可以做环保、做制造、做材料、做医学，我们就是围绕基因本质上的东西派生出各种各样的可能性。我们做基因测序的价格在全世界也是有优势的。不管是科学家还是老百姓，就因为华大基因的存在和我们坚持的普惠原则，无创基因检测通过政府引导在深圳纳入医保而做到基本免费，即使没有医保，也只需要

800多元，目前在香港，同样的检测需要 7 000 港元。造福人类就应该从普惠出发，一个也不落下，一个都不能少。

陈晓萍：这样做，你们会亏本吗？

尹烨：不会。因为核心技术在我们手里，我们就可以去普惠。在这个过程中我们主要考虑的是为社会总的卫生经济投入做了多少贡献。比如，上海的产前无创检测，大概是 2 400 元，因为政府没有补贴，大概有 30% 的孕妇做了。在深圳是 800 多元，基本是 100% 自然覆盖率。同样的卫生经济投入，如果上海从 2 400 元降到 800 多元，上海也可能会 100% 覆盖。

这就叫集中力量办大事，大家都受益了。社会总投入没变，但同时让所有人的受益变得更大。虽然牺牲的是小部分从业人员的利益，但这是一个利他主义的展现，这是人类最美的东西。人类作为生命，与其他生物是不一样的，就是人类有利他行为，而其他动物都没有。

陈晓萍：无创检测到底检测什么？

尹烨：无创主要是用来筛查胎儿唐氏综合征（也叫 21- 三体综合征）和其他染色体疾病。唐氏儿常常具有特殊面容，智力低下，还有一些伴有先天性心脏病等。唐氏的发病率为 1/800 ~ 1/600，给家庭和社会带来沉重的经济负担。传统的唐氏血清学筛查漏检率较高，假阳性也较高，给临床带来了大量的产前诊断负担。而无创技术只需要抽 5ml 母体的静脉血，通过高通量测序技术及生物信息学分析方法分析胎儿游离的 DNA，就可以比较准确地判断胎儿是否患有唐氏综合征，不仅漏检比较少，假阳性也较低，从而大大降低产前诊断的负担，有效缓解了一个临床痛点问题。无创技术不仅能发现 21-三体综合征，还可用于其他染色体数目异常甚至结构异常的检测。目前，这个检测在美国、日本都需要 1 000 美元左右，但在中国，全国平均也没有超过 300 美元。

陈晓萍：华大基因的愿景是用基因科学、基因科技造福人类，非常崇高。那你们是如何创造公司的文化，去实现这个愿景的呢？你们公司的核心文化价值理念是什么？在具体的管理中又是如何体现的？

尹烨：其实我刚才说的也一直都是这个事情，汪建他们几个回国以后，其实最想做的就是代表中国参加人类基因组计划。所以华大基因起步并不是为了赚钱。虽然这是很奇葩的事情，在 20 世纪 90 年代，他们几个创办了一家所谓的民营机构，就是为了做人类基因组计划，听起来似乎疯了一样，但他们想的就是人类基因组计划所说的"共有、共为、共享"。基因是大家共有的，所以我们的策略是共为，产生的结果要共享。这看起来是很简单的事情，但当时如果不做，就会被另一家商业公司控制，如果它说所有基因都要专利，那么每个人去测一下基因都要付钱了。这是很关键的问题，因为那样就不可能共享了。所以当时这几个创始人的远见就是一定要让中国人在基因研究领域有一席之地，且最后是基因科技造福人类。第一个基因组测序测的是白种人，样品是高加索人的混合，所有染色体来自不同的人，那是一个白种人的基因组。实际上是黄种人或白种人都不重要，这是人口学的概念，并不是遗传学的概念，遗传学上没有黄种人或白种人之分。就像猫一样，黄猫、白猫、花猫、狸猫不都是猫吗？

陈晓萍：所以参加人类基因组计划是他们当时的初衷，且不以赚钱为目的。对于这个核心理念，当然创始人都很清楚，都很认同，但你们怎么样一层一层地传下去，怎么让所有员工都达到你们的境界呢？

尹烨：不是所有人都能达到创始人的境界，但是当一个公司在一开始核心价值观就很清楚的话，它能招的人大部分都是这样的人，在别人看来可能很"不一样"的人，包括我在内。

陈晓萍：你们怎么识别这样的人呢？

尹烨：很简单，就像姜子牙当年钓鱼一样，用直钩。这个公司格局很高啊，居然参加人类基因组计划，那我们就试试看吧。这个口号天然就能吸引志同道合的人。

陈晓萍：是感觉到了另外一种东西，是要为人类做贡献。

尹烨：对，只要是那些没有变成"精致的利己主义者"的人，都会愿意加入。我们的愿景其实吸引了一大群在那个年代想做一点惊世骇俗的事情的人。所以对于华大的文化，基本上"基因科技造福人类"这八个字大家都知道。

陈晓萍：那进来以后呢？

尹烨：我们把那些在骨子里面喜欢冲一下、搏一下的人招进来，之后就是用各种各样的传帮带方式"洗脑"。基本上就是听老员工讲，然后自己去琢磨。我们会做很多案例分析，在不同层级都会由上往下贯穿。

李雯琪（总裁助理）：公司的管理层有一个"同行者计划"的培训活动，每年都会不定期开展战略对称会，把创始人的想法往下传递。这些核心骨干成员在公司待了好多年，对整体战略和价值观都比较认同，所以传递比较顺利。再往下是关于执行的层面，每个部门都会有自己的培训计划，不光培训，还有考核，必须通过考核获得反馈，看这个员工是不是真的理解。也有一些新员工的培训计划，叫作"展翼"，还有"鹰计划"，新员工对企业比较陌生，我们会从更基础一些的角度来进行传导，并且会配导师，一带三，这样新员工更有归属感，也更容易融入这个企业。

尹烨：你会发现我们所有讨论的业务都是从公共卫生的角度展开的，很少计算这个产品有多少利润，而是计算这个东西以这个价格出售会造福多少人。如果这个省全做会怎么样，如果中国全做了会怎么样。我们的战略和下面做的事对应匹配，技术部门经常会被问，做了哪些疾病的检测，发病率是多少，检出率是多少，检出后提前干预能减少多少家庭和社会负担，等等。我们都计算这种大账，这样算完了以后，所有人就都能看见大图景。这样再倒回去算，比如在上海无创检测收费 1 800 元，那么投入产出可以打平。我就问他们如果降到 900 元呢？600 元呢？这时候就变成 1∶3 和 1∶4 的卫生经济学费效比，就是我投入 1 元钱就能省 4 元钱。这么一算，价钱就已经出来了。然后问技术部门，这个能否做到？如果做不到，我们就回到第一性原理，问为什么做不到，后来发现是通量的问题。如果做到 1 000 万的量，能不能降到那个价格？如果可以，那问题就简单了，我只需要找一个 1 000 万的模型来完成我后面的经济模型。所以，我不是根据今天的成本去推未来市场，而是根据未来市场可以覆盖的数字来倒逼今天的成本。这个成本的倒逼实际上会挑战科技，从而让科技不断加大研发、提升效率，同时借由中国的体制优势，撬动民生问题的解决。

陈晓萍： 所以你们向政府寻求支持？

尹烨： 我跟政府谈的就是这个，其实我在协助政府解决民生问题。

陈晓萍： 那你怎么发现员工的文化信念偏离华大基因的既定预设呢？

尹烨： 在我们这里，大家彼此叫同行者，大家是共享长期利益的，不一定是今天的股权，也可能是期权。什么叫作同行者呢？我们强调是同知、同行，要认知相同才能同行，其实是要共为、共命的，而不只是分钱。汪建很讨厌两个词，第一个是"企业"，有企图的业务；第二个就是"合伙"，一合伙就是分伙。他们都是从西方搬来的，但中文翻译有问题。"partner"怎么不是"合作伙伴"呢？"coach"怎么就变成教练，而不是导师呢？从文化直接往里植入的时候，一开始就领偏了。

所以汪建深思熟虑，这个词到底应该是什么？他从来不把华大基因叫作企业，也不把它叫作公司，而是一个组织。我们叫自己华大基因、华大集团。同样对于"同行者"，如果他不想同行了，那我就公事公办，靠脑力劳动来换得价值，我们当然允许。因为生命科学的本质是，唯一不例外就是例外（exception is always there）。生命科学必须有这个，如果你强调个体差异，就必须允许各种各样的人存在。但如果是我精选出来的同行者，他就必须同知同行。

创始人的印迹：汪建先生的工具决定论

陈晓萍： 你曾经说华大基因创始人汪建先生是特别有远见的

人，可能是 21 世纪中少有的几个，你觉得汪建先生的哪些本质和特性变成了华大基因这家公司的基因？这些个人品质变成公司基因的过程是如何发生的？你在公司的管理和运作中，是如何看待和处理与汪建先生的关系的？

尹烨：汪建父母曾经都是干部。他母亲当过县委书记，当时做过剿匪工作，性格彪悍。在汪建念到初中的时候，恰好就是上山下乡，接着"文革"来了，父母就被关起来了。但我要说的是，他是个从小就养尊处优，本质上没有受过穷的孩子。这也是他后来比较大方、不看重钱、不抠门的原因。从小没有经历过特别苦的日子，而真正上山下乡吃苦的时候他已经知道什么是富了。他在湖南怀化插队，发现自己吃不饱，他就想做农业。他看到村子里有大量的缺陷，当时不明白为什么有人天天在那儿发呆，后来才知道原来那是一个智障者。这些都给他留下非常深的烙印，让他思考是否有一天他能够解决这个问题。那时，他为了换点东西、要点盐，一天跑几十公里山路。没有鞋，他就弄一点草或者剪一块破轮胎做一双鞋。所以他体力很好，从小接受这种锻炼，天天跑来跑去，以至于他的脚底板可以直接在碎石路上走，磨得很硬。这或许是他 56 岁还能登上珠穆朗玛峰的原因之一。

后来恢复高考，汪建考上了湖南医学院。他确实很聪明，那时候就在中文核心期刊上发表了很多论文。如果在那个年代要评一个青年科学家的话，他一定能评上。那时候他第一次看到电镜，可以看病毒，因为电镜是冷冻电镜，湖南很热，要有空调，所以汪建就决定待在空调房里，每天就守着一个电镜，别人白天用，他就晚上做实验。这意味着他掌握了中国当年最先进的医学仪器，是科研的核心工具。他那时候就明白工具决定论，谁有工具谁就赢，谁有电镜谁牛。他用这个电镜换着东西看，看一个器官标本，就发一篇论文，看心脏的就发关于心脏的文章，看脑组织的就发关于脑组织的文章。

后来就一点点地变成今天这么一个状态。他在求学的过程中不断思考，对那些能够给他带来很大影响和价值的人和事物，他都会去反省和反思。比如说他的一篇文章，是关于血管斑块退行的，你血管堵了不要紧，经过运动和饮食调整可以让斑块缓慢地、良性地、一点点地变小。你就知道自己应该如何预防，可以通过约束自己的生活习惯来避免这些问题。

陈晓萍： 他对人类基因组很有远见，比如未来人可以长命百岁、不止百岁等，你觉得他怎么会形成这种理念？

尹烨： 他当时到北京主要讨论遗体保护的事情。后来领导说不做这件事了，他就决定出国。在美国走了不少地方，最后去了西雅图的华盛顿大学。当时隔壁的实验室就是鼎鼎大名的基因组科学实验室，好几个华人都是吴瑞捐助的最顶尖的生物学中国留学生。还有黄谷阳、于军，也都是华大创始人，他们屋子里都是测序仪，汪建就明白了，谁有测序仪谁赢。

华大医学院在世界研究人类基因组排序的领域首屈一指，后来变成全球研究基因组的中心。后来汪建就想把这个项目搬回中国，因为他觉得他是中国人，要为这个民族做点事。这几个人集体决定回国。1997年他们在张家界开会，说："年过不惑，家中殷实，学有所成，施展抱负。"就是要做点有意义的事，然后大家就开始做人类基因组这件事。你看，那是20年前写的东西，但现在看来，当时写的各方面计划和战略几乎没变。

也就是说，他那时已经看明白未来应该怎么做了。后来我问他想到过会有今天吗，他说没想过公司会发展得这么大、这么快，但基本形态相似。这是比较根本的东西，如果这个世界上有人给你描绘出一条路了，你就不怕了。最开始描绘路的人是最难的，而且能够坚定地按照这个过程走下去也非常难。但汪建是典型的"湖南霸蛮"，你怎么和我叫板，我都不怕，我就是要干。

陈晓萍：你变成 CEO 以后，如何处理和他的关系？

尹烨：在很大程度上，能够看清楚未来的人一般都是孤独和寂寞的。我觉得自己对汪老师的帮助，就是有效地把他的战略翻译成战术。比如工具决定论，汪老师讲了这个，我就要从历史上找证据，证明在科学领域什么事情都是由工具决定的。如果没有工具，没有当年大的望远镜，伽利略怎么去看行星的运行轨迹，开普勒怎么提出行星三大定律？没有显微镜，我们又怎么知道细菌病毒的存在？所以科学的发展都是由工具决定的。

实际上拥有了先进的工具之后，又能掌握它的成本，那么它既可以做科学，又可以做产业，从生产要素角度来讲，我们就立于不败之地了。因为我推算到最后，我只提供工具也输不了。

陈晓萍：现在你们最核心的工具是什么？

尹烨：测序仪，这是最基本的东西。华大自己生产测序仪，因此从理论上讲是无限的，想要造多少台就有多少台。这样我们就有了比较优势。比如你能造飞机，我也能造飞机，这就叫作比较优势。但如果你能造飞机，我只能造袜子，我就要牺牲十倍的利润跟你换，这就叫作比较劣势。所以有时候不仅仅是成本的问题，而是他的成本比我低，他就可以打败我。所以比较优势最后是成本问题，没有这个优势就被"掐死"。2012年的时候，因美纳（Illumina）公司想"掐死"我们，这和今天美国对付中兴的方式是一模一样的。

陈晓萍：后来是怎么渡过难关的？

尹烨：当时美国有三家测序仪公司，老大是Illumina、老二是Life、老三是CG，我们一开始选择买老大的平台，很快就变成全世界最大的测序中心。因为测序平台通量足够，生物信息分析能力强，大家都来找我们，我们就把当时能测的基本测了个遍。老大意识到我们太厉害了，影响到了它的地位，就开始给机器、试剂、保修涨价，不开放医疗器械授权。正好这时候老三说："我已经被打得不行了，你愿不愿意买我？"我们就把它收购了。今天回头看，都是被"逼"出来的。

华大员工是"之"字形成长，不仅是商业上的"之"字形成长，而且是各方面的

陈晓萍：从公司管理的角度来讲，华大现在全球有7 000多名员工。你如何看待7 000多名员工对公司的贡献？现在华大基因采用的组织架构是更偏向矩阵式，还是自我团队管理模式？另外，你们的激励机制是怎么设置的？

尹烨：从骨子里面讲，有的时候会有点儿反传统管理，矩阵式是大家都喜欢说的，有条有面，你看架构好像是矩阵式的，但实际上一般的公司只有一件事情，那就是挣钱。而华大是一个组

织，这里面有营利的，还有非营利的，我们除了非营利的研究院和华大基因学院，还负责一本专业期刊，还承担着深圳国家基因库的运营，这些项目至少不能简单地用经济指标考核。

陈晓萍：这些研究院是你们自己用资金支持，还是由政府支持？

尹烨：政府支持一部分，如基础研发部分，但华大也会筹集大部分，会用产业产生的利润，甚至卖掉股权去支持它。

华大的组织架构就决定了不可能用统一标准去做，研究院有几年指标是文章发表数量。后来觉得光发表不够，就看引用次数，后来觉得这也没有用，就看文章是否有应用价值，而不只是为了发表。对技术部门，我们看专利，也看拿到多少学生的生源指标和培养学生的质量。对产业部门，我们还是会用产品或者标准的上市公司的考核方式，所有财务指标都要看。在这个过程中，我们对员工做了很多培训，强度和密度都很大，每个部门都是如此。只有这么带，才能筛出一大批滥竽充数者。另外，我们还进行全员考试。比如，所有人都要学一遍高中的生物学，不管什么专业，至少要达到高中的水平，这是实现同知的前提。同时，我们每一次年中会和年终会，都真刀真枪地请专家或员工给我们做培训，这边刚培训完，那边马上就进行考试，连续一周。考不及格就直接淘汰了。

有些人还要学习做实验，比如到实验室现场"抽血"，当然用的是假人。即便是人力资源部、财务部的人员也要做。否则他们对什么是测序仪及如何做业务没有概念。此外还有讲展厅，给你设计场景去讲，在讲的过程中我们专门有人在旁边听，要闻味，闻你讲的有没有华大文化的味道，如果没有，就不能晋升。比如，来的是的是卫健委主任你应该怎么讲，来的是大学教授你怎么讲，来的是老百姓你怎么讲。

陈晓萍：没想到你们也闻味，在阿里巴巴有闻味官。那你如何挑选这些闻味的人？哪些人鼻子比较灵？

尹烨：主要是高层领导自己去看，看你在讲的时候是否充满了自豪感。如果有些人讲的时候自己都没感觉，就有问题。华大人骨子里有一种很强的自豪感，当然我们也希望能够自豪兼谦和。

陈晓萍：从员工管理的角度，你们是怎么设计激励机制的？

尹烨：华大在晋升员工时，有一些比较特殊的地方。雯琪，你说说你去年去哪儿了，为什么要去？

李雯琪：我去年被派去非洲半年。我们现在整体的策略就是要向前台倾斜，比如，鼓励在总部或者深圳待的时间比较长的员工到各个片区锻炼，也是把总部的思想往各个片区散布，所以我当时就被派到非洲去了。

非洲目前来说还是相对空白的地方，但我们在肯尼亚、南非有分公司，也有办事处。非洲蕴藏着很大的机会，所以才要更多的人去。我主要先去摸个底，看哪有机会，把前线的消息传到总部，看在哪些方面可以配置更多的资源。

陈晓萍：你带回来哪些信息？

李雯琪：一方面是与新同事的熟悉交流，另一方面是与总部的沟通，我了解到他们的需求之后跟总部进行更有效的沟通。另外，在那边有一些市场的一手资讯，我回来可以跟公司汇报，辅助进一步的战略决策。

尹烨: 其实这是对员工的一种历练。华大员工是"之"字形成长,不仅是商业上的"之"字形成长,而且是各方面的。通常在总部待了较长时间后,大家会形成一种错觉,以为公司的沟通效率是非常高的。其实我们在102个国家都有业务,在二十几个国家设了办公室,时差、语言等各种各样的问题堆在一起,沟通就会发生偏差。所以我们定了一个制度,在一定级别以上的员工,必须有半年的外派经历,回来时需要述职,分析当地的风土人情,特别是说清楚当地公司在做什么业务,新的机会在哪里。这是我们大量把后台人往前台派的原因。

陆佳芳: 你们做这些事的想法是从哪里来的?

尹烨: 我们一直在思考集中(centralise)和分权(decentralise)的问题,很大程度上讲,车、马、炮,人、财、物都需要进行这样的平衡和博弈。实际上华大一开始从北京搬到深圳的时候,就是2007年,遇到了挑战。所有的精英离开北京到了深圳,本身是被逼的。很多外派都是被逼的,但是把他们逼出来以后,我们意识到其实逼得不够,不能只是高管被逼,其他管理者也应该有此历练。

陈晓萍: 现在多数全球化公司都要求管理者必须有外派经历才能被提拔到高管岗位。外派对于去的人是一个重大的锻炼机会,回来之后整个人就不一样了,自己更自信,可以胜任更多艰难的工作,这是培养接班人的重要步骤。

身体好——自律,学习好——自驱,工作好——自尊

陈晓萍: 作为大型生物高科行业,你们需要不断创新探索突

破，又需要确保执行的标准和效率。如何平衡这两者的关系？我看你好像以前者为主，后者为辅。

尹烨：并不是。我们在执行层面，讲三好——身体好，学习好，工作好。身体好是自律，学习好是一种自驱，工作好是自尊。没有人希望自己的身体不好，但是真想身体好，就要自律。要想学习好得自己去学，自我驱动。最后工作好实际上是自尊。我会对我的团队说，没有功劳的苦劳是犯罪，因为你浪费了机会，花了华大的差旅费，拿了华大的工资，却一无所获，没有意义。对我们来讲，创新突破和执行标准、效率之间应该是联动的关系：创新突破做得越好，标准和效率就会提得越高，就会获得优势，资源重新反哺创新和突破。为什么呢？比如你在《自然》《科学》上发表了很多论文，就会有一群人找你合作，因为你能发而别人不能发，这实际上是比较优势，是所有竞争者没有办法跟你比。同样的投入，跟华大合作，可能一个科学问题就解决了，而跟其他机构合作，花了同样的时间和努力却可能分析不出来，这就像看同一篇业务论文，博士水平看和小学生水平看差别很大。这个过程就需要不断创新和突破，同时提高标准和效率，这两件事其实并不矛盾。尤其是对生命科学来讲，我做科学发现的时候要的是创新突破，我做技术的时候就要求标准和效率。我们现在玩命地在做各种各样的标准，我们必须要在标准上有话语权。

陈晓萍：你们在做哪些方面的标准呢？

尹烨：比如测序的基本序列，一个标准的 DNA 序列，它的测序标准、合成的标准、样品存储的标准、各种各样应用层的标准是什么？标准和专利是两条腿，但两条腿都要走，标准更强调可公开，更被大家接受，而专利更多是私有的。你做一件事只能自己玩，别人都不玩，那么你在行业内没有话语权，所以现在团标是做得最快的一件事情。我本人的社会职务就是深圳市标准化协会会长，专门思考这个领域。而与其制定一个大家都明白的东西，为什么不在大家都没有看明白的时候把标准都制定了呢？

陈晓萍：这才是有先见之明的。

尹烨：就是因为现在没有统一标准，你往哪儿去找都是跑马圈地，才要制定标准。

陈晓萍：你的意思是测序、合成都还没有全球性的标准？

尹烨：所以我们一步一步来，先做企标、团标、行标、国标，现在逐渐没有国标，但国标都达不到还能卖吗？市场卖的一定要超过国标。

热点挤过来，我只一路去造福

陈晓萍：下面这个问题是有关危机事件的。我听说华大基因上市以后，面临了一系列的公关危机事件，比如无创产前基因检测出现漏检，被质疑套骗国有财产，最近又在微信上看到裁员等。你如何看待和处理这些危机？

尹烨：这个问题其实不算敏感话题了。让我们从几个有意思的说法说起。首先如果你不是明星公司，大家就不会来炒"话题"。之所以这么做，是因为你触碰到了最根本的东西。这个最根本的东西可能是技术上的，也可能是认知上的。

比如说华大无创检出现漏检，实际上出现漏检了吗？并没有。

但是为什么会被写成这样呢？是因为缺乏认知。我们提供的检测范围，打个比方，在空中往中国扔一块石头，我们可以检测出这块石头是落到了中国的哪个省。在这个案例中，我们检测的结果是落在湖南省，结果是正确的。但检测者要求说出这块石头是落在长沙市，还是湘潭市，这就是强人所难了，因为他付出的价格和对应提供的服务精度并不匹配，这是其一。第二个问题，如果从伦理上或者人之常情看这件事情，长沙这个孕妇曾被两次告知要去做产前诊断，她自己不做，告医院告了一年半，但医院是公立系统，告不倒，所以干脆就找一批人直接用自媒体黑一把。后来有人问我为什么不直接怼她，我说她已经这样了，我们不应该再去打击她。但从专业领域来讲，并没有医生和专家质疑我们的检测结果。没有完美的技术，这一点大家都明白，关键看它是不是相比于过去进步了。故新兴技术一定需要有一个头部的企业先去被"误解"一次，然后理越辩越明，渐渐地全行业就都产生免疫了。基因检测并不是百分之百准确，不是万能的，但确实也是很有用的。这就是头部的企业必须撕的口子，我们必须挨这一炮，这样才会让我们更强大。

至于说被质疑套骗国有财产，我觉得这句话如果真的发生，就可以直接定刑了。有些谎言编得太离谱了，细思极恐。虽然那个自媒体败诉了，要彻底给华大道歉，其实我们高兴不起来，他100块钱登个报，华大股价至少拉了100个亿下来，到底哪一个细思极恐？我觉得他那么做才细思极恐，不加考证而随便在自媒体说话。所以我2018年写第一篇文章时义愤填膺。当时《南方周末报》采访我，我说这件事我必须站出来，因为这是要动这个行业的根，如果基因检测被假想成拿到全部的东西，这个行业就没有了，这是科盲的行为。当然我们也需要反思一下，我们的危机公关是不是可以做得更好，是不是可以有更多的应急机制，是不是应该有更加到位的配合。所以我承认这是一种偶然中的必然，一定会有公司挨这一炮，但反过来讲挨完了这一炮，大家产生一种合理的"鲁棒性"（系统的健康性），反而使行业变得更强。所以现在很多人看华大受这么多质疑依然没有什么事，就说明这个公司确实没有什么问题。

这是行业发展时需要经过的一个过程。1978 年，爱德华在英国伦敦成功地使第一例试管婴儿诞生，当时也有人骂他是恶魔，人类以前是这么生孩子的吗？到 2010 年 400 万试管婴儿因为这个技术诞生了，他就得了诺贝尔奖。很多人的思维、思考的框架不具备长线思维。所以我就不跟这样的人在不同的理论框架下去争论了。

陈晓萍：反过来，虽然某种程度上来说这是被动的做法，但经过这件事情之后华大更有免疫力了。其实，华大做了很多公益的事情，包括你自己的《天方烨谈》节目，还有你很多的讲座，都属于用积极的方法来改变大家的认知。

尹烨：就是在这个事件发生的时候，公益该做还是做，我的《天方烨谈》一期也没有落下。你打你的，我打我的，热点挤过来，我只一路造福跨过去，偶尔有些噪声也是好事。

陈晓萍：在过去 10 多年经营公司的过程中，你一定遇到过人际感情与商业理性发生冲突的事件，能否具体描述一两起典型事件？回过头看，你认为应该如何处理人际感情和商业理性之间的冲突？

尹烨：2003 年出现非典疫情，我们拼了命做出了试剂盒。我们去拿病毒样品、细胞做诊断试剂，用了 72 个小时做出来了，而一般公司要做好几年。

陈晓萍：哇，令人惊叹！

尹烨：做出来之后，大家就开始讨论应该卖多少钱。做的时候不在乎它会不会挣钱，而拿到试剂盒文号可以卖的时候，大家的情绪还是高涨的，价格从 100 元到 1000 元、1 万元，都有人提出，因为拿到证了，大家都在那儿等着。可是在那一刻汪建突然拍桌子说："这是国难财，谁也不准卖，我们捐给国家！"当时大家都愣了一下，这句话大大地冲击了每个人心灵。当时一卖就是几个亿啊，而那时候华大一年总收入也就是 2 000 多万元。所以当时我们觉得时间变得非常慢，脑子里都在转，他怎么会这样想呢？到后来才弄明白，我们当时面临的最大冲突是：是要几个亿好，还是要一辈子荣耀好？我们到最后才明白，他这个决策是对的，我们没有跟错人。

华大基因的故事：敲响资本市场的上市钟，也是疾病的丧钟

陈晓萍：这个事件很有戏剧性。华大基因这些年在公益事业上做了很多努力，就连公司上市的敲钟仪式上出现的主角都是你们的服务对象，而不是高管团队。作为一家上市公司，你们如何对股东负责，平衡盈利和慈善之间的关系？

尹烨：汪建经常说一句话："股东就是员工。"其实从某种程度上讲，大家都是员工。我们对投资人也都说，其实他们都是员工待遇，希望投资人和我们在文化上能够达成一致。上市本身是为了什么？是为了造福吗？是为了谋求更多人的认可吗？这就是大家都在想的事情。《权利的游戏》中有一段讲什么东西能够统一这个世界，是钱吗？是军队吗？都不是，是故事。只有故事才会在人群中广泛传播。所以我们希望我们是一个故事，这个故事说的是华大敲响的既是资本市场的上市钟，也是疾病的丧钟。我们掌握了可以防控遗传病的敲门砖，在以前我们成本不可及，现在有人人消费可及的基因检测，就能防住那些原来治不好或者治不起的遗传病。这应该作为故事传承下去。没有故事，就没有共鸣，就没有共识；没有共鸣和共识，罕见病还是罕见病。中国有几千万罕见病病人，你们见过吗？你们知道吗？一个人能说出十种罕见病吗？不知道就无法去唤醒大众对这个群体的关注。他们其实也是人，他们只是患有一种疾病，我们不能去歧视他们，我们应该更多地关注他们，这不通过故事传递，你怎么能唤醒大家？大家觉得上市就是减持套现，所以当天汪建就宣布五年不减持，我们就宣布一年捐助一个罕见病。目前全球罕见病大约有 8 000 种，约 80% 是由基因缺陷导致的遗传病，据 WHO 估计，单基因遗传病的综合发病率为 1%，如果按目前 80 亿世界人口计算，则目前世界上罹患遗传病的人口超过 8 000 万人。

陈晓萍：你们是怎么个捐法？

尹烨：我们都是自费捐，没有用公司的钱，都是捐工资，税前扣。比如公司高管发起了一个华基金，一个光基金。

李雯琪：我们七个女生发起了光基金，就是针对遗传性眼病提供免费基因检测的。我们目前选了一种最有可能用基因治疗方式来治愈的一种病——先天性黑蒙症（LCA），我们可以为 LCA 的疑似患者提供免费的基因检测，并且积极寻求国内外的基因治疗方法来尝试为治疗形成闭环。这个光基金独立于华大，隶属一个公募基金会。

陆佳芳：看来现在你们的很多业务都跟测序和检测有关，在未来是否会有治疗的部分？

尹烨：基因检测本质来讲是治未病，就是没有发生的病。预测、预防、预警（prediction, prevention, precaution）。只花 300 美元（2000 元）就能把新生儿基因组测了，跟你走一辈子，你所有的遗传病基本都可以解决掉。比如，将来后代会生什么病，只要拿你和你爱人的基因算一下就知道了。这将是一个巨大的商业模式，市场规模涉及全世界 80 亿人口，这就是一个巨大的数字。其实人得肿瘤大多是由基因决定的，肿瘤就是基因病，免疫治疗也罢，各种靶向治疗也罢，归根到底都是基因在起作用。而通过测序我们都可以研究清楚。

所以归根到底还是工具决定论，如果有一天我们做测序与合成都很便宜，那么我们绝大部分人的病，通过了解基因就可以有效干预。我们就可以逐渐告别很多罕见病、遗传病。这就是我们能看见的，整个人类的人均预期寿命和生命最后一部分没有被数字化的东西，有点像 30 年前测一个血型，30 年后要知道自己的基因，也会很便宜，很方便。

跑步让身体变好，思考让一个人变聪明

陈晓萍： 下面我问一个个人问题，你是如何兼顾和平衡公司管理、公益事业、家庭责任、个人修养等多样任务和活动的？

尹烨： 很多人问我这个问题，其实我管理的是精力，不是时间。大家一般会认为跑步可以让身体变好，但很少有人会知道思考会让一个人变聪明。既然可以通过运动让自己增长肌肉，增强心肺功能，提高关节受限度，那为什么不可以通过记忆锻炼海马体、杏仁核，去锻炼各种各样可以去控制长、短时记忆的情绪，让自己自然产生多巴胺和内啡肽呢？什么叫开悟呢？开悟的人就是已经掌握了控制自己这些器官能力的人，他们瞬间可以让自己分泌大量的如内源性吗啡的物质，就是内啡肽。大师们都有这样的能力。开悟是一个需要经过大量历练的过程。比如我自己，就经历过一段很痛苦的时间。那就是真正要进入最高管理层的时候，我面临了很大的挑战。我以前一直认为自己非常聪明，但在那一段时间却经常被批评思维保守。我很不服，就天天开始思考，我怎么能想出更好的创意呢？这样想来想去，前后用了两个月的时间，非常痛苦。

但之后我就发现自己的整个思维模型变了，开始从全局角度看问题了。我们说："不谋全局者，不足以谋一域；不谋万世者，不足以谋一时。"这种思维模式的改变就是通过思考悟出来的。

陈晓萍： 你做冥想了吗？

尹烨： 没有冥想，就是自己想、苦修，佛家称类似的修行为辟支佛，要靠自己想通。每天可能要想两三个小时，就在脑子里

面不断地推演、反思。

陈晓萍：你想到哪些根本的东西？

尹烨：宇宙的起源、生命的起源、物质的极限、人类的认知等这些东西都想，而且我发现在某个点上会涌现很多想法，在这个过程中产生一种开悟的感觉，掌握了什么是智慧。

陈晓萍：你觉得什么是智慧？

尹烨：在多个学科交叉以后，其实可以发现所有东西都是相通的。科学和人文走到了一起，到最后你在那个点上感到很喜悦、通透，就是所谓的开悟。这个开悟并不是说我入道了，我飞升了，而是把人类所有的自然科学、人文科学在这个点上融会贯通，产生新的东西。

陈晓萍：所以现在在你看来，人生的意义是什么？

尹烨：人生的意义对我个人而言，就是"为天地立心，为生灵请命，为往圣继绝学，为万世开太平"。从这个过程中说，太上立德，其次立言，再次立功。一般的企业家到立功层面就差不多了，比的是财富。我做不到立德，我自认为也不具备这个条件，能不能立言看很多事情能不能坚持下去，这就是我要做《天方烨谈》的原因。老百姓不懂专业领域的科学，你不能骂他、怪他，你只能吸引他、感化他。所以，我扔出观点，你可以骂我，也可以反驳，你只要关注我就可以了。一个民族最怕的就是，一群号称掌握生命科学顶尖的人，看着普罗大众，把手一叉，说你们都是乌合之众。他们不去想怎么让科学流行起来，面对谣言不敢站出来，什么也不做，那多可悲。所以我就要去做一个科普的工作，要坚持，要务实。而且我也从来不强调我是对是错，因为30年后我们讲的可能都是错的，一定会有新的发现。我们以往的生命科学每五年就颠覆一次教科书，你怎么可能都讲得对呢？若给我足够长的时间，我可以给你讲历史，我们只是活在一个当下的历史尺度里，而且是非常短的历史尺度。在这点上我承认我的狭隘和无知，恰恰这一点是唤起我们共鸣的东西。

基因是人类命运共同体

陈晓萍：我刚才已经问到人生哲学了，下面想让你谈一谈，作为处在基因科学前沿的弄潮儿，你怎么看基因诊断和治疗的前景，以及给华大基因带来的挑战和机遇？此外，你认为华大基因对整个基因科学、生态系统的发展前景将产生什么样的影响？

尹烨：我想是这样子的，其实每个人身上还没有被完全数字化的东西，就是一个人的基因。一个人有三个 GB 的基因，那是每个细胞都有的遗传物质，爸爸有 3 个 GB，妈妈有 3 个 GB，其实一个细胞是 6 个 GB，这 6 个 GB 的东西非常了不起，它的结构本身就决定了它是非常玄妙的东西。

陈晓萍：就像阴和阳一样，DNA 是双螺旋结构。

尹烨：它有一条正义链，有一条反义链，通常只表达正义链，可以理解成是阳链，但是没有阴链存在，阳链就会错，因为如果在复制的时候错了，往往需要靠那条阴链纠正。这两条链本身就纠缠在一起，长期互补。

陈晓萍：很神奇。

尹烨：基因排列本身就是一种信息，这个宇宙不是只有物质和能量，还有信息，信息既不是物质，也不是能量，但通过信息可以使物质和能量呈现交互的状态，在我心目中物质和能量是等同的，物质是能量，能量也是物质。电场、波、磁场都是能量。比如这个桌子，大家认为这个桌子是实心的吗？根本不是，打开任何一个原子，里面的原子核和电子相对那个原子来讲，相当于一个篮球里面有两个乒乓球，电子其实还小得多，其他都是空的。大家觉得原子是实的，因为我们的手穿不过去，但是中微子可以立刻无限制地穿透它。我们肉眼的限制使得你觉得看不见的就是不存在，这是我们大部分人对于科学的误解。如果工具能够进一步突破，当每个人都可以很方便地得到自己的 DNA 序列的排列组合，而且变成大数据可以共享的时候，就会发现整个社会都发生变化了。

为什么这样讲？比如你有一个爱马仕的包，这个包是由原子组成的，你若把它给了别人，自己就没有了。所以在物质经济中，一个东西转移了就会失去，分享了就会贬值。但在信息社会中，信息反而是分享越多，越值钱。比如，这张照片在网上被点击的次数越多，越值钱。所以信息社会比物质世界往前进了一步，它强调的是共享。在此基础上出现了各种共享经济、区块链、比特币等，共享的范围越大，越有价值。而生命经济则特别有意思。DNA 看起来是一个独有的东西，我的不能是你的，除非我们俩制造一个后代。但它本身是人类共享的，因为人类的起源相同。所以它在物质上是私有的，在技术上却是公有的。从这个意义上来说，DNA 也是越共享越值钱，且每个人共享得越多，越能够为自己私有的 DNA 产生更多的价值。你只给一点，就会获得全部信息统计的概率。对于人类命运共同体的本质，如果要找一个物化的东西，那就是基因。基因是人类命运共同体，人与人之间基因的区别在千分之一以内。当每个人都被数字化以后，我们就可以被运算（computing），每个人都可以测序，到 1 亿人、10 亿人的时候，可能跟 80 亿人之间在统计学上就没有显著差别了。

陆佳芳：您认为华大基因这个组织对整个基因科学生态系统的发展前景会产生什么作用呢？

尹烨：比如无创产前基因检测，深圳是第一个开始的，未来在全世界千万级人口的城市几乎是百分之百覆盖。

深圳有 2 000 万人，这在中国听起来没什么，可是从西欧的国家来看，就相当于 4 个丹麦，60 个冰岛，去年在深圳查出只有 17 例唐氏儿出生，其中 10 例没有做无创，有 6 例做了无创提示高风险，但孕妇自己决定要生，只有 1 例错了。我说错了是技术极限，因为永远存在技术极限。那可能是因为胎盘和胎儿的基因偶尔不一样，我们测的是胎盘的基因，不能完全代表胎儿的基因。所以生命学中唯一不例外的就是例外。如果说 6 万人中有一例唐氏儿的话，2 000 万人口中就应该有 300 多例，300 对 17，这就充分体现了什么叫防大于治。这还只是一种病，如果 8 000 种病都能预防了呢？如果肿瘤都能够治愈了呢？如果通过基因检测可以让人们延年益寿，提高生活的质量和健康的质量，使得生理年龄和健康年龄无限趋近了呢？提升每个人的有效生存价值、生命质量，比如说你 80 岁死，但在 79 岁还是健康的，这件事的意义又有多大呢？

这就是我们通过基因科技可能带来的对全人类的福祉。我们想的还是普惠。换一个角度去看，中国以前的状态是，我们做科研，我们买进口的设备、进口的试剂，做中国人的样品，数据上传到美国、日本、欧洲的数据库，发一篇论文，成为一个专家、教授。现在华大干的事情与此完全不同。我们用自己的试剂、自己的仪器、自己的数据库、自己的样品，写自己的文章，在自己的期刊上发表。汪老师最伟大的地方就在这里，布了这个大局。建立整个华大体系时，我们几乎找不到对标的东西。最接近的是20世纪的贝尔实验室，它做科学和应用，但后来被分拆了。所以华大一定要打造造福人类的行业生态，这就是我们看见的东西。

陈晓萍、陆佳芳： 太棒了，非常感谢你的分享！

打造海底捞商业帝国的底层逻辑

——访谈海底捞创始人、董事长张勇先生

我第一次去海底捞吃饭，是在 2008 年的夏天，席间发生的很多事至今印象深刻，因此海底捞很多值得回味的细节给我留下了好感。后来我一直在关注海底捞的发展，没想到 12 年后，海底捞已经在西雅图开了门店，让我不用回国就可以享受美味火锅。这次和郑晓明教授能够一起同张勇先生长谈两小时，深刻了解海底捞成功背后的原因，实属幸事。

图 10　张勇

陈晓萍：你好，张勇，很高兴见到你！记得一年半之前我们在杭州见过一面，今年因为新冠肺炎疫情，不能旅行，但好在有网络科技，即使晓明在北京，我在西雅图，我们还是可以见面访谈。

海底捞创业 26 年以来，从一个只有 4 张桌子的小店，发展到现在将近 1 000 家门店的全球连锁火锅店，确实是经历了惊人的成长，而且业绩越做越好，市值不断上升，就是疫情也未能阻

止它扩张的脚步。我想先问两个大问题，你的创业理念和管理哲学是什么？你个人成长的经历中有哪些事件深刻影响了你的创业理念和管理哲学？

通过创业让更多人买上房子

张勇："双手改变命运"是我们的创业理念，也是核心价值观。为什么需要改变命运？因为命运不好。我们这个年龄的人都知道小时候穷成什么样，吃个肉都吃不上。家里来个亲戚，添一双碗筷都要给脸色，因为自己的孩子都吃不饱了，哪有侄儿侄女吃的？当时是配额供应，物资短缺。

为什么要创业？当然是想过上好日子啊！这样逻辑就非常简单，你过上了好日子，跟你干的员工也想过好日子，那就大家一起来干。你本来说改变命运的目标是想买一套房子，结果开个火锅店没多久，房子就买到了。但你又看到其他人没房子住，还欠了一堆债，就要想办法让他们也买上房子。后来他们也买上房子了，你就多开店，让他们当店长，一个店，两个店，这时又有几十个服务员跟着他们干，那就又要帮助下面的骨干员工买得起房子，如此往复，就进入一个无限循环，就得一直做下去。

提到管理哲学，也是我们这段时间在媒体上提到最多的，就是你要多开店，不停地满足更多人买房子的愿望，进入这个循环之后，就进入了连锁企业的经营模式。什么叫连锁呢？我们中文博大精深，第一个字"连"，就是连住利益。努力工作是为了得到利益。我以前打过一个很经典的比方，一个小伙子非常努力工作，后来要提拔他当领班，他却提出了辞职。为什么？是因为吧台的小姑娘告诉他自己已经有男朋友了，说他不用再这么表现了。在这个情况下，我提拔他当领班并非他的利益所在，而那个女孩子的爱才是更重要的。所以要"连"住利益，才能"锁"住管理。

陈晓萍： 你讲的吧台小姑娘的故事，我之前也看到过那篇文章，当然还有其他很多关于海底捞的文章，发现一般旁人对你的观察是：张勇对人性的认识比较深刻，有洞察人性的眼力。我想，这一定是真的，因为海底捞有这么多员工，都能被你激发起来，全心投入工作中，一定是像你说的，在连住利益，锁住管理这两点上做得特别到位。很佩服你能巧妙地把这些智慧都用到管理中。我想问一下，从大的角度来讲，海底捞的愿景是什么？它的核心文化是什么？你是怎样把自己对人的理解贯穿到这些愿景和文化价值理念中去的？这些理念在管理中又是如何落地体现的？

连住利益，上下同欲

张勇： 我先谈谈愿景。从我们这个行业的特色来看，中餐行业做不大，有几个特殊的原因，而且这些原因也适用于日餐、印度餐等。餐饮行业是人类古已有之的，而且从事餐饮行业的人也都很努力，但是为什么就是做不大？我们分析总结了三大特征。

第一个特征是劳动密集型。人一多就不好管，增加流程和制度就要增加管理成本。

第二个特征是低附加值。因为资本不追捧餐饮业，你的每一分钱都要从客人那里来，客人的消费又比较低，所以它是一个低附加值行业。我们也不像代工企业，一天 24 小时生产，产值可以很大。我们的一张桌子只能坐几个人，疫情防控期间，有的国家规定一张桌子只能坐 5 个人。一个人能吃多少东西？一天只有 24 小时，你也不能 24 小时吃火锅，所以附加值是非常低的。但是你用的劳动力又多，盈利性就差，当然也就难以建立现代化的管理制度。

第三个特征是餐饮行业是一个碎片化的行业，因为很少有一个人在一家餐厅吃一辈子。不像微信，不光中国人要用，美国的华人，还有美国的朋友也要用微信，它是一家独大的科技产品。但是谁会在你家永远吃一道菜？他确实要吃三顿饭，但不是每顿都吃你的饭。所以由于劳动密集型、低附加值和碎片化的行业特征，餐饮业就很难形成现代化的管理体系。无法形成现代化管理体系，当然没有办法做大，所以基本看不到世界五百强公司里有餐饮。当然麦当劳是上了《财富》500 强，但它算不算餐饮？可以算，但它是工业化时代的产物，用标准的设备生产出标准的产品和服务，和传统意义上的餐饮很不一样。

那怎么去应对这三个特征呢？我们有自己的对策。比如组织结构变革，刚才我提到的连住利益就是组织结构变革，以前老板和服务员是雇佣和被雇佣的关系，我们经常称之为劳动力成本支出，而现在我们通过商业行为去建立共同的目标，形成上下同欲，如果上下都不能够同欲，都不是一个目标，坐在一个办公室开会，老板讲老板的，员工讲员工的，这就乱套了。

陈晓萍：从这个角度来说，你们是用什么样的机制形成上下同欲的？这个利益具体来讲是怎么个连法？

张勇：上下同欲，就是要利益一致，我们都希望生意好，这是基础，在这个基础上我们建立规则。比如说不能早退，客人来了，我们就要服务周到。我们有很多规则，这些叫流程制度。但是这些流程制度能够被执行到位，不仅靠权威，更重要的是靠这些参与者心悦诚服的认可。如果每个服务员和店长都非常认可这些流程和制度，他们当然会全身心投入；如果完全靠强行施加，那肯定不合适。所以就要让大家一起讨论，如果按流程制度去做，生意就能做大做好，而生意好了，我们每个服务员、每个店长都有好处，这就有了基础。再加上我们是合情合理地，而不是简单粗暴地去建立一些制度，大家认可的可能性就会大大提高。海底捞在这方面做得还是比较好的，大多数服务员都比较认可我们管理层，你能感觉到绝大多数的店长和员工是非常好的，他们在内心接受这些制度，在行为上也有出色表现。

陈晓萍：从连住利益的角度来看，海底捞还给员工提供住宿、医疗保险这一类的福利，另外，听说海底捞还给优秀员工的父母每个月发 200 元钱。

张勇：对，这些都是在这种理念指导下的细节操作，是利益分配的一个环节，是属于我们员工的。这些听起来新奇，可能因为是我们的独创，别的企业没有这么做罢了。

陈晓萍：我好奇的是你们怎么独创出来的？

张勇：因为我们的员工有这个需要。他们大部分来自农村。有一个员工，她父亲就在乡里干活，都 70 岁了，他女儿在这里表现这么好，给他发 200 元钱有什么难的呢？我天天都跟我的员工在一起，我也到员工家里去玩，去看他的居住条件和生活条件。当然我们也不是每个人都给，而是符合规定标准的才给。但是 200 元是一九九几年时候的标准，现在已经涨了。

郑晓明： 刚才讲到愿景，我记得好多年前，我曾经问过你，记得你说，希望以后中国的每个城市都有你的这个火锅，把海底捞开到全中国的每个角落。现在来看，已经有 1 000 多家了，离那个愿景很近了。但现在因为海底捞已经开始国际化了，你的愿景是否扩大了？

海底捞国际化：聚焦人类的共性，而不是差异

张勇： 其实我心里觉得企业国际化是一个企业发展的必然趋势，因为我不认为文化差异有那么大。美国人跟中国人、印度人的思维有没有差异？当然有。但是全世界人民群众对于美好生活的向往还是一样的，只是表达的形式不太一样。比如，在我们乡下，门都不用敲，直接推门进到你们家，往床上一坐就开始聊天，那是亲热的表现。但在美国，对方肯定要报警的。我们没有必要去夸大一些东西，比如东方的家庭价值观跟西方相比也未必差异很大。在国外，人们也常看到老外带着孩子，亲密劲儿一点也不比中国人爱孩子差。我看到数据显示，美国也有相当数量的家庭几代同堂，而中国也有很多的年轻人把老人留在农村，自己跑到北京、上海去发展，所以我不同意太夸张的差异，而是要看到很多人类的共性。

陈晓萍： 你们把店开到新加坡、越南、韩国、日本、英国、澳大利亚后，是不是也像在中国一样每天有很多人排长队？

张勇： 从盈利性来讲，国外没有想象的那么低。事实上马来西亚和越南单店的盈利比较高，但在美国和英国，虽然营业额很高，但管理成本也非常高。总体来说生意很好也是事实，大家都在排队，澳大利亚、东京、首尔的生意都没问题。

陈晓萍： 全世界人民都喜欢美味佳肴，这是共同点。

张勇： 味道好是一个方面，但更重要的方面并不在于海底捞，而与中国的软实力有关。为什么麦当劳、星巴克、肯德基这些消费品牌都是从美国来的呢？很少听到一个来自墨西哥的品牌全世界都很喜欢。现在英国有家杂志把海底捞排到前十大品牌去了，而之前没有一个中国的消费品牌在世界上被认可过，难道是我们的东西不好吃吗？中国菜恰恰是最好吃的，但排名榜里为什么总没有中国的餐饮品牌呢？

其实在外面的口碑，好不好吃不是由中国人说了算，而是由外国人说了算。人家可口可乐好不好喝，得非洲人说了算，得印度人说了算，得越南人说了算，得中国人说了算。美国的软实力强大，很多人向往美国这种强大的文化，又去不了美国，所以喝罐可乐也行。你看我们形容一个人穿得好看，就说他打扮得很洋气。洋是哪里？是外国。他怎么不说土气呢？土气是贬义词。所以我觉得海底捞在国外受欢迎更重要的还是要感谢中国的崛起。20 世纪 80 年代以前，国外的报纸上几乎从不报道中国的消息，但现在，从第一版翻到最后一版，哪一版没有中国才是奇怪的，就是讲体育的也绕不开中国。

随着国家实力的上升，中国产品的机会也跟着增加，中国品牌也引起了老外的重视。比如在越南，有些女孩去海底捞吃饭是要专门换上晚礼服之类的盛装去的，就像肯德基刚到中国的时候，有人还在店里结婚，这就是文化的力量。在一些越南人的心目中，北京、上海很牛，她要穿上晚礼服去海底捞。

到海外发展，也要关心员工，但不能用同样的方法，不能用关心中国员工的方法去关心越南员工，也不能用关心越南员工的方法去关心美国员工，关心的方式不一样，但是关心的本质是不变的。给他提供各种福利是他喜欢的，他来上班，就是想要挣钱，享受福利。虽然每个国家的文化背景不一样，但是我们的关系和爱是一样的。我认为不应该在企业运营上夸大东亚文化和基督教文化、穆斯林文化之间的差异性，夸大差异性是为自己管理上的无能找借口。

海底捞的接班人计划：自己积分

郑晓明：你说得很有道理，更应该看到实质上的共性，不被表面的差异所蒙蔽。下面我们换一个话题，2020年4月份的时候，你推出了接班人计划，有一封信在网上广为流传。信里提出对高级干部实行限高令，鼓励他们轮岗或者内部创业，用积分来为自己的职业生涯做证明，为自己的晋升铺路，以此来寻找组织内部的高潜人才。我想问一下，很多公司都采取专家和领导打分的方法来评价有潜力的管理者，你为什么把积分交给了员工自己？

张勇：首先，如果一个公司的命运不能够交给机制，老是放在一个人身上，你觉得它能长久吗？海底捞如果一直把公司拴在张勇身上，肯定会有问题。所以一定要用机制来选出新的接班人。

至于为什么要用积分的方法，那是因为如果没有观察的积累，当着急要招人的时候，你就只能听他怎么说了。"说"是很容易的事情，中国有一句老话"知易行难"，道理谁都明白，就是看你怎么做。我明明有时间用 10 年来选一个接班人，为什么不看他做而要听他说呢？现在的积分制就是你做好一件事情，我给你积个分，我最终选的都是积分最多的前几名，这样一来，我就把对做事的观察时间拉长了。

陈晓萍：这个计划非常好，能够甄选出真正能做事的人。具体而言，积分主要从哪些方面去考核呢？

张勇：只要你多干一样工作，而且干得好，我们就给你积分。主要有三个维度：第一，未来的接班人一定是热爱海底捞的。第二，你对各项业务都要熟练。如果你现在是干会计的，对厨房或者供应链一点都不懂，那你就当会计好了。你想要当总经理，就需要把供应链摸一摸，还得把门店的管理摸一摸，而且你要证明你很专业，很懂行才行。所以必须什么都干，通过轮岗，逼着自己成长。第三，要有洞察人性的能力。有了这种政策，一些愿意干好的人都欢欣鼓舞。我们把这个道路打开了，他自然会去积分，到时候谁说了算？积分说了算，我干的工作多，我干得好，我每多干一件事就能积分。现在刚刚开始，有 10 年时间，慢慢来，不急。

陈晓萍：我记得马云当时培养接班人用的是"磨难法"，当某个人在某个岗位上干得非常出色的时候，突然就被调到另外一个地方去做完全不熟悉的工作，让他独当一面。结果那个人就痛苦得不得了，而马云又不跟他说为什么，就让他痛苦，看他在这个痛苦的过程中，是自己歪歪扭扭挣扎一番再站起来，还是就此倒下去了。在这个过程中，去观察人在面对艰难和委屈的时候，能不能调整自己的心态，重新振作起来，把他的韧性和胸怀作为一个非常重要的考核指标。

张勇：我是认可马云的这种做法的，因为这种做法跟轮岗是差不多的。但可以告诉他这是在给他锻炼的机会，这样会更好一些。

陈晓萍：我同意你的看法。从你的角度来看，培养年轻人做接班人为什么重要？

张勇：因为二三十岁的人不仅有最旺盛的精力，而且有无穷无尽的欲望。现在像我这个年龄，即使你给我一辆好车，或其他好东西，我也未必会喜欢。但如果你给一个 20 岁的小伙子一辆好车，他非跳起来亲你两口不可；如果你给他一个好的房子，他就会觉得幸福得不得了。这种欲望促使他特别努力地工作，积极上进，保持工作的激情。所以我们现在的接班人计划会唤起大批年轻人的工作激情和创意。

海底捞内部创业：赢了是你的，输了我赔

陈晓萍：现在我问一下，海底捞的内部创业是怎么做的？比如，创业发起人的团队是如何组建的？对于公司的风险和责任又是如何商定的？有没有成功案例？

张勇：在海底捞有一定级别的人就可以发起内部创业。餐饮行业的投资往往比较小，比如要开一个面馆，失败了也没多大问题。现在比较火爆的三个面馆：十八余、捞派有面儿、佰麸私房面，

其实我之前都没听说过，是看了报道才知道的。创业成功了有很多好处，你可以成为 CEO，也会得到很多奖励，但失败了就由我来承担，没有问题。

陈晓萍：到现在为止，这些创业成功得多，还是失败得多？你说失败了由你来承担，你大概承担了多少？

张勇：没算过。

陈晓萍：看来数目还不大。

张勇：还是有的，但是我不太看重。我觉得要培养一个组织的创新能力，不能怕失败。其实不失败倒是一个大问题，因为一个店长或一个家族长，怎么可能一辈子都不犯错误呢？要么他超级能干，要么他就什么都没干，但是他什么都没干，怎么当上店长的呢？最主要的是看这个错误合理不合理，如果出发点好，只是中间犯了一些合理的错误，这是我们可以承担的。但是如果他一当这个店长，就利用职权，骚扰下属，收受贿赂，欺负客户，虐待员工，这些是不合理的错误，就要将其严肃处理。创新就是一个不断试错的过程，不可能我们开一个面馆，面馆就一定成功，没有这种说法。

陈晓萍：那如果他试了一次没有成功，然后他想要再试一个新的主意，你还会让他去做吗？

张勇：如果在合理范畴内，这样的情况不能给他扣分，而是要加分的。当然肯定会有人帮他分析，去复盘。我今天开玩笑说，我们从事的不是什么高科技工作，不是要改变人类的产业，我们做的都是一些成熟的工作，只要足够认真就可以。我们有一个叫微海咨询的公司，专门和我们的邻居、同行介绍我们的管理方法，还帮他们招工，等等，可见我们这套独创的东西，都可以和别人分享，对自己人就更要帮助了。我并不关心这个面馆赔了多少钱，因为这不是致命的。我觉得海底捞不是靠一些小聪明或市场营销去获得成功的，我们靠的是勤奋、诚实、正直和善良。如果我们每个店长都是勤奋、诚实、正直、善良的人，我当然不怕你了解我们管理的底细，而是很大方地让你来看，和你分享。

我不是一个精于算计的人，而是把竞争力锁在这个地方。如果我有机制能保证那些创业的人、那些推动工作的人是正直的、善良的，他们一定能做出真正的好产品。相反，太过精明、太过算计的人，未必能做出什么好的产品。

陈晓萍：非常赞同。其实勤奋、诚实、正直、善良才是海底捞的核心文化价值理念。

张勇：是的，虽然我们没有把勤奋、诚实、正直、善良的大字贴在墙上，但我们就是这样做的。

通过新技术实现餐饮的标准化和个性化

陈晓萍：海底捞 2018 年在北京的中骏·世界城开了一家智慧餐厅，算是 AI 在餐饮业的一个尝试。你能不能分享一下当时决定做这家餐厅背后的一些思考，以及目前餐厅的状态。谈完这个以后，再谈一谈关于智慧餐厅的未来，你大概有什么样的期望？

张勇：我想的是如何改变整个餐饮行业的未来，而不只是改变火锅店。海底捞是火锅，火锅是餐饮行业的一个分支，不能因为你做了火锅，就不去了解整个餐饮行业。所以我们要思考的是如何通过组织结构变革，通过新技术的运用，通过第三方服务机构的打磨、改进，改变整个餐饮行业的成本结构。

现在我们用小美机器人接听电话。顾客打电话订餐，都是机器人在和他们说话，为他们提供贴心的服务。以前一个餐厅需要安排三个服务员接电话，现在一个餐厅只需要一个服务员就可以了，服务员的工资自然就增加了，整个行业的成本结构也改变了。新技术的运用可以改变整个餐饮行业，因为火锅店可以这样做，面馆也可以这样做，比萨店也可以这样做。

陈晓萍： 中餐比较碎片化，制作也很难标准化，相对来说，火锅比较特别，最后从生变熟的过程是顾客自己加工的，餐馆只要提供工具和食材就行。所以相对而言，生菜、肉片等食材的标准化更容易一些，不像吴国平的外婆家，每个菜都是一道道炒出来的，标准化就更难。

张勇： 难，是因为技术条件没达到，你用动态的眼光去看，也许20年以后、50年以后就不难了。强调它难，是强调它目前的状态。以前开火锅店也不可能开到美国去，现在却开到美国去了，所以难和不难是动态问题。以前打个枪还要用肉眼瞄准，现在导弹在一千公里以外，就可以瞄准你的窗户打进去，只要有技术进步，这条道路肯定是走得通的。

此外，它也不一定要标准化，标准化是麦当劳的理念，现在有了IT技术，有了人工智能，为什么还要标准化？为什么不能个性化呢？比如我喜欢吃素，我对热量比较介意，人工智能其实可以算出来你喜欢还是不喜欢。电话机器人其实也是人工智能，人工智能在企业运营中，包括自动化生产的运营，它的效果是立竿见影的，这些都是成熟的技术了。当我们餐饮行业还在讨论这些东西时，其实一些传统的制造产业都已经讲精益化管理了。20世纪，如果你从事制造业，比如你是做轮胎的，就会讲精益化管理，讲六西格玛，但是餐饮行业谁讲这个呢？这是因为我们的管理思想太落后了。所以我们今天运用新技术，是为了运用更精准的方式去管理餐饮，这是大背景。

你要开那么多家店，食品安全怎么保证？如果你厨房里不需要人了，全部实现自动化生产，食品安全就解决了。人进不去，老鼠也进不去，这样食品安全就有保证了。

另外，人工效率会提高，待遇也会提高。从顾客的角度来看，个性化的口味也可以实现。你以前吃火锅是微辣、中辣、特辣，这叫标准，但是你和你先生或你孩子去吃饭时，你们都喜欢吃辣，只是你们对辣和盐的需求不一样，你们每个人是一个个体，你想人家做药都能做得那么精准，做火锅的容错度比做药的大得多，你难道就做不精准吗？未来整个海底捞都将有计划、有步骤地实现自动化。目前，北京有 30 多家门店实现了直送菜品、后厨菜品制作，基本达到无人状态了。我们在这方面投入很大，在未来几年内整个供应链都会实现自动化。我们希望用 5 年左右的时间，把 90% 的老店改造成智慧后厨。

陈晓萍：一家智慧餐厅现在大概要投入多少？虽然你说人工成本能省，但是它前期的投入很大。

张勇：每家店的设备改造或叠加方式不一样，但因为我们规模效应好，从前期来看，我们用设备和人，应该是不赚不赔，或略微赔一点，但是集合起来就会达成优势。

郑晓明： 未来是不是有这个趋势，你这些店，尤其是后厨，都要用 AI 代替了？

张勇： 部分管理环节，包括要货、规划，都可以使用人工智能。比如厨师长现在很重要，每天要多少牛肉、多少羊肉，他有经验，他要传递给供应链，但以后这些都可以使用人工智能。有些岗位可以取消，但是跟客户打交道还得靠人。

郑晓明： 服务员取消不了。

张勇： 马云曾经和我说，海底捞是制造业和服务业的结合，因为一盘菜端到桌子以前，它是制造业，而且以后要发展成高端制造业；但是一盘菜端上桌子以后，它就是服务业了。

食品安全永远是海底捞最重要的工作

陈晓萍： 你曾经说，在海底捞你只管三件事情：第一是食品安全，第二是品牌，第三是投资。因为食品安全是在后台，服务是在前台，刚才你说了，后台的食品卫生基本上已经由机器自动化控制了，起码有 30 多家店已经是这样了。但是最近我看到几则新闻，一则说海底捞出了一点事故，在杭州有一家店，筷子上出现大肠杆菌，另一则说顾客吃出一个塑料片。你怎么看待这些事故？

张勇： 食品安全是我们公司最重要的工作，但这三件事都并非我主管，你引述的应该是流传有误。如果你非要我管三件事，我一定管组织、新技术及第三方服务机构。食品安全这个问题很复杂，比如塑料片的事情，事实上我们的食材不是每样都由我们生产，像我们卖的牛肉，就不是我们养的牛，一定有供应商，但是我们为餐厅所有的食材负责。说到餐具的卫生检测，海底捞每次检查的标准合格率是非常高的，也是高于行业平均标准的。像杭州出现筷子不合格的事情，其实我们全国的门店在 2020 年 1 月到 7 月，已经就餐具卫生接受了各地的职能部门检查 206 次，其中 205 次都是合格的，只有杭州的这一次出现问题。我们还是要从科技运用和流程管理上去提升食品安全管理水平。

海底捞商业帝国的底层逻辑：勤奋、诚实、正直、善良

陈晓萍： 刚才我们谈到海底捞内部创业打造出很多快餐面馆的事情，其实是一个很有机的产品延伸过程，并不是集团内部讨论了多元化战略才出现的。我觉得很有意思，有种浑然天成的感觉。你怎么看？

张勇： 就像我反复讲的，我们的愿景是改变整个餐饮行业的成本结构。至于多元化和国际化，将来应该是必然的，但这并不是我关心的。我不太关心开了什么面馆，也不太关心有什么颐海、蜀海。

我最关心的就是，我们还要继续干，因为我们的核心竞争力是勤奋、诚实、正直和善良，我们靠这个取得商业成功，不是靠布局。很多人觉得我是因为有好的战略布局，我就能够搞出颐海复合调味品。天地良心，复合调味品这个词我都不知道，我觉得它就是一个做火锅底料的公司，我也不知道它为什么叫颐海，一听就知道这个名字不是我起的。颐海公司上市的时候，我还跑到

他们公司讲过两句话，我说你们这个公司了不起，一创办就开始上市了。下面听讲话的人就开始交头接耳。后来他们公司的CEO在办公室对我说："张大哥，我们都干了6年了，你说我们一开业就上市，干了6年了，你都没来看过我们。"不是我不关心他们，我关心的是这些领导是不是勤奋、诚实、正直和善良，我们的核心竞争力是这个，有了勤奋、诚实、正直、善良的管理层，就能做出好产品，做产品是他们的事情，至于叫蜀海还是叫颐海，在我这里没有区别。所以这和开面馆是一样的，因为蜀海不成功，还有颐海，颐海不成功还有微海，总有一个能成功。

陈晓萍： 从您讲的这些来看，我觉得您非常愿意放手让别人把潜力发挥出来，去创造任何他们认为合适的，企业也好，产业也好，面馆也好，也就是说在他们的心理感觉上，自己是被赋予了很大的权力的。在管理学上有一个词叫赋能（empowerment），就是你给别人赋予很多能量。看来海底捞的员工都体会到了你给他们赋予的能量，因此才会不断出现新的点子，去创造出一个又一个在你的构想里都没有想到过的东西，就像颐海，就做火锅底料，但是偏偏把火锅底料也做出了名堂，而且除了供应海底捞，还可以做成一个独立的产业链。这是你给他们的赋能，你坚信他们是诚实、正直、善良、勤奋的人，他们能做出一番事业来，至于他们做什么，你既不干涉，也不干预，你只给他们提供资源及支持。正是在这样的一个局面下，海底捞才会创造出这么多体系。

这个体系，我把它称为海系，就是围绕海底捞而创建的各种公司，如颐海、蜀海、海海科技、海鸿达、微海等，组合起来看，就变成了一个海底捞的商业帝国。而且每个公司都可以独立上市。现在颐海已经上市了，但像微海做咨询的，本来只为海底捞自己做培训、招聘，但现在已经发展到为左邻右舍和其他餐饮公司做培训、招聘了，为广大的餐饮业同行提供了非常重要的服务。所以咨询服务这一块，如果它单独拉出来，就可以成为一个独立的公司。这样仔细想下去，海底捞真的是建了一个了不起的商业帝国。

但更加有趣的是，其实这些拓展和裂变也并不是你当时就计划好了，或者做了什么战略部署。而是在海底捞发展的过程中，由于你把握住了最基本的底层逻辑和文化价值理念，才诞生了这一系列的公司。当我看到那些围绕着海底捞业务而诞生的公司时，我惊呆了。我在心里说，张勇，你怎么这么了不起呀！在你做海底捞的过程中，居然孵化出来了这么多公司，这个格局超越我的想象力。现在，我想听听你的想法。

海底捞的商业理性：心悦诚服

张勇：我觉得规划常常是在我们讨论管理时所说的一种理性行为。关于这种理性行为，很多人都喜欢问：你是怎么想的，当时你为什么这么有远见？但是我觉得自己没这么有远见。我的观点有时候与大家不太一样，我认为太过精于算计，或者太过在营销方面逞强，把员工也算得很清楚的理性行为，实际上是不利于企业长远发展的。

我觉得理性的商业行为应该建立在所有的伙伴、供应商、股东、员工对你心悦诚服的敬佩之上。大家对你心悦诚服，才能彰显你的理性，而不是简单的赚钱。就像我有个朋友讲的，跟某某做生意都赚，都是双赢。我听了后觉得他的语气不对，原来所谓的双赢是某某赚钱，他赚教训。所以不能每次都是你赚钱，别人赚教训，以后谁还和你合作呢？

所以理性是否一定完全是精于算计？它是不是还有另外一层含义？理性的商业行为应该有心悦诚服的认可，包括对我们的流程管理和流程制度的执行。不仅仅是因为它的权威性，比如我们碰了它会被罚款，我们做好会得到奖励，另外是不是还有一种可能，就是我们从心里认可它？

这次我要求中国所有门店的经理及以上干部，一律不准吸烟。不让吸烟这个事情很复杂，到底算私权还是公权？当时我就规定不能吸烟，起初大多数人是因为害怕处罚，但害怕不足以抵消吸烟的诱惑，所以有人就偷偷吸，被抓住了，后来被处罚。但现在我们1 000多个店长，没有人吸烟了。其中有相当一部分人已经觉得自己应该戒烟，而且很多家属也表示支持。所以你要想推行一个东西，除了要有严肃性，还要让他心悦诚服。我今天反复提起心悦诚服，流程制度是这样，商业的理性行为也是这样。因为规划布局要非常精于算计，你要算到未来几年是怎么回事，这需要另外一种才能，我是不具备这种才能的，我可能更擅长决策，制定制度，并且要赏罚分明，能让员工心悦诚服。

管理上如何推进重要举措？这需要靠利益和威信，要胡萝卜和大棒，但更要心悦诚服。靠胡萝卜和大棒走不远，而心悦诚服能走百年。人们为什么要遵守红绿灯呢？除了害怕被罚款，你自己也觉得这个红灯不应该闯，闯红灯可能要出人命，是不对的。

另外，喝了酒就不应该开车，否则也可能要出人命。这样就心悦诚服了，从心里接受这个制度是合理的。

陈晓萍：我觉得你这一点做得特别出色，让人家从心里认同你所推广的东西。你所要追求的东西，变成大家从心里认为是值得追求的东西，把他们的潜力和活力给释放出来，这才是真正的有管理智慧的高手。

那么从公司创建到现在，你有没有遇到过人际感情与商业理性发生冲突的事件呢？您认为应该如何处理感情与商业理性之间的冲突？

张勇：商业理性刚才已经讲过了，它不应该完全是精于算计的，还应该让人心悦诚服。所以在我心目中，商业理性和感情是没有冲突的。做生意要讲理性，理性的商业行为不是精于算计。我给别人的好处，一定不是为了从他那里拿好处，而是因为我的慷慨，我愿意给别人好处。我慷慨，我给你，但不能我给了你好处，我就天天琢磨你怎么回报我。换句话说，我们给别人好处肯定不是因为得失关系，而是慷慨。你讲感情，是慷慨，不求回报；你做生意，也让别人心悦诚服。它们之间是有共同点的，感性和理性是高度统一的。

为什么有些人老强调西方文化与东方文化的差异？那是因为他管不好外国人，就找一个理由说外国人不吃你这套。怎么会不吃呢？外国人一样喜欢吃好的、喝好的！你抓不住关键点，那是你的问题。你说生意不好了，老和公司的员工发生冲突，个人感情和商业理性有矛盾，你不应该强调矛盾，而要强调它们的共同点。它们的共同点有两个关键词：一个是心悦诚服，另一个就是付出不求回报。

陈晓萍：你刚才这么讲的时候，让我想起有一本书叫《舍得》（*Give and Take*），是先舍后得的意思。作者说这个世界上大概有三种人：第一种是慷慨给予者，自己有的话，就与别人分享；第二种就是我给了，就要有回报；第三种是光想着自己的利益，光计算如何获得，而不愿意付出。结果作者发现，世界上最成功的企业家、政治家及不同领域做到顶尖的专家，事实上都是给予者。慷慨的人给予得多，到最后福报也最多的。

海底捞行进曲：成为有良知的企业

陈晓萍：你说的这个心悦诚服非常重要，只有这样，员工才会觉得自己与公司的命运连在一起。说到慷慨，我最近看到报道，说你在四川简阳，就是你的老家，办了通才实验学校，也以个人名义给家乡捐赠了1亿元人民币，还推出员工的亲子陪伴计划，等等。我在想，你是不是有很强的回报乡亲、回报社会的情结？我想让你谈一谈企业对社会责任的思考。

张勇：我刚才说，如果中国没有崛起，海底捞即使开到越南，也没有人会穿着晚礼服来吃海底捞。所以企业的社会责任首先是要把税缴齐了，不能偷税漏税，要多缴税才行。至于教育或医疗领域，我表示惭愧。我有时反思自己就是个捅娄子的人。像马云这些年搞了乡村教育，解决留守儿童的教育问题。我坐在下面使劲鼓掌，鼓着鼓着我就羞愧地低下了头。为什么呢？因为这些留守儿童就是我造出来的，他们就是我们员工的子女。我造出来的问题，人家马云在后面给我擦屁股，到处帮我解决这些问题。

　　所以谈到社会责任，我必须要承认这个现实，我们做得非常不够。到现在为止，我们很多员工都没有办法和子女在一起，我觉得这是非常违反人性的。另外，我们也做不到退休员工能够有一个很好的归属。现在整个国际关系紧张，疫情也没消除，未来的经济可能也不太好，我的员工怎么办？我也很发愁。我的员工在二三十岁的时候在海底捞当服务员，有些保险不一定买得起。不是每个人都能当店长，大多数还是服务员，到了五六十岁，他干不动了还要回老家。他当服务员的时候，他的孩子没和他在一起，你说孩子能对他有多孝顺？他一辈子的付出都在海底捞了，我怎么帮他解决这些问题呢？我用尽了一切办法，我也想把工资再提高一点，我涨了工资，但大家都有意见，我也不能跟人家说，我的员工需要涨工资。

　　陈晓萍：企业要负责的人很多，比如顾客当然是你要负责的，你的员工也是你要负责的，员工的孩子、家庭，在某种意义上，你也有责任。

　　张勇：我们在美国的员工还好，在日本、新加坡的员工也还可以，因为他们的社会保障体系比较好。像在新加坡海底捞的当地服务员都住在新加坡，子女上学也在新加坡，不存在什么问题。而我们在上海的员工就没办法，孩子去不了上海，去了也读不了书，只能留在四川农村。所以我们发展的环境还要改善。但是归根结底，这些孩子都是海底捞员工的孩子，说到社会责任感，我只有惭愧的份，没有发言的份。

　　陈晓萍：现在海底捞这个商业帝国这么大，涉及的员工、顾客这么多，你做一些事情，就会对社会产生巨大的影响。从产业生态链的角度来说，比如现在羊不是你自己养的，但是你对羊肉是有要求的，你希望羊被自由放养，而不是圈养，它不应该吃激素，等等。通过你的企业的力量，可能会促使养羊的农民用天然的方式放牧，那样对自然环境和企业的持续发展都会产生深远的影响。当然，要求牧民那样做，可能会提高羊肉的成本，因此你就需要给他们更多的钱去支持他们做这个事情。但是这样羊肉的品质提高了，味道更好了，最后到店里吃火锅的人会不会愿意付更多的钱？

张勇：我肯定愿意，但别人不愿意，大多数人不愿意。

陈晓萍：这是一个关键的问题，现在年轻一代，像"00后"的小朋友，其实对地球长久的持续性等方面都是很关注的，他们可能会支持。但确实在一开始，会亏损一些。从长远的角度来看，慢慢地把做"有良知的企业"作为公司很重要的理念的时候，也就是说这个公司不仅关心顾客，关心员工，也关心地球，关心那些牧民，还关心那些羊的幸福。当海底捞作为对整个社会都负责任的一家公司时，虽然餐饮的价格要高一些，但是我觉得很多人会愿意埋单的。我最近研究了很多在对社会负责任方面做得特别出色的企业，我称之为有良知的企业，其实都经历过这个痛苦的过程。我想请你思考一下海底捞如何使整个产业链上的人全部受益这个问题。

张勇：不用思考，这是一个企业一定要做的，我们也在做。在不久的将来，你会看到很多与你说的类似的项目的出现。我们已经投入很多年了，就要面市了。但我们的侧重点不是让客户多掏钱，而是用科技的力量来提高效能。

这些项目包括环保，以及农业升级、生物科技的运用。你想吃肉，你可以借助科技，既能保证营养成分，又能把胆固醇去掉，这些都能通过新技术的运用实现。另外，通过人工智能的计算，如果你喜欢吃甜品，就能吃到没有热量的甜品。我们已经做了很详细的计划，也有很完善的时间节点。另外，我们的效率也在不断提升，因此我们的员工工资也比别的餐饮公司高得多，比如我们一个优秀的店长一年可以挣几百万元。

当然，这是一个很复杂、很庞大的计划，不是你想当然地认为它可以就可以了。比如有的消费者说，我来就是要吃胆固醇的，你为什么要给我吃替代品？还有一些在美国待久了的人，他在吃完饭的时候，必须吃甜品。但给其他国家的顾客吃甜品，他就觉得你在坑他。所以哪些人需要甜品，需要什么样的甜品，这靠人工智能可以解决。你刚才说到如何把羊养好，既牵涉生物科技，又牵涉农业科技，所以它牵涉的范围是非常广泛的。我觉得这些方面是一定要做的，所以我反复提到新技术。我们成立了不少项目组，也有已经完成的，总之，我们在拼命做着。

陈晓萍：能不能透露一两个项目？

张勇：现在很多项目还处于保密阶段，不能透露，但很快就会公布的。我们说的新技术就包括了农业科技、生物科技、自动化生产、智能化生产、互联网技术、IT 技术、人工智能。这些都是新技术，都与我们相关，它们不仅与海底捞有关，也与整个餐饮行业有关。而且我觉得海底捞应该做这个事情。失败了怎么办？失败了我也没办法，失败了就失败了。但是你不试，怎么知道它不能成功呢？我觉得以海底捞的体量支撑，能够把它做成还是大概率事件，所以我只在公司创新工作委员会任职，海底捞的精锐全都在这里，其他职务都是名义上的。为什么我要这样做？因为这件事关系到企业的未来。海底捞要做自己相信的事情，关于你刚才描述的有良知的企业，我一定会在三五年内给消费者一个很好的交代。

做一片不往下掉的树叶：用财富做事

陈晓萍：最后请你总结一下，你最想和别人分享的创业体验、管理思想和智慧，尤其是给未来的年轻人。

张勇：我有个同学在海澜之家，他给我打了一个比方，他说如果把一棵大树比成一个行业，我们每个企业的老板就像是树上的一片叶子。树叶每天都有往下掉的，也有每天新生的。没有人关心谁掉下来，也没有人关心谁长出来。但是对于个体来讲，掉下来的叫创业失败，正在长出来的叫正在创业。

人总有创业的冲动，就是到了我现在的状态，也在暗暗下决心做点新的事情，我只是不好意思说。创业是为了追求更多的财富，但是当财富达到10亿或100亿，会怎么样呢？人是很奇怪的，他有了10亿就想要100亿，有了100亿就想要1 000亿，而这种愿望就成了推动社会进步的动力。所以你要让我谈感悟，我就告诫一下创业者，追求财富是我们创业的一个目的，但是财富是用来做事的，不是用来炫耀的，我们千万不要把这个财富拿来炫耀。开始炫耀的时候，叶子就要往下掉了。

另外，有了财富，我们对贫穷也要有一个正确的认知。我说我害怕贫穷，我想过富裕的生活，但是我从来不觉得贫穷可耻。我觉得贫穷本身并不可耻，可耻的是你用什么方法改变贫穷，如果你为了达到创业的目的，用一些不道德的手段来改变贫穷，那就很可耻了。我50多岁了，有这些感悟：要靠双手改变命运，用勤奋、诚实、正直、善良改变贫穷。

你看我现在是休闲装束，过去10年我也是这样，20年以后我还是这个样子。

郑晓明： 我记得你以前说，你在成都，一个月来一次北京，后来两个月来一次北京，甚至更少。你是一位高度信任授权的领导。

张勇： 是啊，大家各干各的事情，有制度，有评比，有排名，有气氛。每个店长开海底捞都充满了干劲，义不容辞。最重要的是因为开了海底捞，他有很大的利益分享（连住利益）。以前你让他开，他不愿意，他认为我都这么累了，你还让我开。现在他却很愿意开，而我们要限高，不能太少，也不能太多，一个人收入太高了也不行，利益要在合理范围内才行。我们要为股东、客户、员工都创造价值，当然首先客户要觉得有价值，客户不来，员工也没钱。所以还是客户排第一，员工排第二，股东是自然的。

陈晓萍： 非常好，我很喜欢你的性格。我自己是学心理学的，所以心悦诚服这一点是我最欣赏的。一切用高压、靠权威的管理，我都不赞同。

张勇： 有时是因为政策制定者私心太重，所以用高压。我是董事长，我也有私心，但是我觉得应该适当考虑基层员工的利益。我们可能无法追求绝对的公平和正义，但是相对而言，有时候把目光适当地往下面看一看，看向我们的员工，也许就会取得很好的效果。

凝
视
未
来

计算经济时代的到来

——访谈阿里巴巴集团前技术委员会主席、阿里云创始人王坚博士

六月的杭州，天气还算晴爽。我和同事来到充满神秘色彩的云栖小镇，在新近落成的博悟馆楼上，和阿里巴巴集团的前技术委员会主席、云栖小镇的名誉镇长王坚博士进行了对谈。

陈晓萍： 王坚，很高兴见到你！我们从 1981 年在杭州大学心理系相识，到现在已经过去 30 多年了。从你个人的经历来看，有过两次重大职业转折，一次是从浙大心理系到微软亚洲研究院，另一次是从微软到阿里巴巴。你能和我们谈一谈在微软亚洲研究院和阿里巴巴工作的体验，有什么相似和不同的地方吗？

王坚： 职业转折其实都是由很偶然的因素造成的。第一次是因为四校（浙大、杭大、浙医大、农大）合并，第二次是因为希望回到杭州，到今天差不多在产、学、研都有 10 年的工作经历：在浙大从 1990 年博士毕业到 2009 年，在微软从 1999 年待到 2008 年，在阿里巴巴从 2008 年 9 月到现在。

我觉得在微软和在阿里巴巴最不同的地方是，我在微软似乎

没有写过一封中文邮件，但是在阿里巴巴我好像从来没有写过一封英文邮件。但我觉得也有很多相似的地方，最突出的就是我还是我，没有变。仔细回想起来，其实我们当年的心理系，用今天的眼光来看就和一个创业公司一样，因为我们是全国第一届工业心理学的学生。而我去微软亚洲研究院的时候，那儿也就不到 10 个人，像个小创业公司。再到阿里巴巴，刚来的时候手下一个人也没有，没有人向我汇报，也是个创业公司。也就是说，我的职业经历，基本都是一个从无到有的过程。这挺有意思的。

在充满不确定性的年代，确定自己的信念

陈晓萍：看来你遇上了很多创业机会，包括阿里云的创建。阿里云现在做到中国市场第一，很不容易。从你写的《在线》一书中，我了解到在创建阿里云过程中，你曾经遇到过很多坎坷。我想问一下当时你是如何带领团队顶住压力，克服困难坚持下来的？

王坚：其实这个问题的核心不是顶不顶得住压力，而是你是不是确定要做这件事情。其实你想不想干这件事情比你顶不顶得住压力更重要。如果逻辑是为了顶住压力，主要的动力就变成顶住压力了。我觉得自己是不是很想做这件事情非常重要。就像别人问你辛苦不辛苦，你如果喜欢做就不辛苦，不喜欢做就很辛苦，逻辑是一样的。阿里云从第一天开始就是一家独立公司，而不是公司里的一个部门，这个是本质的差别。当时我对员工讲，我们与别人最大的差别就是我们是一家独立公司。能做一家独立公司

是一个特别好的机会，你的思维、想法和目标就会与做一个部门完全不一样，就好像一个连与一个师的差别，不只是人数多少的问题。比如一个连是不可能有坦克团的，但是到一个师的时候它就会有。你要做成一件事情，需要所有的技能支持，不是简单的人数多少的问题。即使你有很多人，建制不全也是没用的。只有是独立的公司，你才会去想一些问题，所以我觉得这是有本质差别的。今天公司两个字已经变成一个简单的符号，很少人去想它的内涵是什么，但实际上一家独立的公司是有它自己的生存逻辑和道理的。

陈晓萍：你觉得自己内心的坚定来源是什么？

王坚：我自己的思考和行业经历告诉我，做云计算有道理。比如，今天大家都在讲做人工智能，但其实以前没有做过搜索的人，是很难理解人工智能的。同样地，如果一个人不太了解搜索，对计算的规模就不会有感觉，那么他去做云计算，基本上就不可靠。我自己在微软的那段时间，虽然没有直接做搜索，但对计算的规模这件事情理解比较深，所以才很坚定地想做云计算。这与从书上看来的见解有很大区别：如果书上说得对，你就做对了；但如果书上错了，那你就做错了。相反，如果你是通过自己的观察和体验找到这个感觉，那么受别人影响而动摇的可能性就会很小。其实微软也是靠计算起家的公司，只不过那个时候它的计算规模没有那么大而已。我在微软工作了 10 年，能够理解到计算规模的重要性，以及计算对未来的重要性，这是一件很关键的事情。

陈晓萍：你自己对云计算有这样的感受和感知，所以坚信不疑。那在你的团队里，有没有人与你一样，非常认同这个东西，让你感觉到自己是有同伴的？

王坚：这个问题不好回答，因为那时候没有人能清晰地看到未来，但是当时同事的动机远远超出一般的水平，这一点我还是肯定的。我相信能否把一件事情做好，与动机水平关系最大。如果动机水平不高，就很难做出一个与众不同的东西。另外，因为当时做云计算有很大的不确定性，你无法把它描述得很清楚，结果大家的动机水平反而很高。

陈晓萍：我以前在和马云访谈时，他把阿里巴巴的企业文化放在很重要的位置，尤其是"六脉神剑"。所以我想问一下，阿里巴巴的"六脉神剑"在阿里云团队文化中是怎么体现的？

王坚：阿里巴巴的核心文化很有道理，早期时对我有很多帮助。阿里巴巴有很多老话，非常有道理，但有时候讲多了就会变成顺口溜，很少有人真正去想它背后的含义了。比如阿里巴巴的使命是"让天下没有难做的生意"，后来我们曾经想去修改这句话，但改来改去，发现这句很质朴的话到今天为止也还是最好的。

一个公司如果没有经过生与死的考验，是沉淀不出自己的文化的。有一次生死考验，你就会沉淀一些；如果有两次生死考验，你就会沉淀更多。我觉得阿里巴巴出生入死好多次了，所以它沉淀了一些特殊的东西，还是非常有道理的。很多时候，一篇文章总结出一堆很正面的东西，听起来每句话都对，但其实意义不大。真实发生的事情都是有具体场景的，在那个场景下，某句话正确，但一离开当时的场景就错了，而你又很难把当时的场景都复制出来。我最近总结了一下，觉得阿里巴巴实际上是代表了一个先进的思想。就像我们早年到美国去，不是文化不适应，而是思想不适应。所以这不是简单的文化问题，本质上是思想的问题。

爬出井口，可以看见一个新世界

陈晓萍： 你觉得阿里巴巴的先进思想是什么？

王坚： 先进的思想就是社会发展到今天，应该不用支票而用支付宝，就是这么简单。

陈晓萍： 就是引领未来，由未来引领现在的实践。

王坚： 对，就是这样。每个人都可以有梦想，但不是每个人的梦想都是先进的，不是有梦想就是对的。

陈晓萍： 从先进思想这个角度来看，阿里云应该是个鲜明的体现，因为你们做的是更靠近未来的事情。

王坚： 这还需要历史的考验。但至少有一个词，是我们创造出来的，叫作"公共云"，用英文讲就是"Utility Cloud"。这个词背后有独特的思考，这与业界喜欢说的"公有云"，即"Public Cloud"有本质的区别。以前我们经常讲，英国大学的讲师就是我们说的教授，尽管是名词上的问题，但后面的思考逻辑是不一样的。我们之所以把它叫作公共云，是因为我们把云计算看成像今天的供电一样，是公共基础设施的一部分，是大家日常生活离不开的东西。

陈晓萍： 我在网上看到一些对你的报道，马云说你技术 100 分，管理 0 分。但同时我们看到你做了很多事情，用他们的话说就是，你挖了不少"坑"，比如云计算这个坑、2050 大会这个坑，你自己先跳下去，之后就有很多人愿意和你一起跳下去。你自己是怎么看的？

王坚： 其实我真不知道马云有没有说过这句话。我自己的理解是这样的，因为阿里云是一家公司，所以你就要全面负责，只不过有的地方你干得好一点，有的地方你做得坏一点而已。今天早上阿里云整体搬到了云栖小镇的飞天园区，我和同事们谈起了阿里云的商业与技术的问题，阿里云从第一天起就是一家独立公司，那它就一定是商业，需要综合能力去运营。

回过头来说挖坑的事，我觉得挖坑不是一个好的说法，从井里爬出来比较好一点。因为挖坑是说你在平地上挖坑跳进去，即使你把它填平了跑出来，还只是回到原来的地方，什么都没变化，但是从井里爬出来就不一样了。其实我们人是生活在井里的，我们想做一点事情就要上爬一点，只不过爬到一定高度的时候，爬出井口，你会突然发现多了一个世界，就像人类发明了望远镜或开始了大航海。整个人类历史其实就是拼命在往上爬，一直在追求我们是不是能看到另外的东西。世界丰富多彩，你永远可以看到一个你原来没有看到过的东西。

陈晓萍： 从这个角度来讲，你是用这样的愿景，把别人的热情激发出来，让人家很愿意和你从井里往上爬。

王坚： 我从来没有想过要别人和我一起爬，但我会去跟人家说一些至少是今天大家都不说的事情，比如 2050 大会。我们说我们不定日程，让年轻人自己去定；我们说这事应该由志愿者来办；我们还说要让参加者自己买票。这些听起来都好像是我们不想把这个会办成，但结果这么多人从世界各地赶来参加，由此可以看到世界不同的一面，所以我相信世界的多样性。

陈晓萍： 也许正是你的这种坚信，感染了很多人。

王坚： 当时我们做云计算的时候，有人告诉我，在我和几个工业和信息化部的领导讲过之后，他们都相信了。在一件事发展的早期，如果你不能跟别人说清楚，社会资源就不会来找你，没有社会资源，实际上你什么都不能干。就像当年美国修铁路，要横跨东西两岸，其实没有人知道这条路修不修得起来。所以这个时候，一定要说服大家这条路其实修得通。

未来的经济是计算经济

陈晓萍： 你在《在线》这本书中，谈到未来经济将是计算经济，其中生产资料就是海量数据，云计算是基础设施。你能否从这个角度来谈谈中国未来的云计算市场或形态会是一个什么样子？

王坚： 我自己觉得云计算将来就是个公共服务，也就是说，什么时候没有电了，才会没有云计算，这是云计算与其他技术不一样的地方。其他技术可能过几年真的会消失，但就像电不会消失一样，云计算也不会消失。另一个很有意思的事情是，云计算和以前的技术不一样。比如电脑，电脑有时好卖，有时不好卖。但是计算这个东西，将来会用在任何地方。为什么我说计算经济是未来的经济？这是因为以后经济的好坏，一个国家经济发达的程度，将以计算量来度量，就像现在一个国家发达的程度可以用电的使用量来度量一样，这将是根本的改变。

在历史上，大概没有几件事情的重要程度可以这么来形容。中国以前是农业国、工业国，用生产粮食或钢铁来说明国力，而未来可能要用计算量来度量经济好坏。我们是非常幸运的，碰上了这个难得的机会。这样的机会其实不是每个人都能碰上的，你若早出生 50 年就赶不上这个东西，而你再晚出生 30 年，人家就已经建好了。这是我觉得幸运的原因。

那为什么讲云计算是基础设施，与以往的技术不同呢？比如说虚拟现实（VR），我觉得在可以预见的将来，它不可能变成基础设施。基础设施的重要性就在于它看起来不重要，但它必须存在。有些东西看起来好像很重要，实际上没有也没关系，比如金戒指很贵，就是可戴可不戴的东西，但是水就不行了。世界上只有很少的东西具备这样极其重要的品质。

在过去 10 年，有一个机会去做这样的事情，又是社会的必需品，这是我觉得自己非常幸运的地方。曾经和一个加拿大的朋友聊天，他谈到中国发生的事情对世界的价值。比如我讲计算经济，可能美国人很少能够切身感受到它的重要性。就像当年英国，也不如美国对电的好处的感受那么深，所以英国的工业革命就不如美国来得彻底。我们现在真的就在这么一个节点上。现在中国有很多人用"数字经济"这个词，其实基本上是抄欧洲的，没有反映自己的思考。但是我提出的"计算经济"这个词是我们的原创，而且它比"数字经济"这个词更反映未来经济的本质。

我谈的互联网，是一个真正的基础设施，是一个社会经济发展的基础设施。其实今天很多人想的互联网，还停留在互联网公司的互联网，只是互联网技术，这是有问题的。另外，现在全世界都在用"大数据"这个词，但我把数据看成一个生产资源，这样来看新的经济，就是一个计算经济。

陈晓萍：我非常同意，看到你那样写的时候，我有醍醐灌顶的感觉，一下子就让大家看清了未来经济的模样。

王坚：是的，这是当今世界发生的一次根深蒂固的变化。比如美国找到石油了，我们在中国找到了更大的油田，但这是增量，只不过油田比美国的大了一点。如果你最后挖出了不同的东西，就是发现了另外一种资源。后来我对资源的认识也越来越深刻，真正感觉到它的重要性。

客户是公司的衣食父母

陈晓萍：在设计产品的时候，看待问题必须具备很强的同理心，要把自己带入用户角色。我发现你经常跟你的客户，或者潜在的服务对象交流或长谈，了解他们所处的物理和人文环境，你为什么愿意花这么多时间这样做？

王坚：大家经常讲，客户是上帝，客户是衣食父母，但很少人能真正理解这句话的意思。很多人真的没有弄明白，能活下来是因为客户，所以很多公司认为自己是施舍的一方。但是你如果经历过从无到有，你的感受就会不一样，你就会知道实际上真的是客户养活了你，而不是你养活了客户。就像以前毛主席讲"到底是劳动人民养活了你，还是你养活了他们"，道理是一样的。你要没有在延安待过，没有经历过长征，你是很难体会到是老百姓养活你的。公司也是一样，你只有经历过那么一段最困难的时期，才会真正体会到是谁养活谁。所以对我来讲，真的去了解客户，远远超出产品的范围，因为客户都是拿着命让你活下来的。当然，这样做是坏还是好是另外一件事情，也可能你这样对待客户时间久了，客户会变成你的累赘。但我已经养成了这种习惯。他救了你，你不可能忘掉他。

就像当时我们做阿里小贷一样，有人给我们写信，说这辈子有人第一次借钱给他。这不是借几元钱的问题，他说这辈子有人第一次借钱给他，这个感觉不一样。你可以想象，在公司所有人都反对你的时候，突然有一个公司以外的人说，我愿意付钱来用你的云计算，那是什么感觉？

虽然这种人现在可能也有，但是你在早期遇到和你在后面遇到是不一样的。现在我们做的 2050 大会，因为刚开始票务系统做得不好，人家买票想付钱都付不了，对我们说："我付钱付了8 次，都没成功。"我当时一听，就想过去拥抱他——今天还有谁买什么东西要买 8 次买不到还要坚持买的？

陈晓萍：可以想象你当时的感动。王坚，我们认识这么多年了，我对你有一个印象特别深刻，那就是你十分专注。我不知道你自己记不记得，你大学的时候特别爱背一个巨大的军书包。我当时的感觉是你可以把整个图书馆都装在里面。后来读研究生的时候，你读的工程心理学，那时工程心理学有好几个实验室，你基本上整天都待在实验室里。我的问题是，在如今这个很容易分心的时代，你是如何保持专注的？

先投资十年时间再来论成功

王坚：这个与我自己做事情的方式有关系，就是要找到问题的答案，这个答案可以是"是"，也可以是"不是"，但必须有个答案。就像你去打游戏，一定要打通关，不然就停不下来。对我来讲，一件事情到最后必须有答案，没有答案就什么价值都没有，哪怕是一个"不是"的答案也要说出来。如果你搞三天三夜也不能通关，那你就知道自己搞不定，答案也就有了。所以也谈不上专注，只是这么钻进去的话，总是能做出点名堂。

另外就是时间，你愿不愿意花10年时间做一件事情？如果你真觉得这件事情有意义，你就花时间投入。你愿意花时间，就是你最大的承诺。人的其他资源都可以再生，包括钱，但只有时间是不能再生的。所以我觉得做任何事情必须花时间投入。

我突然想到现在教育的一个问题，就是家长连先养孩子10年的决心都没有。小孩子嘛，你先养个10年，再说成功不成功。现在你连养他10年的决心都没有，就天天和他谈成功不成功，这是本末倒置。以前做阿里云的时候，员工天天问公司以后到底做不做云计算，我说："这个不是问题。我不是回避这个问题，而是说，我告诉你，明年这个时候我肯定还在这里，还在做这件事情；你自己回去想想，你明年还会不会在这里？做事情，必须先做了再说，再去看成果。"

陈晓萍：这些年在管理公司和团队的过程中，你肯定遇到过人际感情和商业理性发生冲突的事件，能不能具体描述一两起这样的事件？

王坚：我不知道算不算冲突，但我觉得还是很残酷的。残酷的就是人要有很大的付出。要做成一件事情，必须有很大的付出，最后承不承受得了这个付出才是问题。我经常和别人说，士兵在战壕作战里是一件很残酷的事情，是会死人的。尽管我们工作中不会死人，但付出也是巨大的。你一定会问值不值得付出，但是当你要做一个事情的时候，如果老是问这个问题，会问到你自己都不知道怎么搞下去。所以我就往后退一退，假装看不见。反正你只要当连长，你边上的人天天会死的。你就假装自己是军长，那就看不到这些人了。比如，熬夜熬一个月，是不是人该忍受的？这从道德层面上很难回答。如果按照欧洲的加班法，那么我们都不要干活了。这是个很纠结的问题，但是没有付出就没有收获。其实只要你选择做一件事情，只要这件事情足够难做，它都会碰到这样的挑战。

陈晓萍： 你是不是成天叫别人加班啊？

王坚： 没有。这不是我可以规定的事情。我认为自我激励很重要，这也是人与其他事物最大的差别。我相信人是不一样的，不需要管理，而是自我激励。

来阿里之后，我对组织的概念慢慢有了进一步的理解，如果不到阿里来，我对组织这个概念的理解就会很弱。咱们原来都叫工作单位，其实是个组织。我们原来的工作都是在既定组织里面开展的，这个框架是已经存在的。在这种情况下，你会忽略这个框架提供给你的东西的价值。但是后来做了阿里云以后，我才认识到这个组织更像人的身体组织。身体也叫组织，这样我对组织的感触就深了很多。我意识到组织这个框架本身的重要性，没有人可以否认这一点。

陈晓萍： 你说你到阿里以后，对组织这个概念感触比较深，是不是因为阿里云作为一家独立的公司，你需要从方方面面来建立这个组织，你要自己来建这个框架，所以才有了深度感觉？

王坚：是的，这个过程也使我慢慢体会到一个组织的能力可以超过个体的能力。我认为，一个最好的组织就是真正能够把大家所有的价值都放大的组织。一个组织就是一个函数，这个函数可以把个体的影响力、能力放大。函数的好坏就决定了组织的好坏。从传统意义上讲，管理是组织中的一环。

未来是年轻人的

王坚：还有一点感触是对于年轻人潜力的认识。我自己原来没有感触，因为我刚毕业的时候就和比我大二三十岁的人一起工作了。现在倒过来，我和比我年轻二三十岁的人一起工作。我突然发现年轻人才是未来。当初筹办2050大会，几乎所有人都同意，今天世界的资源正在向年轻人倾斜，资源到哪里去，未来就在哪里。我觉得，真正的创造力来自年轻人，未来的问题都要靠年轻人去解决。

如果你去看成功的国家，在这些国家的发展过程中，年轻人起到了非常大的作用。我说中国过去40多年改革开放，世界500强到中国来，决定了中国的发展怎么样。而后面这30多年发展得好坏，就是看年轻人愿不愿意到中国来。为什么？你想想看，当时世界500强都在美国的时候，美国靠什么发展？其实就是靠年轻人到美国去发展，本质就是如此。现在世界上越是发展好的国家，越吸引年轻人。所以我觉得今天要反思的一件事情就是世界的资源有没有倾斜到年轻人身上。

陈晓萍：所以你想通过 2050 大会这样的活动来吸引全世界的年轻人到中国来？

王坚：2050 大会里一个很重要的内容，就是让年轻人来讲他们对世界的看法，而不是请世界 500 强的 CEO 到达沃斯去讲他们对世界的看法。这个世界不会因为 500 强的 CEO 到达沃斯，就发生变化了。今天没有一个场合，大家会很认真地听年轻人的讲话，而我们这个会的出发点就是告诉大家，年轻人讲的东西就是大家应该认真听的。当然今天我们也没有能力做到让每个人都听，但是我们至少告诉大家，他们的声音应该让每个人都听到，这是我们筹办 2050 大会的初衷。

还有蛮有意思的一点，就是不管愿意不愿意，到最后，世界上所有的问题都是留给年轻人的。你可以认真想一下，实际上把越有挑战的事放得离年轻人越近，这个世界就越有希望。如果我们回头去看，像爱因斯坦这些人，今天大家都觉得很了不起，其实当时他提出相对论的时候还是毛头小子。但是我们离这样的情形越来越远，好像只有名人才能谈未来。我觉得关于人工智能最奇怪的地方，就是连霍金都可以跑出来说人工智能是世界的末日，这是有问题的。慢慢地，就变成年轻人说的话反而与世界没有关系。

陈晓萍：在 2050 大会上，你给年轻人平台去分享自己对世界的看法。在这个过程中，你听到了哪些让你有触动的想法，能否与我们分享一下？

王坚：我觉得到现在具体的想法可能都不重要了，但是至少验证了我原来的几个想法。首先，一开始大家说，现在都用互联网，可能不需要见面就可以开会了。但开完会之后让我们备受鼓舞的就是发现大家见一面是很重要的。这对于平时见不到面的人来说，见上一面尤其重要。这就像开会，原来都认识的人见一面不重要，但没有见过面的人见一次面就非常重要。此外，越是不一样的人，见一次面就越重要。

还有一件事情很有意思，就是在会上可以提出很多会改变很多人看法的意见。举个最简单的例子，在 2050 大会上有围棋赛，最后 AI 把韩国的世界冠军打败了。更重要的是，写程序的那家公司是一家创业公司，不是一家大公司。所以我的意思是，有一家创业公司的一帮年轻人，已经在做大公司做的事情了，很了不起。

陈晓萍：确实如此。这次 2050 大会有多少人过来参加？

王坚：超过一万人，我们也帮助了一些来自偏远地区的年轻人，最远的一位来自海地，单程飞行时间就需要 38 个小时。有意思的是，我们在找这些人的过程中发现，报名者在讲自己的背景时，都说自己希望是什么公司的 CEO，否则觉得不好意思。我们当时就傻了，如果你是 CEO，为什么还要我们来资助你？后来深入了解才知道这些年轻人都在资源非常匮乏的情况下，做着非常了不起的事情。

世界上不同的人能够聚在一起讨论未来，是一件非常有意思的事情。有人说 2050 大会是一个年轻人的平台，但我不喜欢"平台"这个词，我喜欢用"热带雨林"这个词。在热带雨林里，没有谁造福谁，每个人自己造福自己，但最后的结果是互相造福。平台这个说法或者生态这个词都不准确，因为平台还是有我为你的意思，而我们的整套逻辑不是如何为年轻人设计，如何为年轻人创造机会，我们认为年轻人自己就是机会，而"热带雨林"就是互为依赖的关系。

大家来到这里互相认识以后，可以结成网络，这样就和全世界发生了联系。比如有一个在加纳的年轻人，以前从来没有这个网络，来了2050大会后一下子在全世界都有朋友了。我曾经碰到一个要来当志愿者的小伙子，他是江苏卫视制片人，做音乐类节目的，很年轻。他来之前发了个"约会"（2050的一个独特项目，每个人都可以发布约会，结识新的朋友），有两个人约了他，一个是一直在野外做野生动物保护的摄影师，另一个是人工智能领域的工程师，他们三个人一起聊得很嗨。我觉得他们三个就像2050大会的一个很小的剪影，只要他们随便一碰，就碰出火花来了。而我听到他们分享的东西，也觉得很鲜活。

　　陈晓萍：希望你们的2050大会越办越红火。谢谢你的分享！

煮熟的鸭子飞到家：趁疫情之机变革商业和组织模式

——访谈外婆家创始人、CEO 吴国平先生

2020 年伊始，突如其来的新型冠状病毒肺炎疫情席卷全球，各行各业都出现了严重的停滞，餐饮业更是受到重创。在一片狼藉之中，有一家餐饮集团却利用这段停滞的时间重新思考餐饮的本质，迅速推出离店业务，并且对整个组织架构进行了彻底的调整，完成了凤凰涅槃般的重生。

带着许多好奇和疑问，我们通过微信视频对外婆家的创始人吴国平先生进行了访谈。

陈晓萍： 您好，吴先生，好久不见了。一转眼离上次我在杭州和你对谈已经过去两年了。2020 年疫情防控期间，杭州有将近两个月的时间餐饮门店无法开展堂食，外婆家也不例外，受到了重创。现在情况如何啊？

吴国平： 现在杭州的门店已经全部开了，当然我们在疫情防控期间也做了很多思考和调整，关闭了 9% 的门店。其他城市的情况不太一样，北京还没有完全恢复，因为北京控制得比较严，

武汉也没有完全恢复。从数据来看，2020 年 5 月我们在全国恢复了 75%，6 月我估计能达到 85%。到了 5 月我们的收支才算打平了，今年第一季度全部只有支出，没有收入。

陈晓萍： 真不容易。两年前我问过你互联网对餐饮业的影响，当时你说餐饮业是个传统行业，互联网只是个工具而已，餐饮的核心是不变的。餐饮有多种功能，首先是提供味道丰富和营养全面的食物，其次就是社交功能，朋友在一起喝酒聊天，餐馆给提供这个场所，可是疫情来了以后情况就完全变了。你现在对互联网给餐饮业带来的影响有了什么样的新思考？

餐饮新方向：极致单品、离店业务

吴国平： 其实 2019 年这个时候我就在思考这个问题，现在基本想明白了。我认为，餐饮要打破坪效这个边际，必须要做离店业务。所以从 2019 年开始，我们做了一个"老鸭集"，专门做老鸭煲外卖。这次疫情证明了它的生命力，打破了我原先的观念。特别是在 2 月，我们开通"老鸭集"外卖，结果还有盈利。"老鸭集"在 3 月、4 月也都是有利润的。这说明，现在的餐饮，它的渠道不光是门店业务，也可以是电商等多种渠道。在这次疫情的倒逼下，我们的外卖跟 2019 年同期相比增长了 12 倍。这让我们深度思考外婆家应该怎样去做离店业务。

陈晓萍： 现在有哪些创意想法呢？

吴国平： 我们现在对模式的思考，大致上是以外婆家为基础母公司，准备做鸡、鸭、鱼、肉四个极致单品。比如鸡，我们准备做"二代叫花鸡",这个"二代叫花鸡"是符合"中国胃,中国味"的,与肯德基的鸡是完全不同的。

陈晓萍： 叫花鸡是杭州的名菜,有特别的杭州味道。

吴国平： 鸡也只卖三十几元一只。我们在产品设计中特别强调两句话："极致的体验,极致的单品。"极致的体验,在快餐中是体验不到的。比如肯德基、麦当劳都是快进快出,但如果我有了离店业务的话,中国人肯定更愿意点叫花鸡,而不是点炸鸡。我们把对菜品的体验拓展到顾客家里。现在我们的餐馆是顾客的一个体验场所,只要有 30% 的业务比重就够了。我们把 70% 的体验场所放到顾客家里,也就是让离店业务占到 70% 的比重,这样我们就颠覆了原来的营业模式。这是我们现在的思考,正在规划过程中,还不知道是否可行。

陈晓萍： 那么鸭呢?应该就是"老鸭集"了?我很喜欢你们给"老鸭集"写的那句话："煮熟的鸭子飞到家",十分生动幽默。

吴国平： 谢谢,我想了很多口号,最后定了这个。所谓的"老鸭集",就是"集"到店和到家的业务,就是"集"浙江土特产、绍兴麻鸭、金华火腿、笋干、农夫山泉到一个老鸭煲里,我是在卖家乡的土特产。此外,还有

图 11　老鸭煲

一个"集"就是集鲜鸭跟酱鸭在一起,鲜鸭就是我们的老鸭煲,还有一个酱鸭。

陈晓萍：酱鸭是我最喜欢吃的杭州菜。

吴国平：我们之后要推出酱鸭的零售，2020年下半年就开始。"老鸭集"的成功给我带来了信心，使我有勇气去改变外婆家传统的模式。虽然有风险，但我们有这个信心让业务覆盖杭州。

现在说说鱼。本身外婆家的另一个品牌"炉鱼"是野蛮生长的。我们现在准备把"炉鱼"做品牌、做品质，打造成极致单品。关于肉，我在思考做梅干菜扣肉，取名"小毡帽"（绍兴人戴的，绍兴是梅干菜的故乡）。我觉得这个产品是最符合我们浙江口味、中国口味的，对标的是做牛肉单品的"吉野家"。

我是想通过鸡、鸭、鱼、肉这四个单品来改变外婆家当前的重经营模式。我的一个理想就是帮助别人承担家务劳动。过去外婆家有句口号："不用回家忙烧饭，外婆帮你做饭菜。"未来一段时间，我想把厨师从炉台上解放出来。我看到我们的西餐厨师都可以做到五六十岁，但我们的中餐厨师四十几岁就要退下来，因为太辛苦、体力不支。所以我想做这件事情。我们要做的单品都跟炉台有关，把厨师从炉台上解放出来，这是我的想法。

陈晓萍：你的这个模式几乎是颠覆性的，因为原来是百分之百堂食，多品种；现在是反过来了，单品、极致、不堂食、多方位的消费方式。

吴国平：对，行不行还不知道。但"老鸭集"给了我信心，不管怎样，我觉得这是我们今后的方向，方向对了，迟早会赢利的。

陈晓萍：你们现在这个以单品外卖为主的新模式，是否需要和物流产业结合起来做，你们在物流上和谁合作？

吴国平： 我们和饿了么、美团两个平台合作。但是我注意到一点，就是还有一个私域流量，很多顾客自己到店里来取餐。通过平台毕竟价钱要高很多，到店里来取费用低。有的是父母在家，孩子订餐后叫父母来取。餐饮毕竟是一个区域的东西，局限在三五公里范围内，所以并不是全部都要依靠平台送货的。根据我们现在的观察，30%是自取的，毕竟每个区域都有一个固定的社区店。

陈晓萍： 这个"老鸭集"除了在杭州，在中国其他城市也有吗？

吴国平： 现在还没有。我们准备在2020年的下半年在杭州增加12个点，同时要在北京、上海、深圳、广州、南京布点。

陈晓萍： 这样的话，是不是用大厨房的概念，批量生产？

吴国平： 不是。原先我们对互联网的思考是，工厂—产品，工厂—门店。现在"老鸭集"的单品把工厂搬到了门店，我们是几十只鸭子一锅，三个锅一起烧下来就有100多只鸭子，它们从仓库直接送到门店，也有些仓库就在门店。譬如水、笋干、火腿10天送一次，门店就够了。譬如火腿，一天用4个，送一次40个，在店里放起来，又可以当陈列。水100桶一次，两三天或三四天送一次，笋干放着也没问题，只有鸭子每天要送。也就是说把工厂搬到门店，产品更新鲜，生产量也更大。

陈晓萍： 也就是说现有门店的生产量已经足够了。

吴国平： 对，生产量是可以扩大的。因为我毕竟不能放弃堂食，现有的流量已经有了，这是企业最珍贵的东西。刚才说了一个口号"煮熟的鸭子飞到家"，集各家特产，杭州的老鸭煲跟火锅没有关系，杭州的老鸭煲是原材料的味道，有其味食其出，无其味食其入，我们是有味道的，我们不加高汤，我们用的是原汤。现在基本上90%的餐馆都用高汤，但我们坚持用原汤，不要说味精，就是盐都不加，因为笋干和火腿自带咸味、鲜味。我感到自豪的是我把家乡的东西做出来了，把杭州的老鸭煲的特色做出来了。

陈晓萍：现在一个老鸭煲的价格是多少？

吴国平：158元，性价比非常高。为什么这么说呢？我的盈利模式是，外婆家的菜的原材料成本，我们设定的是42%，而老鸭集设定的给客人的原材料成本是50%。这8%的差异是怎么省出来的呢？就是把员工的成本降低了。人工的成本在外婆家是23%，在老鸭集是15%，让利给顾客，顾客就满意了。员工的效率高了，收入提高了，他们也满意了。我们主要是满足顾客和员工，所以这个模式设计还是蛮好的。

陈晓萍：我一直非常敬佩你们，不管是外婆家，还是旗下的杭儿风、炉鱼、猪爸，菜的味道和品质都非常好，而且更令人惊讶的是还这么便宜。你们的秘诀到底是什么？

吴国平：就是前面提到的模式设计问题。

陈晓萍：从另一个角度来说，你把你的盈利利率控制在一定程度。

吴国平：对，我的投资回报率是8%，所有的数据算好了再做这个店。把省下来的部分让利给员工和客人。

陈晓萍：你这个模式和Costco比较像，它的利润不超过12%。比如他去和供货商要品质、压价格，但这样做是为了给顾客省钱。你的思路和它相似。我认为以这样的思路你们未来的发展是不可限量的，因为你一心为顾客着想。另外一家西雅图的公司亚马逊也是这样的，它的口号是"痴迷于顾客"，千方百计地为顾客着想，怎么让顾客省钱，怎么提高质量，怎么增加品种，怎么提高送货速度，怎么多快好省地为顾客服务。这样做顾客还会不满意吗？当然不会。所以你开的餐馆门口都是排长队的顾客。

外婆家的组织变革：放权赋能

吴国平： 除了业务，在疫情中我们也抓住机遇做了组织变革，并且已经完成了。

陈晓萍： 你们怎么做的呢？

吴国平： 我们把所有权跟经营权分开了。你知道，我和我太太是 22 年的好搭档，但我觉得我们不能再做搭档了。我们得把位置让出来，培养新人。我以前认为太太这个"瓶颈"是我无法逾越的，最终还是逾越了。另外两个合伙人也卸任了，公司授予他们联合创始人的头衔。现在我一个人留下来推进组织变革。原来每个品牌都是横向管理，现在我们把品牌事业部分开了，变成纵向管理。比如外婆家炉鱼事业部、外婆家联合品牌事业部、外婆家新餐饮事业部囊括离店、电商业务等。这样内部品牌之间也会形成竞争。

另外，物流、工厂、采购属于中台，其余属于后台。现在整个组织结构完全改变了。我想现在是变革的最佳时机，餐饮业整体遭受到打击，大家经营的都不好。如果在正常情况下去变革的话，风险反而很大。

陈晓萍： 那你现在的事业部的经理是职业经理人还是从公司的年轻人中选拔出来的？

吴国平： 都是从本公司提拔的，给年轻人机会。比如我们现在的几个副总，最年轻的是 1989 年出生的，才三十几岁。其实公司这些年也积累了不少人才，怎么把上面的盖子打开，让下面这批年轻人成长，这是未来几年中最关键的事情，这对企业未来发展，特别是交接班，至关重要。

陈晓萍： 同意。只有他们可以顶大梁了，当你离开的时候，企业仍可以持续高效地运转下去。那么关于提拔，你们有没有一套比较可靠和成熟的方法？

吴国平： 首先就是意愿大于一切，你必须自己报名，从报名中进行选拔。其次就是落实竞争，必须按照公司统一的步骤去完成你的目标。我们现在所有的部门都开始重新应聘上岗。至少在公司工作了 10 年的人才可能提拔。这批人基本是"70后"，也有一小部分"80后"。我跟"70后"说，我退休你们就跟我一起退休，我们主要的目标是把"80后"培养起来。

陈晓萍： 这些事业部成立以后，每个职位来竞选应聘的人大概有多少？

吴国平： 报名的并不是很多，因为还没有养成习惯和风气。我们长期没有动过领导班子，而且在我们的文化里，大家都比较内向、低调。但报名的效果还是很好的。另外，我们把事业部的人事总经理定下来之后，下面的班子就由他自己组建，我批准。让他们一层层把责任都挑起来。

陈晓萍：就是你给他们赋能，让他们来挑这个担子。

吴国平：我近期的一个任务是要激活每一层，原先他们沉睡了，因为上面长期不动，现在动一动，把他们激活。

陈晓萍：记得上次我问你，你如何把自己的激情传递到下面的员工，你没有正面回答，看来用你们现在这个机制，效果可能会出来。

吴国平：人要不断去学习。前些天马云碰到我说，你现在还有这么多激情，是不是该想想退休了。我一想，现在我应该做的就是怎么把这个企业传承下去，给企业的员工、给这个企业一个交代，给自己一个交代。所以，我现在唯一的任务就是做好企业传承，把激情层层传递下去。

陈晓萍：现在新班子上任多久了？

吴国平：一个多月了。事业部陆续任命了三个负责人，炉鱼、外婆家联合品牌的整个团队组建好了，安全中心组建好了，组织部和客服代表部组建好了，办公室组建好了，发展中心也组建好了。其余的正在进行中。组建好的团队，我就让他们自己承担这个责任，中间把关的是组织部，然后再到我这里。

陈晓萍：你们到时候准备怎么对他们进行考核呢？

吴国平：我们考核指标已经全部下发了，半年的、一年的、三年的、五年的，都有。

陈晓萍：也就是说，你已经把 KPI 指标定下来了。那你现在的工作就是每天跟部长沟通一下，看看他们有什么问题，你这样是不是感觉比以前要轻松一点了呢？

吴国平：现在有 12 个人向我汇报。基本上大多数的时间，就是和他们理顺过程。接着我准备集中关注两个方面：一个是产品，另一个是人。同时花一部分时间控制过程。

现在还缺一个管常务的人，所以我只能天天上班，天天在办公室，没什么时间出去跑。我管辖的最重要的就是三个方面：第一是菜单，第二是开店选址的平面，第三是规则和制度。

所以，我们的组织变革是模式的重新定位和产品的战略定位。产品模式的变革，我认为未来也要继续聚焦、聚焦、再聚焦。只有聚焦才能保证品质，只有聚焦才能降低成本，聚焦也会提高效率。比较稳的情况下，还是先把根据地搞定，再扩展到其他城市。

用商业模式设计自然解决员工激励难题

陈晓萍：关于餐厅的服务，西贝采用赛马机制，让各个门店进行比赛；海底捞利用独特的文化来激励员工，提升服务品质。那么，外婆家激励员工的秘诀是什么？

吴国平：贾国龙（西贝的创始人）认为通过赛马制可以改变这个组织。我认为，通过模式的变革可以改变组织，这是两个不同角度的思考。

比如我们现在的老鸭集就是一个成功的模式。老鸭集的员工都是计件制，厨房里只有6个员工，前厅有12个员工，是厨房的2倍。前厅上个月员工的收入是平均8 000元，最低的员工拿到7 100元。也就是说，我从模式的变革彻底解决了这个激励问题。

为什么外婆家改变不了？外婆家的内容实在是太烦琐了，我们的客单价只有50元，西贝的客单价在90元，所以就单价来说我们要提高服务就很难。我们基本不花广告费，因为我们让利比较多。这里面还有一个原材料的比例问题，我们原材料占比有40%多。

从这样一个角度去思考，对于外婆家，我们将通过变革创造出一个"外婆小灶"的概念，就是要把它做小。我也在想是不是要把口号改一下，改成"自由之家"。为什么叫"自由之家"？因为你在家吃什么都可以，你可以吃面包、吃日料、吃韩餐，我们会穿插一些东西，把它变成"家"的概念。这样菜单可能就不需要固定了，今天买什么就吃什么。我会把这个概念作为客人在6个人以下的模式的变革。如果这个模式最终可以标准化，我会大力发展；否则就放弃，因为空间是有限的。

餐饮是地域性很强的行业。外婆家的商业模式是酒楼的缩小版，非标准化，很难做。我很想把我们的厨师从炉台上解放出来，因为他们非常辛苦，四十几岁身体就吃不消了。刚才提到的西贝的赛马机制，这也是我们整个管理体系中的一个部分，我的想法是把整个体系都改了，再去自然形成赛马机制。比如老鸭集的模式变革中，一个钉钉发过去，每天晚上员工都可以知道他们一天赚了多少钱。这样既有团队又有个人的东西，就像一个团队踢足球一样，每个岗位不同，但是对团队的贡献都是重要的。这样一个设计，我认为能够彻底改变外婆家的模式和组织。所以，我要做四个极致单品，将每个店的前厅人员数量提高至厨房的两倍，把服务分数提高，只有服务做到位了，才能真正做到极致的体验。所以两块业务，到店极致服务体验和离店极致口味体验，可以互相弥补。

陈晓萍：继续和西贝比较。西贝在整个疫情防控期间在电梯广告投放还是挺猛的，它的"你闭着眼睛点，道道都好吃"的口号也挺打动人的。这从管理，不管是成本的管理，还是品控的管理来说，都是一个简化的方法。西贝的菜单比较简单，二三十个单品，而且其整个连锁化的模式也做得非常一致，包括沙漏，多少分钟不上齐就可以免单或优惠。你觉得在这种标准化方面，西贝的模式是不是更优的选择呢？

吴国平：我们两家是比较熟的好朋友。西贝原来是大餐饮、大酒店，看到了小模式之后，就缩小规模变得跟外婆家一样了，在原先的基础上又可以做标准化，于是它大力发展。但我认为这个模式还是不彻底的。2017年、2018年、2019年这三年，是房租很高的几年，他们开了300个餐馆，认为找到模式了。但如果是真正找到了模式的话，它为什么还要不停地做创新呢？因为它没有成功。中国人喜欢吃炒菜，但炒菜打包回去，凉了就不好吃了。所以西贝也烦恼，它也想做极致单品。但是做极致单品的话，相对来说我们江南的东西多，产品多；而它做面、馍，找到路还是比较困难的。我想表达的意思是，它还没达到标准化的终点。

另外因为餐饮的地域性，我的单品先聚焦在杭州来做。西贝花了很多精力和钱做广告，用分众的平台做电梯广告。过去三年西贝一直在不停地发展，而我们守了三年，因为我不知道怎么走，店开得少。但现在我们想清楚了，会抓住这个机会快速做。

餐饮的本质：不变的是味道，变的是场景

吴国平：关于菜品的味道，我们几个好朋友经常在一起琢磨，我做出来的东西他会来看，他做出来的东西我也会看。我认为，所谓的美食一定与属地的物产有关，是先有食材，再产生烹饪的方法，而方法则形成了餐饮文化。比如鱼米之乡嘉兴、湖州、杭州，鱼就做得好吃，而衢州是山区，就以做辣的为主。关键是一家餐饮企业要推一个东西，一定要是自己最熟悉的东西、自己喜欢的东西、自己相信的东西。

比如为了把老鸭集做好，我去浙江所有的山区跑，3 月底开始有雷笋，他们就开始做笋干了，到了 4 月初有早笋，4 月中旬有红笋，4 月底到 5 月初才有真正的石笋，这些笋虽然都是做笋干用的，但都是不一样的。你真正了解了这个东西，你才去卖这个产品，肯定不靠厨师而是靠产品设计的人来解决这个问题。再如，金华有 43 个腌制火腿的工厂，我几乎都跑遍了。他们看到我都烦了，说你究竟买还是不买，一天到晚地来。现在我们餐馆的火腿用量是全中国最大的，他们才明白过来。那鸭子呢？鸭子我要叫他们测骨龄，老鸭是最好的，长到 10 个月大，10 个月以后再生 5 个月的蛋，才有香味。片皮鸭的汤是没有鲜味的，只有我们浙江的老鸭才有鲜味。刚才我们从西贝说到产品，我觉得最重要的是能把家乡的、自己最熟悉的东西跟大家分享，而那个东西才是有底蕴、有沉淀的。

陈晓萍：其实餐饮业挺残酷的，中国人爱尝鲜，口味变化快，而外婆家这么久都能保持产品的持续创新的核心就是"极致"。

就像这种对地域食材的极致追寻，把地域的食物发扬到极致，可能就是产品得以持续创新的一个关键所在。

吴国平：也许是，但从疫情中我们看得出来，喜新厌旧很可能只是对场景的喜新厌旧，而真正的口味其实是不变的。但是现在不光是为了吃饱，还要有场景。譬如未来要做的"二代叫花鸡"，我设想的场景就是两个人的世界。为什么要这样定义呢？因为只有两个菜，两个砂锅，两个人花三十几元钱就吃饱了，味道好，包装好，还可以拍照。虽然是离店餐饮，也可以设想、体验很多的场景和变化。我觉得未来将是变化多端的时代，我们一定要抓住这个机会进行变革。

凝
视
未
来

用互联网思维经营实体连锁店：如何与顾客建立强关系

——访谈五星控股集团董事长汪建国先生

初夏的夜晚，空气中弥漫着湿润的花香。在距离上海不远的夏阳湖畔，我和亚利桑那州立大学的顾彬教授一起采访了拥有孩子王连锁商店的五星控股集团董事长汪建国先生。那天，汪先生整天的活动都安排得很满，晚上还参加了在上海市中心举行的一个企业家聚会，直到 9 点多才脱身赶来。但他仍然兴致勃勃，谈笑风生，我们一直聊到午夜方散。

图 12　汪建国

陈晓萍： 汪先生，今天辛苦你了。在和你的接触中，我一直觉得你这个人特别实在，没有一点虚浮之处。那我也就省去寒暄时间，开门见山，直接进入采访的问题。你能不能先和我们讲讲你的故事，尤其是你创办五星电器，然后把它卖给百思买（Best Buy），自己出来重新创业，成为五星控股集团的董事长，创办了旗下的孩子王等公司。这些话题我们都比较感兴趣，能否与我们分享一下？

汪建国： 好的，不过这个故事太长，我还是抓要点说吧。我大学毕业后曾在政府机关工作了 10 年，后来在国有企业做了 10 年，有很多的观察和体验，为后来创办五星电器和成立五星控股集团打下了基础。在这个过程中，我对自己的一个最重要发现就是我喜欢从事商业活动。我觉得中国的商业相对落后，且不被政府重视。另外，在政府官员中也没有几个是从商出身的，不是搞工业的书记，就是搞农业的书记，商业出身的书记、市长少有。比如在盐城我想见一个市长，分管流通的副市长，他就说他没时间。我从上午等到下午，他都没时间见我，因为他要接待一个重要的客户。到晚上吃饭的时候我一看，原来这个客户是我的一个供应商，开工厂的。我认为商业又恰恰是经济发展最重要的一个环节，它会引导生产。所以我在把五星电器卖给百思买后，还是不甘心就此退出商业圈，因为中国未来的"三驾马车"是消费、投资和出口，但我认为内需才是最重要的马车。想来想去，总结各种教训，我最后决定重出江湖。

孵化互联网的商业模式：从经营商品转向经营顾客，从满足需求转向创造需求

陈晓萍： 五星电器已经让你完成了原始资本积累，挣钱本身已经不再有吸引力。你如何决定进军什么领域呢？

汪建国： 当时我做了一些研究，发现互联网对商业运作具有巨大影响。当时互联网思维的概念还没有提出来，但我有一种直觉，好像有一个新的模式存在着。我决定尝试一下，但又觉得不能像其他草根一样从原始的地方开始，我就给自己定位在投资。由投资者们投资，我专门来研究孵化全新的商业模式，帮助有志青年成就事业。我定的愿景叫"有志者，成就梦想"。我动员我的股东说：农民收割稻子以后还撒个种子，我们从卖掉五星电器收益的几亿美元中拿出一点来投资如何？

陈晓萍： 他们投了吗？他们愿意为更多的有创业激情的年轻人投资，建立平台，帮助他们成功吗？

汪建国： 大家很支持。但是重新做这件事的时候，我确实做了一些思考。以前我做商业是从基层做起，从一件事情做起，而这一次我提出了从顶层开始设计，因为我认为在信息化社会必须看到全貌，不能用你所在位置的那一点眼光来看未来商业的发展。

陈晓萍： 高屋建瓴的层次不一样。你的股东们都不缺钱，而你们的任务就是如何运用这些钱去有效地创造出更高的价值。

汪建国： 是的，因此我们决定采用科学的方法来确定。我们花了几百万元请咨询公司做调查。我让咨询公司帮我做战略规划，

看看我未来应该做什么事情。咨询公司花了几个月的时间把调查报告给了我，建议了四个未来发展的方向。第一是与小孩相关的市场；第二是与老龄人口有关的市场；第三是和有钱人有关的生意；第四是与女人有关的生意。我说四个方向同时做我做不了，我可以从与小孩相关的市场先做起，但是我不想亲自干，因为我的初衷是帮助别的年轻人成长，是让他们自己去创业，我做孵化器。当然，事实上这还只能停留在理想阶段，我希望让他们自己去做项目，但是好像不行。

所以我想还得自己做，就带着团队跑了美国、英国、韩国，把与小孩有关的业务都看了一遍，当然也到了中国台湾、香港地区，也把中国内陆所有与小孩有关的业务都看了一遍。我们不像你们做研究的学者，会去寻找、搜集系统的数据，我没有，我就是看，看了以后思考。有了想法就和我的团队成员（我原来的秘书、助理）分享，我讲，他们记录，然后讨论具体方法。我们当时意识到和孩子有关的市场前景巨大。在中国，每年的新生儿数量可达 2 400 万。我们当时把孩子王的服务对象定位在 1 ～ 14 岁，分几个年龄段。这样总共加起来就有 3.6 亿的人口。这么大的市场规模，在中国却没有一个明确的品牌专门销售婴幼儿的东西。比如，要购买小孩的东西，应该去哪家商店？想不出来。我们知道在国外，如美国就有好几个品牌，比如 Baby's R Us、Toy's R Us 等，英国也有，但是中国没有，这就是一个机会。

我们觉得既然要做这件事情，就必须具备国际化视野。因此，我们把美国的模式、英国的模式、日本的模式都做了全方位的研究。当时研究的还是百货店的模式，我一看就不满意，因此提出需要理念的碰撞。第一个理念是从经营商品转向经营顾客，原来所有的零售店都是经营商品的，但没有谁是关注顾客的，但是百思买告诉我应该以顾客为中心，我就想，应该怎么对顾客进行分类、怎么跟顾客互动、什么是顾客价值等，想出了一套体系，但是还没有实现。

第二个理念是从满足需求到创造需求。因为满足需求是最基本的，而创造需求再就高一层了。对中国的年轻父母来说，所有与小孩有关的东西都是"第一次"，生小孩是第一次，养小孩是第一次，他们没有经验。因此，你向他们推荐什么，他们都可能会认可。

这两大理念提出以后，我们就动脑筋把理念的东西转化为能够操作的方法。我的团队非常棒，他们用了一种工具，把理念转化为策略，再把策略转化为行动，并将行动转化为可操作、可行动、可量化的东西。

经营顾客的第一步：倾听顾客

陈晓萍：这次你们没有找咨询公司？

汪建国：没有，我们自己设计出来了。后来就开了自己的第一家孩子王店，不同于百货店，也不同于超市或便利店，而是购物中心模式。百货店可能针对个人，超市可能针对家庭主妇，而购物中心的客户群体其实是家庭。所以我们当时定位第一家店一定要开在购物中心里。说来也是缘分，王健林正要在南京开第一家购物中心——万达广场，我们就和他谈合作，要租用

5 000～6 000平方米做店面。他一开始很吃惊，问为什么小孩子的店面积需要这么大，我就对他做了解释，除了商品销售，我还要把游乐、照相、理发、游泳全部加进去，他最后认同了我的理念。当然，我也没有让他担风险，我们所有的租金都签了10年以上的合约。

现在这个店的销售额已经从3千万元做到将近两亿元了。但是在经营的过程中我还是在不断研究，不像以前，做生意、赚钱、赶快还款，现在我心态不一样了。我不停地琢磨这个业态，究竟如何创造出特色，怎么与众不同，怎么超前？比如是自助采购店的模式还是百货店的模式？我们一开始采用了百货店的模式，高大上，走道宽敞，灯光明亮，所有的品牌陈列都是形象展示，我还以为会非常轰动，结果来的客人很少，弄得我们很紧张。怎么办呢？唯一的办法就是找顾客，和顾客聊天，听顾客的抱怨，听顾客的评价。有时候我还去找一些顾客私下吃个饭，听他们反映情况。听完以后我的直觉判断是：在中国，无论是有钱的太太，还是一般的母亲，都很关注价格，讲究实惠。

她们说你灯光这么亮，走道这么宽，价格肯定贵，不用多看；还有人说，你们的柜台封闭，我们进去摸不到商品，没有体验。我们立刻决定推倒重来，重新规划设计，动作非常快。该堵的地方堵，该开仓的开仓，该触摸的触摸，顾客一下子就有体验感了。所以，这就是真正地了解顾客，聆听感受。之后我们又不停地优化，优化商品，优化服务。有了照相服务，不够，又加上体验式活动，如小孩子画画、玩沙子、搞字画比赛等。还不够，我们就又加上了文化元素，包括唱歌、跳舞、游玩、社交等，慢慢地孩子王的经营模式就形成了。

经营顾客的第二步：提供免费商品和服务，保存顾客数据

顾彬：这些是孩子王线下的活动。你们线上的活动是什么时候开始的？

汪建国：其实在这个过程中我们一直没有离开互联网的思维。有这种思维是受了马云的影响。我个人因为参加了云锋基金①，和马云的交流非常多。他认为我是做商业的，动不动就来考我，问我很多商业上的东西，所以我也希望他对我有帮助。孩子王开第一家店的时候我邀请了马云去店面做一些考察，他就问了很多问题，比如流量、客户黏性等，我回答都是吞吞吐吐的，因为我没有这些概念。

所以，我就迅速去学有关互联网的知识、互联网的思维。我发现互联网思维确实有很多好的东西，而最本质的就是客户及客户导向。但是像免费、流量这些概念如何在实体中运用呢？我认为流量就是客户到店的量。

然后我们就开始搜集客户的数据，一天来多少人，客流量多少，客人平均买多少东西，成交量多少。在这个过程中我更加意识到自己必须学互联网知识，用免费的东西吸引顾客。我们就开始开设准妈妈课程，又开设了新妈妈学院；然后设立顾客社区，不断地增加免费元素。这样一来，大家感觉到一般实体店不可能

---

① 2010年，马云、史玉柱、虞锋、沈国军、汪建国等企业家合作成立"云锋基金"，致力于互联网、消费品和新能源领域投资。

做这个事情，员工就觉得自己不是在卖商品，而是在关注顾客本人，比如她多大年龄、什么性格、语言表达、语速、表情，将每个顾客的形象都记在脑子里。现在如果你问我们的员工，孩子王是干什么的，没有一个人会说孩子王是卖母婴童产品的。那孩子王干什么？孩子王是经营顾客关系的。刚提出这个口号的时候，我觉得很庸俗，但一开始我们只能这么庸俗，这样员工才听得懂。我就跟员工说孩子王是经营顾客关系的，一切为了顾客，把顾客的关系搞好就行了，把关系搞好就是说好话，赞美顾客。所以，我们的员工都会赞美顾客，比如说你的衣服很漂亮，你长得很好看，等等。员工还送顾客小礼物，留个电话号码，递个名片，这就是搞好关系。我觉得员工还是比较接受的。但我认为还要慢慢迭代、升级。经营关系以后再经营什么？后来我们提出了经营顾客资产的口号，就是把顾客的数据、顾客的信息、顾客的档案当作资产来建立。

顾彬：这是一个互联网的概念。

汪建国：就是把顾客关系量化到经营层面。顾客一年在孩子王消费多少钱，每个顾客的频率是多少，毛利是多少，一算账就清楚了。如果一个顾客给我贡献 15 元钱，就太少了。第一毛利低，第二顾客买得少，第三成本高。怎么把资产增加？怎样扩大顾客量？怎样提高顾客的成交力？怎样才能提高转化力和客单价？我们开始用这些数据考核大家，取消了原来的考核办法，我不再考核今天的销售规模是多少。那考核什么？第一是会员数，所谓会员数是说半个月成交一次以上的顾客的数量，每个月至少有两次成交的才算我们的会员。第二是转换率，就是能够把一般顾客转化为会买东西的会员。第三是客单价，每个顾客消费多少钱。第四是销售额，向每个客户销售多少产品。我把这几个考核指标下发给我的管理团队，并且都必须完成。

陈晓萍：这样你就把顾客关系这个概念完全量化了。

汪建国：把顾客当资产经营，考核顾客资产，有多少个顾客就有多少顾客资产。每个顾客一年消费一千元，十个顾客就是一万元，一百个顾客就是十万元，我就用这个来衡量，考核员工的顾客资产。

经营顾客的第三步：建立强关系

汪建国：建立了顾客资产以后，我们觉得还是不够到位。经过进一步讨论，就提出了现在的说法：从经营顾客资产到发展强关系顾客。所谓强关系就是我要和顾客建立情感，要和顾客互动。我们店也在不断升级，每一代店的概念都定得很严格。一代店是商品＋服务；二代店是商品＋服务＋体验；三代店是商品＋服务＋体验＋文化，比如孩子王店里面每天上午、下午定时播放音乐，员工带着孩子们一起跳舞；四代店是商品＋服务＋体验＋文化＋社交，给小朋友们分班，如袋鼠班、考拉班，给小朋友们提供社交平台，妈妈会员的活动场所也要提供，就是在小孩去进行各种活动时，妈妈也有自己的活动俱乐部；五代店就是商品＋服务＋体验＋文化＋社交＋O2O。

顾彬：你把商店分成不同的代，就像 web 2.0，web 3.0，web 4.0，有意思。

汪建国：是的，迭代就是互联网思维。我的规划是要加入科技。这些年我和团队都在思考，他们思考的得更多的是当下问题、现实问题，我在考虑未来的问题。

强大的后台管理——组织变革、文化变革：从对职能负责到对顾客对流程负责

陈晓萍：孩子王从客户为中心理念出发，运用互联网思维，提供线上线下的活动，建立强关系，非常棒。下面我要问的是，刚才你只谈了在商店的层面表现出来的那些客户能感受到的东西，但是你要把这些东西全部落地的话，其实与公司后台整个管理体系是没办法分离的。这个体系包括公司的文化、招聘制度、培训制度、激励制度等。你们在员工的管理和激励上采取了哪些你觉得特别有效的措施，让员工能够充满激情地、孜孜不倦地去思考怎么样把客户关系做好？请举一些例子。

汪建国：在做这件事情的时候，首先在传统企业里要把互联网的基因拿过来是比较难的，因为基因肯定有遗传。但是我很清楚，我们必须改变，如果基因不能改变，我们就改变文化。我的个人理解是，文化就是一种氛围，渗透到每个员工的工作习惯中，就形成了文化。我当时希望从传统的产品导向的文化转向一切以顾客为中心的文化。就是说不管怎么样你都要为顾客去思考问题，把你工作的出发点、工作的落脚点都落到顾客这一点上，这是一个理念。其次是不管你在什么岗位，人力资源也好，财务也好，采购也好，最终你必须对结果负责、对顾客负责，而不是对职能

负责。这个文化当时非常难改变，比如人力资源部说管好人力资源就行了，招聘培训是本职工作，别的不管。财务部就说是管预算、管成本、管工资的，顾客满不满意跟财务部没关系，那是一线员工经营的事情。这种传统观念非常难改变。但是我们反复告诉大家这个道理，如果我们还是像以前那样按职能来做工作就无法生存，因为失去了顾客就失去了根本。

另外，除了文化理念的宣贯，还要变革组织。组织做变革要把基本的框架打破，把原来隔开各个职能的墙打破。怎么打破呢？我们的做法就是弱化职能，弱化中心的职位，同时强化为顾客服务的职能。我们把整个财务信息进行汇总，建立大后台、小前端，小前端就是面向顾客的小产品，我们当时提出金三角的概念，就是两三个人服务顾客，形成一个小三角。

陈晓萍：但有一个大后台。

汪建国：对，这是组织上的变革。另一个变革就是虚实结合，把组织作为一个研究制定政策的实体，但真正在运营过程中又是以虚拟组织为主，比如顾客的满意度、顾客销售效力，都以虚拟小组来测量。虚拟小组是一个整合各种资源的结果，比如我是这个虚拟小组的组长，我可能原来只是一个部长，但现在总经理都要听我的。这样一来让更多的人承担责任，原来那些部长、总经理的职能，现在员工也可以做。最终结果就是整个组织扁平化了，减少了很多层级。现在的虚拟职能是没有层级的。这样我们同时改变了组织文化，增加了效率和活力。我们把这种变革称为自主员工驱动力化，不再是老板驱动，而是员工驱动，这样自然而然积极性就调动起来了。

对顾客负责，对流程负责，不是对职能负责，就淡化了职能权威的重要性。经理要做的是专业支持，不是管理。人力资源不是管理，财务也不是管理，而是支持业务经营，这是一个颠覆性的管理改革。

陈晓萍：这个改革大概多长时间以后，才能深入人心？

汪建国：很不容易的，我在这里讲得轻松。其实老企业、老观念很难改变。我是用了自己的权威来改的，用各种方法身体力行，一定要领导自己带头，你如果还是当老总，还是用权威指挥别人，下面的人就不可能改。我让自己退出来，让销售组长发言。刚开始店领导还在等我开会研究孩子王，我觉得他们对我依赖太多，不能一直这样，就告诉孩子王的团队："今天我有事情要做，会议由徐总主持。从今天开始，如果我不来都可以由徐总主持，而且这个决定也是他提出来的。"让下面的人有点紧张感，因为有好多事情要员工自己拿主意了。

陈晓萍：你不在就好像没有主心骨了。

汪建国：但当时我铁了心。有一天晚上我说："今天肯定去不了，你们一定要做出决定，明天给我报告，我要结果，讨论过程我不管。"事实上，我是开着汽车在公司楼下转了五六次，他们不停地打电话请示，不停地问我怎么办。他们说："问题很大，汪总，你还是来一下吧或者说你给我们定一下吧。"我说："我实在有事儿，重要的事儿，不要再打电话给我了。"当时我就在公司楼下，我也知道他们可能会做出一个很错误的判断，我明明知道这是一个很大的事情，对我和公司都有影响，但还是忍住了，在楼下开着车就不上去。

陈晓萍：我记得当时王石刚刚从万科退下的时候也是很痛苦的，他想去参加会议，但又觉得不能去，很纠结。他后来想清楚了就决定出去爬山，眼不见心不烦，要不然实在忍不住。

汪建国：我就忍住了，所以这种变革事实上是最难的。

陈晓萍：关键是你这个领导自己能够完全把你要提倡的东西做到，这点很难。

汪建国：当然这也和我的年龄和工作经历相关，我已经到了这个阶段，有一定境界了。要放在以前，我肯定不干了，怎么可能给你们慢悠悠地搞，损失我这么多钱，几百万元呢。但是到了现在的境界就不同了。

中层管理者的使命是服务和支持一线员工

陈晓萍：以前有研究说最难推动的是中层干部，因为下面的人当家作主，就有工作激情，而上面的人制定愿景，也有激情，但是中间的人就难动。以前有个案例研究柯达的失败，原因之一就是上层想动，但是中层不动。你们公司有类似情况吗？

汪建国：类似的情况很多。但其实中层是很重要的，比如店长。但后来我分析下来，觉得一线员工最重要，所以我就让一线的员工指挥一线，让全部人指挥作战，把权力下放到一线去了。到一线是什么意思呢？比如做广告的权力，以前一线要搞活动就要报告上来给中层批、高层批，然后再实施广告。这个方法看上去好像很对，但事实上这样审批的过程等于让一线把这个广告做给领导看，并不符合实际。所以我决定废除审批制度，但是保留审查的权力。你的广告有效吗？没有效我处罚你，但是做广告的权利是你的。另一个原因是在互联网信息化时代，商业运营以消费者为主导，所以吸引消费者是最重要的，而一线的员工最了解消费者，他们在前台。那么中层怎么办呢？中层是中台，他们是帮助送子弹、送资源的，是服务一线的。

陈晓萍：这是对传统思维的巨大挑战。

汪建国：是啊，这样一来中层就不那么重要了，他们的主要责任在于帮助一线，员工有困难及时解决，不解决我就换人。一线员工最重要，我们考核也是直接考核到一线，根据获客量给予一定奖励。比如每获取一个会员顾客 5 元钱，用量化的方式奖励员工。这个顾客再来买东西，又有 5 元钱。如果该顾客开始不停地买东西了，一个月成交 300 元，毛利 30 元，那我再奖励 3 元钱。这种模式是一线员工做生意，中层干部做服务。

陈晓萍：那中层干部的收入、奖金等是跟他底下的人挂钩吗？

汪建国：中层干部的考核是跟整个绩效，而不是某个人挂钩。考核的机制比较复杂，根据需要调整权重。比如对某个中层干部我们重视带教下属，培养新人，那这方面的权重就比较高。但如果今年我对顾客的发展加了新要求，就把这部分的权重增高，根据当时的目标来定权重，非常灵活。

在核心文化价值体系下充分放权

陈晓萍：你们这套考核方法非常好，很周全。我觉得你善于把很多理论运用到实践中，而且用到极致，很有意思。因为现在网络时代信息易得，而一线的信息量最大，也最有价值，你就把权力下放到一线。放权这个理念是近年来在西方管理中最热门的，很多人口头上说放权，实际上没有真正落实，但是你把这个理念变成一个可以操作的系统。

汪建国： 放权的前提就是考核的体系要完善，如果没有数据，没有信息，敢放吗？我不怕放权，因为我对情况一目了然，知道毛利有多少，货肯定少不掉，钱肯定不能丢，我的数据监控系统、中控系统都很强。当时我在五星电器就建立了非常强的中控系统。此外，我的理念是，我们的任务不是去找那些犯错误的员工，而是建立系统让他们不犯错误。从这个角度来看，文化的宣导、价值观的培养就变得非常重要。

陈晓萍： 你们公司的核心价值观是什么？

汪建国： 很简单，我自己总结出来的。本来有四句，现在就两句：第一句是诚信务实。诚信人人讲，但是我把诚信的最基本要求定义为不说假话：在内部不能说假话，对外不能骗人，就这么简单。在公司内部弄虚作假的一律开除。对外坑害过别人、欺骗过顾客的也全部开除。所谓务实，就从不说虚话、不说空话开始，所以我们开会没有虚话，单刀直入。什么"尊敬的老师、尊敬的教授"，在我们公司内部都不讲，直截了当地说："我今天跟大家报告几件事情，汇报几个问题……"我不允许有客套话。

陈晓萍： 我觉得你的讲话就特别实在。而且公司里的每样东西都是自己实实在在做出来的，你非常了解细节，这不是一般的领导能够做到的。

汪建国： 我是非常严格的，没完成指标没问题，要说出原因，但是不准说客观原因，不能找借口。什么"下雨、放假、人员少"，是不准在会上讲的，谁讲谁走人，这是价值观的问题。

另外，我们还有一个焦点访谈节目。如果有一个人在某个问题上做得不好，就要站在整个会场上让别人采访你，跟你对话。

陈晓萍：除了诚信务实，第二句是什么？

汪建国：第二句是尊重个人。就是要鼓励每个人发挥自己的强项。具体来说，我们规定在讲到某一个人的时候，不准先讲他的缺点，无论这个人差到什么程度，必须先说这个人的优点是什么，然后再说他的缺点。我们认为发挥人的优势比弥补缺点容易。

陈晓萍：这样每个人都感觉很好，自己最优秀的地方都让他人看见了。所以这八个字是你们最基本的价值观。

汪建国：还有自主创新、追求卓越。但是最主要的还是前面两个。

顾彬：创新是从一线员工思维延伸过来的吗？

汪建国：我们非常强调创新，但并不是革命性的那种，只要你做得比以前好一点都是创新。我自己拿出来300万元作为创新的奖励资金，得奖的人都由我自己挑选，氛围非常好。我们认为智慧来自员工，不是来自高层。别让高层拿主意，应该让员工拿主意。我们公司内部有一句话，叫"目标刻在岩石上，方法写在沙滩上"。目标在岩石上刻了之后不能改变，但是方法可以多种多样，在沙滩上画好了可以擦掉重来。所以文化太重要了，似乎看不见摸不着，但又像一根指挥棒，时时刻刻影响着人的行为。

陈晓萍：在你看来，公司文化究竟是什么，又是怎样形成的呢？

汪建国：把价值观主张什么和反对什么都告诉员工，就定下

凝视未来

了一个文化的方向标。我强调诚信务实，就说明我这个人靠谱，员工也会认为跟着我靠谱，合作伙伴也会认为我做事靠谱。在建立公司文化上面，整个企业花了很多时间，比如开文化年会，举行各种文化活动。团队也能感觉到这种竞争。

陈晓萍：当你把一切都变成经营顾客能力的话，竞争就会很激烈。你在企业里怎么防止员工之间或团队之间的竞争？有没有出现这个问题？有问题的话，你们又是如何解决的？

汪建国：员工之间适度的竞争实际上是好的，因为竞争促进他们不断上进。但是竞争的导向是要鼓励那些不靠诋毁别人、打击别人、踩着别人而获得胜利的人，否则会伤害团队，不具备团队精神。通过伤害别人而获得胜利是不能被表扬的，甚至要批评他。对于那些自己成功了，也帮助别人成功的人要大力表扬，这个导向很重要。导向就是我们观察领导的一个很重要的判断标准。我们在表扬或批评的时候必须非常明确自己的导向，如果这个人得了第一名，但是在损害了其他人的利益、坑害了别人之后得到的第一名，就坚决不能表扬。

陈晓萍：就是不能光看数据，还要看他具体的行为和过程。

汪建国：这样多次之后，文化导向就自然而然地形成了。另外，我们考核不主张个人英雄主义，而是强调团队精神。但是我表扬的时候，就只表扬个人。打个比喻，用鞭子抽一辆马车的时候，是抽在马身上好还是马车身上好，这是一个很重要的问题。我抽在马身上的时候马知道痛，抽在马车上面马就感觉不到痛，感受不到责任，所以要直截了当。

每次考核我从来不讲单位，只讲个人。譬如某个卖场，我只讲总经理完成的情况怎么样，我不会讲这个店怎么样，为什么呢？因为我的鞭子抽在马车身上的时候，它是一个单位，好像下面的人觉得跟我们没有直接关系，但是既然你是店长就必须承担全部责任，所以我的排名表或者说表扬信都是用个人来衡量的。

发挥创新的标杆作用

顾彬：你们每个门店有不同的方法去解决类似的问题，这是创新。一般来说，你会希望把好的创新推广到整个公司，对吧？你怎么能够让这些底层的创新变成公司众所周知的事情呢？

汪建国：创新的目的不在于解决个人的问题，而是通过一个点上的创新起到一个示范作用，称为标杆或典范。如果某个门店在某一个点上做得最好，那这个门店就是典范。典范就要来跟大家现场说明。我们用典范这种概念来推广好的创新。

顾彬：所以你开会的时候把每个店的典范请来。

汪建国：比如小王对公司文化宣讲得最好，他就会成为宣讲文化的典范，他会去巡回演讲，教会别人。如果小李采购做得最棒，毛利润做到31点，那么关于采购就由小李去宣讲，他就是权威。

陈晓萍：这样做绝对调动积极性，让员工很有荣誉感。

汪建国：这是标杆，任何人都可以。最主要的是给他机会，大会小会都让他去讲，这个感觉不一样，而且领导也受到表扬。这样所有的东西都可以成为创新的标杆力量，而且复制得很快。

以人为本：在变化中持续创新

陈晓萍： 最后请用几句话总结一下你的管理哲学、管理风格、管理理念，尤其是针对那些想要创业、要做企业的读者。

汪建国： 事实上最根本的还是要回归到人。做企业，无论是做什么样的企业，无论企业处于什么阶段，要把握住的就是人。这个人就是你的员工、你的客户。从企业内部来看，就是选好人、用好人，同时要把人的激情、热情发挥出来，也要从人的需求的角度出发来满足他。这不是简单的利益，而是学习成长的机会，通俗地讲，还是以人为本，这是第一点。

其次就是形成好的企业文化。我个人认为好的文化就是能够适应互联网信息化时代的文化，这是未来企业成功的基因。好多企业说文化不能改变，原来怎么样就怎么样，我觉得不对。文化应该是要改变的，必须去适应新环境，文化要有这样的元素，这个元素的核心就是不断地变化，持续地创新。唯一不变的是变化本身，但是变化不是盲目的跟风，而是适应。我个人的经历也是如此，从机关到国有企业，从国有企业到民营企业，再到合资，再重复创新，整个都是颠覆性的变化。如果没有这些变化，我肯定还在政府里面。

另外，在这几十年中，我还有一点最深刻的认识，就是要简单。把复杂的事情简单化，聚焦简单，其实所有的事情就容易做成了。现在为什么很多企业做得不成功或者很失败，并不是条件不好，而是因为组织复杂，人际复杂，流程复杂，关系复杂。我在公司内部主张简单，能够电话解决的问题不允许开会，能够站着开会的问题不需要坐下来，能够坐下来开会的问题必须一个小时以内，不要两个小时，一切简单化，及时沟通，及时解决。

陈晓萍：这样做透明度非常高，而且信息不对称的可能性小。信息不对称一多，就会使事情变得复杂。

汪建国：这些东西反映一个企业的根本。如果一个企业出现这个事情需要等一等，那个事情无人承担责任，基本上就有问题。一个企业如果能够很敏感、很快速地解决问题，勇于承担责任，连销售员都敢说这个事情他来负责，他来跟老板请示一下帮顾客解决，那这个企业一定生机勃勃，这就是我们公司。

陈晓萍、顾彬：太好了，谢谢您的分享。

凝
视
未
来

数字化企业的本质：开放　透明　赋能　效率
——访谈五星控股集团董事长汪建国博士

　　早在 2015 年，我和汪建国先生有过一次深谈。那时他正集中精力创办孩子王，一家专业为准妈妈及 0 ～ 14 岁儿童提供全渠道一站式商品解决方案、育儿成长及社交互动服务的公司。他提出了与顾客构建"强关系"的设想，并探索用数字化的方式去实现。当时令我印象深刻的是他的朴实风格和他对孩子王未来的憧憬。在谈到门店的持续迭代时，他的眼睛闪闪发光；在提出用崭新的组织管理架构去落地"强关系"的理念时，他充满了激情。2021 年，我听到了孩子王儿童用品股份有限公司在深交所创业板上市的消息，心中十分佩服汪建国。没想到，2022 年 2 月，他旗下的另一家公司汇通达网络，一个专业服务中国农村零售行业企业客户的交易及服务平台，也在港交所成功上市了。我于是决定再与他做一次深入的交流，提炼他的成功经验，为正在构建或运营数字化企业的管理者提供借鉴。

　　陈晓萍：汪建国，很高兴又见到你了！我发现你在 2009 年卖掉五星电器之后，同时创办了三家企业：孩子王、汇通达、好享家。现在孩子王和汇通达都已经上市了，好享家也做得风生水起。但这三家公司的受众不同，行业不同，经营的产品和服务也很不一样。所以我想问一下，您是如何跨界转战，却能有条不紊地把每一个都做成行业中的独角兽的？

做一家创造企业的企业，需要遵循的底层逻辑：创造顾客、共享资源、赋能企业家

汪建国：首先，虽然这几个公司看上去不一样，但是它们的底层逻辑、底层思想是一样的，这主要有三个方面。第一是商业的本质，那就是创造顾客。孩子王、汇通达、好享家，它们都需要找到顾客，获取顾客，这点是一致的。第二是企业经营的本质，这点也是一致的。企业经营的本质就是要创造利润，要挣钱。第三，也是企业成功的核心要素，那就是人的激励和管理。不论做什么样的企业，你只要把人这个要素抓好了，那一切就都顺利了。

陈晓萍：我很赞同你的底层逻辑。特别是第一条，非常独到。大部分人都会说企业的底层逻辑是服务顾客的，因为顾客有需要，企业就通过服务满足他们的需要。你却说你们是创造顾客的，为什么？

汪建国：因为服务顾客是被动的，顾客需要什么，你就给他什么。可是在一个新产品出来之前，顾客很可能不知道他会需要那个东西。比如顾客想不到他会需要苹果手机，也想不到会需要电动汽车。所以我们提出要创造性地满足顾客，或者说创造顾客的需求、挖掘顾客的需求，引导消费、引导需求，这才是真正的

商业。不同的企业有不同的类型，不同的行业有不同的特点，但如果掌握了底层的东西，就会发现有很多地方是相通的。

此外，虽然三个公司是分开的，但有一些东西是可以复用或共用的。比如数字时代的很多技术，无论是 2B 还是 2C，都是可以复用的。再比如对员工的培训、员工能力的打造、干部的管理，这些方式和方法也可以复用，因为公司的经营在思想层面、文化层面、思维方式层面其实是非常相似的。

陈晓萍：也就是说，在商业和经营管理理念这个层面，您对不同公司的员工或者高管进行培训的内容和方法是相似的。

汪建国：对，特别是思维的方式，比如开放、创新、变革、拥抱变化，无论你做什么样的企业，这些理念都是一样的。比如 App 界面的内容，2C 的和 2B 的内容表面上不一样，但是 2C 的技术可以去帮助 2B 服务用户，汇通达的 App、孩子王的 App 就有类似性。每个小店自己做 App 很难，而我们把孩子王做 App 的方法运用到汇通达就很简单了，所以从这个意义上来说，有很多技术是可以复用的。

我认为我们这代企业家，已经没有时间亲自去创办一个又一个的企业了。所以，我当时创办企业的时候就把企业定义为"创造企业的企业，培养企业家的企业"。我做这个企业（五星控股）不是为了做一家企业，而是要去创造好多个企业。在 2009 年，我定的使命是"让更多的有志者成就梦想"，帮助年轻人成就梦想。从这个意义上来说，我的本意就是去中心化。我的目的不是自己去做一个企业，而是要能帮助更多人一起去创办企业。

陈晓萍：所以您是站在一个帮助别人去做企业的角度，在运营一个创造企业的企业。

汪建国：理想虽然美好，现实却并非如此。一开始我希望创办一个企业然后交给别人干，但事实上做不到。所以我只能自己去创办，然后找到一帮年轻人一起干，就像师傅带徒弟那样。接着大家变成了合伙人，我就慢慢退出了。我还在创业起点的时候，就有了这样的计划，开始寻找与培养帮手和合伙人。我们在不同的领域里创办了好多公司，除了刚才说的三个公司，还有其他公司，包括一些小微企业，比如阿格拉、橙易达。

假以时日，还会出现更多的企业。它们都会使用相似的底层思想，复用同样的技术，关键是要抓住人这个本质，要培养人，培养更多的企业家。从这个意义上来说，创办企业就不是那么复杂了。我们把这叫作分布式发展，打个比方，以前由一个火车头拖着很多节车厢，而分布式发展则是像动车一样，让每一节车厢独立，有自己的发动机。这样，火车头就不再起过多作用，因为动车的每节车厢都已经实现了动力自驱，也就是每个企业都有自己的发展，而我（火车头）只是对这些企业进行整体的布局。再打个比方，香港的楼宇的每栋楼都是独立的，就像每个企业都是独立的，但是楼宇之间有天桥和地下通道，楼与楼之间能够打通，企业之间也会有很多资源共享。在法律层面上每个企业都会有自己的独立部分，但是一些信息、资源、培训和文化是可以共享的。我们的很多价值观是一致的，但能够产生不同形态的楼宇。

陈晓萍：所以你带领一群人一起来做，让他们分头做自己的动车发动机，最终串联起来，就可以实现你想要做的事情。

汪建国：对，我的理想就是帮助更多的人，帮助更多的年轻人。

为他们提供一个企业平台、一个创业的舞台以后，他们的干劲就被激发出来了。而且大家同在一个企业，还可以相互借鉴、相互学习。当然，他们之间也相互竞争，同时也更加开放。比如，孩子王、汇通达和好享家的管理人员都在一个会议里开会，向我汇报工作。坐在旁边的好享家就能听到孩子王是怎么做的，汇通达是怎么进行组织变革的，又是如何进行考核变革的，如何为顾客创造价值的。于是就能受到彼此的项目所带来的潜移默化的影响。

陈晓萍：这么说来，不同公司彼此之间的整体关系还是非常和谐的，而且有互相学习、取长补短的精神。

汪建国：我们在开会时，会请每个企业的核心管理层来参加。会议室中间坐的是每个企业的汇报团队，而 CEO、CFO、COO、CTO 和中层干部都坐在后面旁听会议。这样一来，汇通达的中层干部能听到孩子王高层的讲话，孩子王的中层也能听到汇通达高层的分享，这种学习方式总的来说还是很有效的。

陈晓萍：你们的做法很特别，这需要有一种乐于分享和公开透明的文化才可能做到。因为有的公司部门之间都是彼此隐瞒的，你做你的，我做我的，可能还要互相斗一斗，更别提分享了。你们能塑造这样透明分享的公司文化，一定下了很大的功夫。

利用数字化平台：赋能顾客 提高效率

陈晓萍：最近汇通达刚刚上市，我想就这个公司本身问几个问题。汇通达作为交易和服务平台，致力于为中国的下沉市场提供优质商品和服务。中国下沉零售市场涵盖中国所有乡镇农村及城市郊县地区，以及非一线和二线城市的城区的零售市场。汇通达的使命是让农民生活得更美好，专注农村、服务农村、改变农村。但同时我也想，公司不是做慈善的，而在这个领域要赢利是非常难的。您自己曾经说过："做汇通达是选择了一条难而正确的道路。"我很想听听你讲这句话背后的故事和思考。

汪建国：简单说说汇通达的运营模式。汇通达聚焦于农村，我们目前选择了镇一级，由镇通向村，由每个村能通向大约500户农民。镇一级里卖家电、农机、农资、电动车的小店，有80%～90%都是夫妻店。我们选择这些小店，让它们使用我们的系统，称之为SaaS（服务即软件）。前台有App，中间有ERP，后台有CRM系统，它是一整套数字化、信息化的系统。以前这些小店有的是手工做账，有的用ERP系统，但它们都没有与顾客互动的App。我们就去说服这些小店的店主，说："如果你用这个系统，你当天卖的货，我当天给你送，这样你就可以减少库存。"然后我们在小店里安装一个触摸屏，有iPad，也有手机，就能帮助农民上网。如果农民不信任、不放心，小店老板可以指导，让他们看网上的商品，比如空调、洗衣机、冰箱。农民看到有很多选择，就愿意在店里买了。我们还保证，当天卖的货当天给店主送到小店里。为了做到这一点，我们在全国各地建了500个云仓（租赁仓库），云仓里的所有货品，小店都可以卖。所以，我们一方面给这些小店提供SaaS，另一方面也提供了供应链。

实际上我们是用数字化改造了这些小店，也赋能了这些小店，因为单个小店无法信息化，更谈不上数字化。小店想开发使用软件非常难，连接供应链更难，而厂家的品类很多，他们难以连接。但是他们连接上了我们，我们又可以连接很多厂家，就大大帮助了他们。所以我觉得我们做的这件事还是很有意义的。

陈晓萍：每家小店需要支付多少费用来连接这套系统呢？

汪建国：我们这个系统一开始是免费的。现在开始收费是因为小店已经有了增长，开始赚钱了。有的小店需要一年支付几千块钱，有的要支付一两万。我们是根据不同的体量、不同的经营情况来收费的。

陈晓萍：如此说来，你们在前期的投入是巨大的。

汪建国：要手把手地教他们连接、使用这些系统，他们又不大会上线使用。为什么说我们做的是难而正确的事呢？我自己生在苏州，长在农村，对农村很了解。我的第一份工作也是在农村，参加农村体制工作改革，所以对农村还是有情结的。这几年，我发现城乡之间、农民和城市人之间的生活差距越拉越大。比如城市里的人买手机时可以分期付款，但农民不可以。再比如城市的快递、外卖很发达，但是在农村哪里有快递呢？在农村买到的可口可乐和美的家电，也往往是山寨产品。总体来说，农民享受不到城市的商品和服务，这是一个越来越大的问题，短期内很难解决。

第二个问题就是城乡之间商品流通一直有"肠梗阻"。城市里好的东西进不了农村，农村里好的东西进不了城，城乡之间的商品和资源流通是不通畅的。国家想了很多办法，补贴了很多，也没解决这个问题。

第三，我认为中国经济的发展到了一个新的阶段。原来是三驾马车拉动经济增长，即出口、投资和内需。现在投资的效率很低，而由于疫情的影响，供应链断裂，出口的压力也会越来越大。所以，中国经济的下一轮发展主要靠内需。中国有7亿农民，农村的增长肯定高于城市，拉动内需的真正潜力在农村。但是因为我前面说的两个问题，这一点很难做好。从这个意义上来说，在农村做这件事具有一定的社会价值。

现在我做企业的认知和以前不一样了。以前认为企业挣到钱，就很了不起了。但是现在政府的政策导向很清楚，企业做大以后，必须给行业、给社会带来价值才行。所以汇通达做了正确的事。我们从满足农民的需求出发，从解决城乡之间的商品流通出发，从解决社会问题出发，做汇通达，因此汇通达做的是一件正确的事情。但是回过头来讲，这么正确的事情为什么没人干呢？为什么有人干了但没干好呢？这是因为这个活儿不好干，太辛苦了，这有几个原因。

第一是农村的分散性。农户分散在各个地方，你要把货送到他家，效率太低了。

第二是农村的复杂性。县和县之间、镇和镇之间，农民的消费特点是不一样的。就像我们的语言，比如江苏就有多种方言，南京人听不懂隔壁镇上人讲的话。语言分布的复杂情况导致消费习惯的情况也很复杂。比如一个东西在江苏卖得很火，到了江西可能就没人买了。

第三是农民消费特点的多样性。一个商品不可能打天下。

分散性、复杂性再加上多样性，构成了农村市场的难点。

我们通过镇一级的小店，帮助这些乡一级小店，他可以把所有的商品集聚了以后，送到这个村、那个村，然后送到农民家里。从这个意义上来说，我整合了社会资源来服务农民。虽然这些说起来很简单，其实做起来难度很大。

我们从2010年开始做这件事，派了2 000个地推团队在农村为这些小店提供手把手的服务。花了两年时间，才发展了2 000个店。为什么呢？刚开始，他们不愿意使用我们的系统，因为他们怕数据传到系统上后，可能会被税务局监察。我们只能慢慢开导，说："你试试看，连接了系统后生意是不是更好了？"后来他发现确实如此，这样才开始用我们的系统。然后隔壁的李老板、王老板过来一参观，说确实不错，我们的系统才慢慢地铺开来。总之，这个过程很艰难。

再说刚才提到的2 000个地推团队。我们一开始都聘用大学生，他们来自一流学校，也经过军事化培训，我们还给了他们很高的待遇和补贴。结果两年下来，他们都撤退了，一个人都没留下来。为什么？因为他们不习惯农村的生活。他们在农村语言不通，生活不习惯，孤军作战，工作动力不足。后来我们总结了问题，重新修订了招聘标准。第一，必须是农村出生的人；第二，已经回到农村工作了；第三，家就在附近的；第四，我们的工作比他现有的工作更好。按照这个标准招聘人才，现在我们的队伍就比较稳定了。

此外，我们跟其他互联网企业不一样，因为我们连接的小店就业在当地、税收在当地、产值在当地，我们既帮助了地方政府振兴乡村，又解决了当地的就业，还解决了小店的数字化问题。

而小店的数字化问题，政府无法帮助解决，其他互联网企业也不可能帮小店数字化。所以我们做了一个互联网不太擅长、线下很多企业想做却没有花功夫去做的事情。我们通过十年深耕做了这件很难的事。

陈晓萍：那你觉得汇通达现在面临的挑战有哪些？现在有不少互联网公司已经开始进入这个领域，对汇通达又形成了怎样的冲击？你觉得汇通达可以依靠什么来突破当前的竞争格局？

汪建国：其实除了赋能小店，汇通达还要干的一件事，就是重构新型的供应链，再造新型的渠道。原来商品到农村去，要经过四个环节，即所谓的"四级跳"：省一级批发、市一级批发、县一级批发、镇一级批发。这个过程中商品流通的效率不高。还有品牌组合。以前都是做单一品牌，因为大品牌厂家要求专业化，你只能专注做一个品牌。单一品牌代理商加上层层批发，这是非常传统的渠道或者说传统的批发，但这种形式效率太低。能不能减少这些环节，让厂家通过我们直接给镇上供应货物呢？我们就可以组合品牌，实现多品牌、多品类，并通过物流实现直接配送，大大提高效率。这是渠道重建的过程。做这件事相当有挑战性，因为你的做法与传统的渠道、传统的生产企业有冲突，你抢人家的生意了。

第二个挑战，我认为与未来有关。未来的模式应该是按照需求形成订单，反向地向工厂采购，建立用户供应链，即 C2F（customer to factory）。这将是另一个大的变革，这个挑战与人才有关。因为原来的人才是那些做终端的或者是做批发的人才，而现在开始反向定制，向上游进军，从业人员就必须了解工厂。

而工厂要像小米一样能够定制化生产，另外还要做研发，做出独家特有的产品。

陈晓萍：可以想象你们将遇到巨大的挑战，因为你们要做的是颠覆传统，创造新的供应链。

汪建国：刚才你问到竞争格局，我认为线上的互联网企业要做线下的事是很困难的，因为这是很不一样的事情。我对消费互联网的个人理解是做广度和流量，体量增加就比较快。产业互联网做深度，就比较慢，要有足够的耐心，一步一步地循序渐进。而我们已经深耕了十年，形成了一定的先发优势，前面的功课不会白做。别人也可以来做，之前我花十年才能站稳脚跟，别人也许只用花五年，但是只花一两年肯定是做不到的。目前来看，汇通达还没有明显的竞争对手。在局部地区和局部领域可能会有，但是我们目前不关注竞争的格局，因为市场太大了。

中国农村到 2025 年前后将有 20 万亿以上的市场。我们现在覆盖了不到一千亿，一千亿面对 20 万亿，可谓沧海一粟。竞争的小店有 470 万个，我们现在只开了近 17 万个小店，活跃的门店数近 7 万，对于中国 470 万家小店的总数，现在还谈不上竞争。如果有竞争，那也是自我的竞争，比如能不能快速应对农民消费者变化的需求。

陈晓萍：汇通达是帮助镇一级的夫妻店赋能，帮他们做数字化转型的改造。从数字化转型的角度，就汇通达来讲，它的哪些挑战可能是现在中国企业做数字化转型中也会碰到的？

汪建国：数字化转型得益于信息技术的飞速发展。这几年手机智能化了，5G 也出现了，技术有很大的进步。用户端基本上也彻底数字化了，就连农民用户都用智能手机了。所以无论做什么生意，如果不适应这样的变化肯定不行。但现在有些传统企业，认为把商品放到线上卖就叫数字化，放到线下卖就不是数字化，是非常错误的理解。基于这个理解，很多传统企业就去搞电商部，结果本来还可以活着的这个企业被拖死了，因为搞一个电商部代价很高，而放到线上卖的东西，消费互联网是将分散的最小存货单位卖给分散的用户，商品必须没有边界，用户也没有边界，而对传统企业来说根本无法做到。

　　我认为，对于传统企业来说，首先需要建立数字化的思想。数字化的思想是什么？就是由原来的卖货变成"经营用户"。以顾客为核心，通过微信、小程序等各种方法和顾客打交道。至于是在线上拿货还是线下拿货不重要，重要的是和顾客建立关系。传统企业要改变的是思维范式，变成以顾客为中心的思维范式。技术只是工具而已，没必要自己去研发，完全可以借助于别人的平台。

　　我们之所以投入了那么多人力、物力，是因为我们要求精准性。对于每一个顾客，家里有男孩还是女孩，什么时候来到店里，接触过什么商品，停留了多长时间，上次是什么时候来的，买了什么品牌，什么时候用完了，这些信息都要精准地推送给员工，以帮助员工与顾客交流。当然我们做得有点超前，普通企业用不着做这么多的投入。现在，针对农村的小店，我们做的数字化首先是通过这些小店跟用户之间的 App，实现网格化经营、社区化经营。一个镇有 5 000 户农民，把 5 000 户农民放到我们的平台上网格化，然后提供一个有效率的系统，聘用一个财务人员来核算，提供供应链，把复杂的事情简单化。所以不是为了数字化而

数字化，而是要把它作为为用户服务的工具，为企业提高效率的工具

　　我认为，数字化最重要的就是给顾客带来方便，方便交易、方便交往。此外要提高效益。如果数字化之后成本反而高了，那就失去了数字化的意义。所以数字化的过程是整合社会资源的过程。汇通达现在有 17 万个数字化的门店，摊平到 17 万个店，成本就能很低。如果一家小店甚至拥有一万家小店的企业自己来开发、运营这个系统的话，都是不划算的。

以顾客为中心，颠覆传统管理的理念和方法

　　陈晓萍：下面我想聊聊孩子王这家企业。我记得你当时描述以顾客为中心的同心圆管理模式，基本上颠覆了大部分中国企业关于管理的传统理念，门店迭代的概念更是如此。我看到现在孩子王已经进入了智慧门店的阶段，而且在全国已经有 500 家门店了。我想请你回顾一下为什么先把顾客、用户放在圆的中心再来设计组织的架构和员工的角色和职责呢？然后再讲讲落实同心圆管理模式的时候遇到的问题，怎么解决，以及管理理念的进化给公司成长带来的效果。

　　汪建国：首先，中国的商业有计划经济的色彩和工业革命的思想，特别是零售业。中国的零售商业是按商品区分的，比如百货店、日杂店、水果店、五金店。随着市场发展，商品供过于求，这种分类方法就极不合理。如果一个家庭要买几样东西的时候得去不同的商店，是很不方便的。而以顾客为中心的理念，实际上

对中国零售业是有挑战的。中国的零售业一方面按商品分类，另一方面靠资源驱动，比如说靠好的位置、好的物业、好的楼层。传统的百货业并不关注谁是顾客，东西被谁买。这种服务完全是站在商品的角度，即所谓的产品思维。它的分工是工业化的思想，也就是流水线作业，你负责采购，我负责运输，你负责出样，我负责运营，你负责出售，我负责卫生。即使现在按顾客来驱动，我们的组织架构也没有得到相应的调整。一个零售店，有负责采购的，负责运营的，负责人事的，负责财务的，把职能部门搞得非常庞大。在这种情况下，要解决一个顾客的问题，需要很多部门都来参与。

从经营的角度来说，不直接触达用户的职能都属于管理。我觉得现在的企业太注重管理了，是很大的弊端。这个要管，那个也要管，到最后谁来对用户负责呢？

有一个俄罗斯谚语，说的是三个人栽树，分工明确：一个人专门挖坑，一个人专门拿树苗，一个人专门填土。这种流水线作业效率很高。但是有一天拿树苗的人生病了，结果挖土的人说："我不会拿树苗，怎么放树苗是有讲究的，我如果放错了树苗，是担不起责任的。"填土的说："我不填土就拿不到工资，我要把土填上去。"现在企业内部也是这样。采购的只顾采购，认为别的事情与自己无关；运营的说是其他人的不对，卖不掉货物不是自己的责任，这就形成了大家都不负责任的氛围。企业本该以顾客为中心，顾客满意，企业才成功，而顾客不满意，内部管理折腾了半天都没用。

我创办孩子王的时候提出两个理念，第一是从经营商品转成经营用户。卖货的时代过去了，我们应当经营用户。经营用户，就要给用户分级分类；经营用户，就要和用户互动，跟用户建立关系；经营用户，就要去调研用户，要使用户对你产生信任。所有的努力都是为了服务用户，了解用户，建立关系，产生信任、信赖，这些都是核心点。 第二个理念是从满足需求到创造性地满足需求。不是满足顾客的需求，而是创造性地满足顾客的需求，引导顾客的需求。怎么落实到行动上呢？一个好的理念没有组织变革是落不了地的。所以当时我们的经营思想是弱化管理部门的职能，原来的老大是管人的HR和管钱的财务，而他们都不管顾客，生意好不好与他们没关系。这样可不行。所以我们当时把这些职能部门降为二级部门，把直接接触客户做生意的人放在一级部门。

陈晓萍：让二级部门为一级部门服务。

汪建国：谁为顾客服务谁是老大。同心圆管理模式实际上首先改变的是理念，其次改变的是形式。虽然人力资源部、行政部、财政中心等部门仍存在，但员工的思想改变了。我们同时还成立了很多跨职能部门团队，比如顾客研究室中，既有财务，也有IT工程师，也有其他职能部门的人。

陈晓萍：通过组织架构的变革，让顾客为中心的思想深入人心，所以后来才能这么快速发展出现在的500家门店。

打造优秀高管团队：信任、授权、补台、利益

陈晓萍：你曾经说企业的战略落地归根到底要通过创造文化和搭建团队来高效执行，我发现孩子王的企业文化就是经营顾客

关系，刚才你说了为核心理念开创了新颖的商业模式，带动整个行业的升级和创新，开创了中国家庭儿童的生活新方式。而汇通达它的文化基因是三创，就是创业、创新、创造。这两种不同的企业文化在两个公司中是如何分别创造出来的？又是如何巩固并传承下来的？

汪建国：其实我创办的所有企业，其基因都一样，就是核心的价值观是一致的。我们的核心价值观就是诚信、务实、尊重个人、成就伙伴、追求卓越。具体到每家企业，就呈现不同的形式。打个比方，每家公司都是水果，但孩子王是橙子，汇通达是苹果，好享家是香蕉。它们各自有自己的二级文化，有自己的愿景和使命。孩子王的使命是"让每个童年更美好"，汇通达是"让农民生活得更美好"，好享家是"让家更舒适、更健康"。但核心文化价值观是一样的。我们提出把文化理念末端化，要让员工知道，文化价值观不是只停留于口号，而是要在工作的每一个环节中体现出来的。同时文化也要升级，要传承就要升级，不能一成不变。我们最近强调了复盘文化和海洋文化。复盘文化强调要不停地复盘，因为经历了多年的发展，肯定存在很多的问题。复盘一次就像竹子多长出一节，渔网多打了一个结，公司就能获得成长。海洋文化则强调开放，整合社会资源，只有开放才能吸收外界能量。

陈晓萍：我想请你谈一谈搭建管理团队的心得。五星集团初创团队的平均工作年限已经超过了 20 年。我想问一下你在人才任用和培养方面是怎么做的？为什么别人能这么多年一直在你身边一起工作？你是怎么搭建和打造高管团队的？

汪建国：我讲了"五给"原则：给信任、给授权、给补台、给认可、给利益。信任和授权容易理解。补台的意思就是如果一个人做错了事，不要立刻去批评他的缺陷，而是要补台。因为这个时候抓着他的弱点不放的话，他就会失去信心，团队也看不起他。认可也很重要，当一个人做好了一件事的时候，你要当着很多人的面夸奖他，他不仅可能会感激你，还能增强他的信心。最后，待遇和利益是一定要给的。

说到班子搭建，一个企业不能只靠一个人来经营，如果你只选一个 CEO，然后把整个企业交给他，那风险就太大了。我的做法是搭建一个班子，找几个能力互补、性格互补，甚至是男女互补的人成立一个团队。这样我管的就是一个团队，不只是一个CEO。

做一个创造企业的企业：通过投资培养、赋能创业者

陈晓萍：我再问两个和企业投资相关的问题。你说过把五星电器卖掉之后，其实是想投资别人去做企业，结果当时找不到合适的人，所以干脆就自己来做了。但是现在的情况好像不一样了。你在 2017 年的时候参与成立星纳赫资本，并在投资领域频频做出尝试。想问一下，你是怎么考虑的？又倾向于选择怎样的投资赛道和品牌呢？

汪建国：我卖掉五星电器以后，一方面做产业孵化，另一方面也做了一些投资，主要是投基金，大概有 20 个基金。投基金的过程当中，也搜集了很多有关基金的信息。我认为基金太偏重于财务，而财务反映的大多为供需关系，难以对未来进行展望。

还有一点，以前我认为企业是靠资金来作为驱动力的。但后来我发现，其实对于创办企业，资金只是一部分基础，更多的是需要智慧和资源。先进的思想、先进的理念、先进的方法是创业者特别渴望的。然后要有资源，才能够做到跨界和超越。接着才是资本。真正好的企业家需要的是这三样东西，而只知道追求钱的企业不会成功。所以我认为产业资本比财务资本更能够帮到创业者。现在很多企业家愿意让我优先投资，因为他们看到，我这些年做企业，懂得企业跟资本融合的重要性。我的三家企业总共融了100多亿元的资金，有十几家基金投资给我们，像阿里、腾讯、高瓴等大机构基本上都投了，它们对我的影响挺大的。所以我想，既然我的目标是创造企业，那就做一个投资平台吧。

正好2017年江苏省政府有一个100亿元的母基金，希望由企业家来管理，他们选择了我，我就接手了。我想，既然做基金，就要做不一样的基金，创造出独特的投资模式。我当时学习了美国的丹纳赫资本的做法，不仅投资企业，还要给企业赋能，帮助企业成长。所以这家公司的回报比巴菲特的公司还要高，现金流也更好。它是控股型打法，不是一个简单的财务投资。

所以我就想，在中国还没有人做实业型的赋能式投资，那我能不能搞一个星纳赫呢？我给投资、给资源、给方法、给战略，还给咨询。我的赛道是以消费品和科技为主，根据地是消费品、大消费，也包含生产、流通及科技、媒体和通信（TMT）。这几年下来，我们的管理规模达到100多亿元人民币。在几年的时间里投资了很多好的项目，资本的回收期、回报率都不错。

陈晓萍： 我觉得被你们投资的这些企业家是很幸运的，因为你不仅给了资金，还给了很多额外的东西，把怎么做企业的知识传授分享给他们，给他们赋能。其实我发现你这个投资的方式跟你创建企业的理念是共通的，那就是培养创业者，培养这些初创者日后能够成为伟大的企业家。

世界上最便宜最快乐的公司开市客（Costco）的国际化成功秘诀

——访谈 Costco 执行副总裁、国际业务总裁吉姆·墨菲先生

开市客（Costco）总部位于美国华盛顿州西雅图附近的伊瑟阔，是全球第三大零售商。2020 年，其销售额达到 1 630 亿美元，市值 1 960 亿美元，纯利润 40 亿美元。Costco 在全球拥有273 000 名优秀员工。2019 年，Costco 在中国大陆市场开设了第一个卖场——上海闵行店。

图 13　吉姆·墨菲（左二）

20 多年前，我和家人刚刚搬到西雅图时，发现有很多同事和朋友都在 Costco 购物，要出示会员卡才能进 Costco 的店门，对此我十分不解。没想到，在过去的 10 多年中，我们不仅变成了它的忠实会员，而且几乎每周都要光顾卖场一次。更有意思的是，就是在美国国内旅行，不管是夏威夷还是阿拉斯加，也肯定要去 Costco，仿佛拜访老友一般。

回顾一下自己作为消费者的心路历程，我对 Costco 的态度转变是从几个方面开始的。首先是它给我带来的实际好处，主要表现在物品的优质和低价。算一笔经济账的话，就是每年给汽车加油所节省的费用，都足够抵销几倍会员费了，更别提在其他物品（包括优惠旅行套餐）上所享受到的好处。其次是它的营销哲学和理念。Costco 把顾客满意度放在第一位，千方百计为顾客省钱，不管从供应商那儿拿到多好的价格，它都把自己的溢价设在不超过 14%，让顾客得到最大的好处。这样的经营之道让我非常放心，我知道它不会盘剥我的利益。更重要的是它关爱员工的企业文化，不但付高工资、高福利，而且 85% 的管理者都是内部培养的，员工有充分的职业发展机会。正因如此，在 Costco 工作的员工总是充满了快乐和激情，这种情绪直接能够让顾客感受到，我也特别愿意去店里感受那种氛围。这也是 Costco 曾经在 2013 年登上《商业周刊》的封面，被称为是"世界上最便宜，最快乐的公司"（the cheapest and happiest company in the world）的原因。

因为对 Costco 的喜爱，我一直期待着哪天它也会到中国开店，让我在国内的亲朋好友们和我一样能享受到它的产品和服务。几年前得知 Costco 出现在阿里巴巴天猫平台上时，我感到了一丝欣慰；2019年它终于在上海的闵行区开了第一家卖场，我的期望算是实现了。这个走进中国市场的时间从1983年Costco在西雅图建立第一个卖场开始，整整相隔了36年！

　　到底是什么原因使Costco能这么沉得住气，不急不躁地等了36年才进入中国大陆市场呢？在此之前它早在日本、韩国、澳大利亚、新西兰、中国台湾、英国、法国、西班牙甚至冰岛总共开了115个卖场，更别提在加拿大和墨西哥的141家卖场了。Costco的国际化战略究竟是如何形成的？它又是通过什么具体操作以确保每个卖场都可以持续发展呢？带着这些问题，我对Costco的执行副总裁兼国际业务总裁吉姆·墨菲先生进行了访谈。

图14　Costco上海闵行店

　　陈晓萍：吉姆，你好！作为Costco的国际化掌门人，在过去的20多年中，你参与了每一个美洲（加拿大、墨西哥）以外的海外卖场的开张，积累了许多公司全球化的经验。我知道你们特别低调、务实，一般不接受采访，因此我很庆幸能够获得这次机会。今年早些时候，我请你到我的MBA课堂与同学们分享Costco的国际化经历，你曾提到1999年在日本开设第一个卖场时，用了好几年时间才赢利。我觉得在一个新的市场里，有这样的耐心等待扭亏为盈是很不容易的。你们当时是如何适应日本这个新消费群体和文化的？

吉姆·墨菲：我们虽然意识到日本是一个人均收入很高的国家，有很大的市场，但在早期没有提供能够达到市场需求水平的商品和服务。我们认识到，日本人想要的是美国品牌，而不只是美国商品的集合。因为Costco是以产品质量和美国国产商品出名的，具有其独特性，所以我们认为需要更好地利用这一点来吸引大家。

在这个过程中我们学到了很多，认识到在进入一个新市场时，前期的准备工作很重要。此外，让当地人适应我们的风格也需要一段时间，如大尺寸的包装。说实话，我们出售的商品在数量上并不适用于小家庭或小空间的住房，所以当地人在我们这里购物也需要发挥一定的创造性。在日本，你经常会看到三个女性推着一辆购物车，身边还带着三个打扮得漂漂亮亮的孩子，他们会一起购物，然后在停车处再摊分买到的东西。比如我们的麦芬蛋糕就是个很好的例子，一大盒有12个，她们每家分到4个。所以即便是在这种情况下，他们仍会主动思考怎么样从我们这里买东西。另外，一些小公司、照护中心、餐厅通常会大批量购物，一次性买大量的米、油等一切用于他们经营的必需品。像这些用户他们经常会购买大件商品，也就特别适合我们的经营模式。但要真正理解怎么在这里做生意，需要几年时间的试验、观察和反思。

陈晓萍：你说得很对，试验、观察、反思很重要。我在想，其实你刚才说的情况，反映的是日本人在了解 Costco 的经销模式后主动适应了 Costco 的模式，而不是 Costco 去迎合日本人的消费习惯，这是很有趣的现象。

吉姆·墨菲：是的，我们在决定进入某个海外市场时，会尽力寻找那些能够和我们的模式契合程度高的市场，然后在实施过程中，持续做出一些改变。尤其是针对生鲜食品的供应，例如，加入更多鱼类和寿司产品，因为这一类商品在日本更受欢迎。这样一来我们就慢慢总结出一套实用的操作方式。另外，在早期我们遇到的一个障碍是，日本普通商店的经销模式与我们极不相同，中间商有好几道，从商品产地到货架上要经过层层"盘剥"，而我们的模式是直接连接客户和产品供应商（就像今天的平台企业），因此我们遇到了中间商的抵制，不能直接从产地拿到货品。经过我们坚持不懈的努力，最终克服了这个障碍。

这些早期的学习和积累，使我们慢慢完善了评估新市场的指标体系，现在我们采用 20 多个相对普适的变量来定位目标市场，如市场规模、购买力等，然后再下沉到市场的其他条件，包括政治和法律系统、人力成本等所有和商业有关的因素。

Costco 的扩张模式：有机生长，水到渠成

陈晓萍：你曾经提到过一个"有机生长"的国际化扩张模式，这也是 Costco 非常独特的发展模式，因为很多跨国公司用合资、独资、连锁、入股等方式进入海外市场，而且用外派经理担任多个要职。相反，你们只外派三四个专家到每个新的卖场，其他工

作人员都是本地的。你们怎么确保这个本地化的团队能够遵从Costco 的核心价值观，包括在人力资源、选品、维护供应商关系等方面？

吉姆·墨菲：其实是外派三四个专家去每个新市场，而不是每个新卖场。比如在日本，我们总共只外派了三四个专家负责打开新市场，澳大利亚也只有四个外派经理。其他所有人，包括卖场经理，都来自当地。而有机生长的模式，最重要的工作就是组建当地团队。

这个做法在过去的很多年里都行之有效。另一个关键点就是我们的外派经理都非常优秀。无论他们是从美国、加拿大、英国，还是其他国家被外派去新市场，都对我们公司，尤其是我们的文化和经营模式有着深刻的了解。他们明确地知道自己要做什么，怎么做，这样在招聘当地员工时，才能在新市场共同塑造 Costco的文化。随着时间的推移，团队中的文化氛围不断充实。与此同时，我们积极学习当地文化。在和当地员工一起工作的过程中，我们也学到了一些经营方法，知道什么是有效的，并吸取一些建议。这些本地的新员工学习我们的公司文化，而我们则学习这个新市场的文化。互相学习对我们公司的发展来说是非常重要的。

我们选择"有机生长"的模式，是因为我们不急着扩张，我们想稳扎稳打，保证有足够的时间共同带动企业和文化成长。

陈晓萍：那你们是怎样选择出这三四个开拓新市场的专家的？他们是固定的几个人，还是在不同新市场用不同的人？你们的选人标准是什么？

吉姆·墨菲：我们会先确定一个目标国家的总外派经理，这个人通常来自公司的运营部门，受过良好的训练，对于在不同地点开展业务积累了丰富的成功经验。这个人的运营经验非常重要，懂一点市场，懂一点采购，懂一点人力资源，还要知道如何高标准地管理公司。高质量、高标准地落实 Costco 的运营模式对我们来说至关重要。

然后我们会选出某个商业部门负责人，比如采购，他一般来自公司的采购部门，可能是在北美、英国或其他国家工作的员工。这个人懂采购哲学，也就是质量优先，还要懂包装的要求、与供应商如何高效沟通、如何提高供应链效率等。这个人能够把采购哲学传达给整个新建团队。第三个人通常来自财务部门，他知道如何计算和运输商品，知道我们希望从差距报告中获得什么信息，还有其他所有跟财务有关的事情，包括当地的审计标准、合规标准。有时候我们还会派出另一个运营负责人协助国家经理或市场经理。这个人需要有丰富的运营卖场的经历，虽然在级别上达不到国家经理的水平，但他深耕于公司的经营工作，知道如何招聘和训练员工等。这三四位专家可能来自不同国家。

陈晓萍：一般来说，这些专家都在 Costco 工作了 10 年以上吗？

吉姆·墨菲：至少 10 年。我们公司有很多老员工，他们可以在 Costco 看到自己的职业发展路径。实际上外派的机会比在美国或者他们自己所在的国家更好。

陈晓萍：那么这三四位外派专家到了新市场，在当地招聘员工时会使用什么标准呢？

吉姆·墨菲：我们喜欢能够自我激励的人。我们认为如果一个人要激励其他人，首先要激励自己。所以我们喜欢开心、友善、外向的人。我们喜欢那些能跟别人友好相处的人，因为零售生意就是人的生意。当然，个人的经历和背景也很重要，但有很多东西都可以进入公司以后再学。前提是候选人心态积极，态度端正，而且具有自我驱动力。我们也看其教育背景和文化背景，比如在美国就读 MBA 中的外籍学生，如中国、韩国、日本籍学生，他们愿意进入我们公司工作，而且希望回到母国或亚洲市场工作。我们在这些人身上花费了很多时间，还在华盛顿大学招了不少优秀毕业生！他们都很友善，而且能够自我激励，对生活充满希望。所以我想这些是第一标准。以往的工作经验对于团队里招聘的第一个人很重要，因为这个人通常是最高级别的员工，无论是在运营部门还是采购部门。所以我们会看他的专业和工作背景，至少他需要一定的相关经验。

Costco 每天实践的使命：为会员持续不断地提供价廉物美的货品和服务

陈晓萍： 我记得你曾经说 Costco 赋予了不同地方的卖场充分的自主权。你们是如何确保这些卖场在运营上既有充分的自主权，又能始终贯彻 Costco 的核心价值观的？

吉姆·墨菲： 在回答这个问题之前，我先谈一谈我们的基本使命和原则，我们是如何运营公司的。我们的外派专家就位时，已经掌握了公司的使命和原则，以及日常运营模式。所以当我们开辟一个新市场时，他们的责任是要把这些内容教给当地员工，然后在日常运营中不断强化这些信息。

我们的使命很简单，就是为我们的会员持续不断地提供物美价廉的货品和贴心的服务。我们也做正式的入职培训，而且每过几年，我们会一起重新讨论运营策略和使命陈述，通过强调这些信息来传递我们的文化。虽然我们有一个正式的培训机制，但更重要的是在非正式层面上，如何把这些信念转化成行动，渗透进每天的工作中。尤其当出现道德冲突事件时，我们知道该如何处理，知道做事的底线在哪里。

现在说说自主权的问题。在给定的大框架下，我们会给地方团队充分的自由，包括招聘新员工、采购商品、做商业决策等。当然难点在于保持总部和地方控制权的平衡。我们希望任何市场的员工都拥有企业家精神，把公司的发展与个人荣誉和责任结合起来。如果所有事情都要由总部指挥，这个责任就太重了。但如果什么事情都交给地方决定，这就不是同一家公司了。所以如何保持好这个平衡可能就是我们的秘诀，也是我的主要任务之一。

陈晓萍： 再具体一点，从商品层面来看，你们的自有品牌柯克兰（Kirkland Signature）和当地商品的分布比例是怎么样的呢？

吉姆·墨菲： 这个问题让我从另一个角度分析。我们把商品分为进口商品和本地商品，全球范围内的平均情况是 65% 的本地商品加 35% 的进口商品。

我们希望提供给当地人喜欢的不同口味的食品和商品。与此同时，提供国际知名品牌或严选出来的私有品牌也可以增加我们会员的购物选择。你提到的柯克兰的商品，在海外市场占的比例远远小于美国市场，是因为有一些商品受到原料等限制无法进入海外市场。不是所有商品都可以简单地装上卡车就运到其他国家的。不同国家有不同的法规，尤其是在食品、维生素和保健品上。但 65% 的本地商品和 35% 的进口商品是一个合理的比例。

陈晓萍： 你曾提到你们每个月会召集来自全球各地的主管经理在伊瑟阔的 Costco 总部开会，这也是很非同寻常的做法。我认为这个会议能够让人们互相学习，交换来自不同卖场的工作方式、商品、成功或不成功的经验，这对于他们做决策都是很有帮助的。但这对于公司也是一笔巨大的开销。你们为什么会做这件事情？你们又是如何组织这些会议的？

吉姆·墨菲： 我知道对于全球企业来说组织这样的月度"预算会议"是很不寻常的，我们会互相交流经营经验，什么有效，什么无效。比如茅台酒在上海卖场销路极好，但后来我们发现茅台在洛杉矶和悉尼也卖得很好。还有就是西班牙的伊比利亚火腿、柯克兰品牌的韩国紫菜，在全球的 Costco 卖场都很受欢迎。这让我们的商品更丰富有趣，且有助于我们增加额外销售。

虽然举办这样的月度会议的好处很多，但如你刚才所言，真正这样做的公司还是很少的。我们认为，把所有人集合在一起还有另一个特别的好处，就是可以培养大家的主人翁意识、集体精神和竞争精神。因为我们不仅相互交流，还要求大家把自己市场的各项数据呈现在 CEO 面前，开支和收益数据、计划完成情况等都会一览无余地在所有人面前公开。这时大家都会产生一种责任感，谁都不想成为表现差的那个卖场。

所以，虽然这从成本上看是很昂贵的，但我们认为面对面的交流是不可替代的。在会上我们彼此相见，会随机进行很多非正式的谈话、聊天，从中生出友情和共同的文化。我们不仅在总部召开预算会议，还把它推广到每个国家。所以英国的公司每个月也会召开预算会议，澳大利亚的公司也会召开，这个模式在总部和地方公司都会推行。

陈晓萍： 这一点很重要，也是强化公司文化的一个举措。你们考虑过轮流在不同地方开吗？

吉姆·墨菲： 原则上这是个很好的主意。但在实操的过程中，因为我们的大部分资源都集中在伊瑟阔，比如法务部，还有总部的市场部、人力资源部，负责人都在这里，而且他们都会在会议上做报告。所以如果要把会议地点放到别的地方，成本就更高了。不过我们已经决定营销团队的月度会就这么安排，就是所有的国家层面的经理，大概 10～12 人，轮换地点开会。这样一来我们就可以亲自近距离观察各个市场了，而且也能激发更多灵感。

Costco 在中国：学好走路再跑步

陈晓萍： 我知道你们在决定是否开设新卖场的时候通常有 20 个判断标准，而迄今 Costco 也一直没有在德国开店。那么在对中国市场进行了 10 多年的评估后，你们最终是怎么做出在上海开设卖场的决策的？

吉姆·墨菲： 虽然我们很乐意进入德国市场，但情况比较复杂。它是继俄罗斯以外第二大欧洲国家，可支配收入很高，符合所有条件。但要进入德国市场，要先拿到食品和非食品的经营规划许可。同时，德国市场的竞争很激烈，尤其是在食品方面。他们本国就有运营精良的大型超市，还有一些小型折扣超市，依靠有限的最小存货单位也做出了很好的成绩，价格很有竞争力，而且推出了高质量的自营品牌。

至于上海，我们拿到中国的营业执照其实已经有好多年了，只是决定先开发其他的市场。不过，我们对中国零售业密切关注了 20 年，发现有很多外国公司充满希望地进场，但大部分已经退场。比如家乐福被苏宁收购，德国的麦德龙也被收购了，还有乐购，名单很长很长。我们是一家很谨慎的公司，当我们进入一个市场时会深思熟虑，反复比较。

对于中国这个大市场，我们决定先聚焦在我们认为会成功的区域。中国地域辽阔，我们在北京、广州、深圳都花了很多时间做评估，最后选定上海作为首次进入中国市场的最佳地点。我们想要先在一个国家中的一个区域扎根，所以选择了上海地区，上海闵行区、浦东区和江苏苏州是我们首先选择的三个地点。把先开设的几个卖场集合在同一个地区更易于管理。在发展阶段，我们的策略是集中选址，便于各个地方之间相互学习，共同培训新员工。当然我们对北京、深圳和广州等其他主要市场也很感兴趣，但如果一开始我们就把卖场分散到全国各个地方，那会很难管理，而且物流也是个问题。我们想先在上海地区建立集群以便商品配送。

陈晓萍：我在上海的同事跟我分享了三个有关 Costco 在中国的问题，第一个问题是大包装的形式可能不适用于中国的小家庭，大多数家庭里只有一个孩子。第二个问题是 Costco 的商品大部分是标准化产品，没有太多新产品。第三个问题是他们不能在网上购买 Costco 的商品，而山姆会员店采用线上与线下结合的模式，消费者可以在网上买到任何东西，这更符合中国消费者现在的消费习惯，因为所有人都在网上购物。你们是否考虑过调整一些经营模式来迎合当地消费者的需求？

吉姆·墨菲： 是的，但我们更倾向于在学跑步之前先学好走路。我们希望能在多个地方开店，升级我们的采购团队。你说得很对，我们需要更多特别的商品，但问题在于如何让这些商品进入中国市场，因为在进口商品时会碰到原料、包装、商标等问题。我们一直强调自己经营模式的独特性，尤其是一些大受欢迎的美国食品。为了保证独特性，我们做了很多工作，像你之前提到的自有品牌柯克兰的接受度很广，我们可以通过这个品牌把很多产品带进来。但也会受到一些限制，如我之前提到的维生素和保健品之类的。这个问题很复杂，需要花费一些时间，但最终我们会解决的。

开拓新市场是一个学习的过程。我们的大包装实际上接受度很高，像 12 个装的牛角包基本上是供不应求。大包装的饼干和牛肉也很受欢迎。我们的牛肉来自美国，都是经过美国农业部有机认证的。我们也出售高质量的澳大利亚商品，都是大包装形式。所以大包装不是问题。我们刚刚推出了 24 个装的奇异果，比美国超市分量还要大。不管是华盛顿的车厘子还是其他商品，都采用大包装的形式，目前看来都卖得很好。其中一个原因是我们选择了正确的市场，所以商品的接受度很高。

另一个问题有关电子商务，在这方面中国已经远超美国。我们在中国也推出了电子会员卡，还有相关的 App 支持手机付款。我们一共有三种移动支付方式，微信、支付宝和易付宝。但我们的物流系统无法支持电商业务。我们的采购团队是全新的，他们还在学习如何为线下商店采购商品。当我们开发出更多卖场，建立更完善的物流机制和采购团队之后，自然会开启电商业务。这是一个大趋势，只是需要一些时间来实现。其实有些人可能喜欢到卖场购物，喜欢来这里感受这个宽阔漂亮的地方，我们采用平层设计让消费者不用跑上跑下。

你提到的山姆会员店采用了沃尔玛的电商模式，最开始他们是自己做，后来就转到了京东的平台上。我想这对沃尔玛和京东来说都是好事。但你要知道，山姆进入中国市场已经有 25 年了，而 Costco 只有一年。最终我们一定会开启电商业务的。

陈晓萍：另一个问题是，你是否鼓励地方的创新？你如何吸引新会员，留住老会员？对于 Costco，会员是很重要的一环。

吉姆·墨菲：我们的利润很大一部分来自会员费。我们认为最好的吸引新会员和维护老会员的做法，就是尽可能高水平地执行我们的运营模式，像保证清洁、卫生、服务质量、维护设施。其实要达到最高水平不难，难的是如何维持。我们的成功秘诀就是保证以最高水平运营，这也是为什么留住员工很重要，因为他们已经具备了保证高质量运营的技巧。这一点也适用于采购部门，保证用最优的价格提供最好的商品，并尽可能地提高物流系统的效率，以降低成本。人们来这里购物不是因为他们喜欢我们这家公司，而是因为我们提供价廉物美的商品，这是我们运营模式的价值所在。但如果没有一个整洁美观的环境也不行，消费者口口相传是我们最理想的营销策略，消费者的肯定和信任比任何广告和营销手段都有效。尤其是在中国，人们对家人、朋友的信任远超媒体和广告。

Costco 的成功：秘诀简单，复制很难

陈晓萍： 最后，你能不能总结一下 Costco 在全球范围内成功的秘诀，以及你会给国际化企业的经理人一些什么建议。

吉姆·墨菲： 对于我们在美国国内和其他市场的业务，我认为重点是运营模式，它本身对传达我们的价值观就起到独特的作用。物美价廉的商品是我们的立身之本，缺了任何一样都无法发挥作用。所以，我们的运营模式在设置上简单明了，价值取向很明确，即使只有一家卖场，我们也可以通过它来传达我们的价值观。当然，会员费能够帮我们持续弥补低价带来的成本问题，但我们还有很多降低成本的策略。

同样重要的是公司文化，首先为会员提供贴心的服务，关注他们的兴趣点。会员来我们这里购物，理应得到物美价廉的商品和高标准的服务。所以关注消费者的购物体验，保证给他们留下个好印象，最终才能保证他们愿意缴纳会员费。其次，我们也保证员工的满意度，让他们学会如何完成工作，并愿意和我们一起继续他们的职业生涯，愿意和公司一起成长，甚至带动家里人来这里工作。还有一个，就是关注供应商的需求，和他们建立长期联系，而不是一次性的交易，而且每次都要按时付款。

由此可见，Costco 企业运营的基本原则就是和我们的员工、会员和供应商坚定地站在一起。这些运营原则构成了我们公司文化的基础，帮助我们走向成功。"有机生长"是一个有效的决策，这是使我们在新市场也能保证公司文化不走样的重要举措。

陈晓萍： 这几点听起来好像挺简单的。如果只要按照上述几

项简单原则就能获得和 Costco 一样的成功，那么为什么没有模仿 Costco 的公司呢？

吉姆·墨菲：这是个很好的问题。回看我们的发展史，我们最早在圣地亚哥开过一个卖场，当时的名字叫"Price Club"，是 Costco 的前身。当时以欧洲的现款现取模式为基础，在卖场里设置取款机吸引顾客。他们的商品售价很低，因为杂项开支少；如果能够收取会员费，杂项开支还能进一步压低。所以这本身是个很好的概念，但不是所有人都愿意采用这种低利润的经营模式。因为这种模式需要设定很多运营规则，尽力控制成本，才能为会员提供更低的商品价格。但愿意这么做的零售商并不多。大多数零售商看到一件商品，首先想到的就是"我从中能获得多少利润？"，而我们想的是"我能把价格降到多低？"。我们的商业逻辑是不同的。

陈晓萍：这才是问题的核心，商业逻辑的巨大差别。

吉姆·墨菲：从 1983 年开设第一家 Costco 到 20 世纪 80 年代中期，曾经有很多竞争对手出现，仅在美国就有 8 家，但它们都没有找到正确的发展路径。坚持到现在的还有山姆会员店和 BJ's。BJ's 起初布局在东海岸和中西部地区。它跟 Costco 有所不同，但都收取会员费，而且也都很成功。山姆会员店已经进入了墨西哥和中国市场，在巴西也有一些店。进入中国后，我们看到了阿里巴巴旗下的盒马鲜生，还有收购了麦德龙的物美，似乎都想采用这种模式。麦德龙跟 Costco 也有差别，不是会员制，但配有取款机，主要为小公司服务，与我们很相似。麦德龙也走出了德国，开启全球化阶段。我们在韩国也有竞争对手 Emart，它们开发了一个概念，叫"交易者"，这是一个不收取会员费的卖场，但同样使用大包装的形式。它们实际上也是在模仿，但并不完全一样。

陈晓萍：你认为是执行力的问题吗？

吉姆·墨菲：对我们来说，这主要和公司文化，就是善待员工、会员、供应商有关。这个道理不像造火箭那么深奥，但仍然有很多人没有明白。仔细想来，我们的概念虽然简单，但实际上是花了很多力气才让它变得简单的。因为在我们的发展过程中，规则和措施也是不断增加的。但一定要想办法令重要的东西保持简单明了，坚持最核心的一小部分原则才行。

陈晓萍：你在这一行干了 35 年多，可以给其他国际化经理人提一些建议吗？

吉姆·墨菲：我的建议是公平待人，彬彬有礼，富有同理心。有时候成功人士会有意无意地流露出自大和傲慢，这很危险，至少长期来看是这样的。这是原则问题。至于如何管理公司，显然我更喜欢有机生长的模式，始终保持清晰的认知，在中心化和去中心化管理中找到平衡，因为我认为建立本地化团队和培养企业家精神同样重要。

陈晓萍：非常感谢你的分享。我觉得你本人就是 Costco 价值观的化身，真实质朴、谦虚幽默、言出必行。

互联网经济的迭代：从提高消费效率到提升产业效率

——访谈京东集团首席战略官廖建文博士

在 2020 年京东全球科技探索者大会上，廖建文博士做了一个激动人心的演讲，从历史的角度、未来的角度和京东目前的状态来分析未来的商业态势。特别令我震撼的是京东在过去 17 年里取得的巨大成就。不仅给数亿老百姓的生活带来了方便，而且还带动了周边和生态链上下游企业超过 1 500 万人就业，为中国经济的增长做出了巨大的贡献。

而京东能如此迅速发展的背后则是公司对时代和行业的把握，能够走在它们变化之前，进行公司文化和战略的调整和升级，这要求相当多的思考力、认知力和执行力，也是我特别感兴趣的地方——表象后面的实质内容。非常有幸的是，我的老朋友廖建文是京东的首席战略官，因此我对他进行了访谈。

图 15　廖建文

陈晓萍：建文，你好！我记得你说过："互联网的上半场构建了下一个时代的基础设施，意味着所有的行业都会走到一个拐点，也就是突然间面临了非连续性变化。而当行业发生非连续性变化的时候，用旧地图是找不到新大陆的。"我觉得这句话非常精彩，你能否从这个角度来解读一下京东健康成功上市的原因？是不是你们使用了新地图？是什么样的新地图？

廖建文：在讲京东健康之前，我先把京东放回到大的行业格局里面来讲，而不是只看京东本身。我们说互联网的上半场提高了交易效率，实现了供需的高效匹配，让消费者能够更好地找到满意的产品和服务，它关注的是价值链的尾端，就是如何匹配客户的需求。在这个意义上，互联网的上半场针对的是流量驱动的交易效率的提升。走到下半场，会发生很多变化，因为交易效率提升会达到一个饱和度，会走到极限，现在基本已经达到了这个状态。

同时，我们会发现今天很多技术推动行业变革的时候，会慢慢从交易端走到产业端。不管是人工智能（AI）、万物互联（IoT），还是区块链、3D打印，所有的技术变革都在慢慢从交易端走向价值链的上游，即供给侧或产业侧。从行业未来发展空间来看，或者从数字化转型来看，这就意味着我们整个行业的战略重点都需要慢慢从以交易效率为中心的消费互联网阶段，转移到以产业效率价值提升为核心的产业互联网阶段。

回到零售来看京东，大家会发现一个很有趣的现象，就是京东在上半场时，就跟其他电商的模式不一样。因为我们做的是中心化的开放式货架，中间有一个庞大的电商，电商背后有一个供应链，是一体化的模式。而走到下半场时大家会发现，中心化已经开始瓦解，行业碎片化的现象变得明显了，所谓的"去中心化"就是这个意思。内容电商、社交电商，还有直播等，都是碎片化的典型场景。此外，今天的品牌也在碎片化，多年前宝洁一款洗发水可以占领很大部分的市场份额，现在不可能了。所以我们看见，品牌在碎片化，消费在碎片化，交易场景在碎片化。如果原来的中心化商业模式是聚集（aggregation），即人、货、场的聚集，那么这种模式将持续面临碎片化场景的挑战。

我为什么说京东与其他电商不同呢？因为我们其实在上半场的时候，就开始做产业互联网的事情了。我们在2007年就开始打造物流体系来保证产业的效率，到了互联网的下半场，我们必须对供应链进行升级。也就是说，从上半场到下半场，京东不变的是供应链的逻辑。

再回到碎片化。碎片化之后，我们就面临一个矛盾，就是用中心化的模式没有办法去非常灵敏地应对碎片化的场景。反之，碎片化场景也很难构建一个重资产、具有网络效应的零售基础设施。

过去几年我们慢慢想清楚了一个逻辑，那就是京东必须从一体化模式走向一体化的开放模式，这是一个很有趣的话题。从理论上讲，当把价值链耦合起来，你就能保证成本、效率、体验，因为价值链的每个环节都可控。但是当外部环境快速变化时，需要价值链上的每个环节都要快速做出相应的调节，这种强耦合的模式就不够敏捷。所以有效的方法就是把价值链的每个环节都切开，变成一个个开放平台，敏捷响应，快速组合，这样可以连接和服务更多元化的场景。

陈晓萍： 把每个环节都打开，变成开放平台，那样就可以化被动为主动，把那些小船都连起来，连到大平台上。

廖建文： 所以这个时候，京东零售就变成开放平台上的一个大客户（key account，KA）。比如物流可以服务于京东零售，也可以为其他企业服务，京东零售只是其中一个客户。这样物流就从过去的企业物流变成了物流企业。短短几年物流的外单收入已经超过50%。这个逻辑叫作零售即服务（Retail as a Service，RaaS）。从2017年到现在，我们制定了这个零售即服务的战略：零售即服务＝零售＋零售基础设施。我仍然有京东零售，也就是有零售的部分，但更重要的是我有零售基础设施，这部分将成为开放的平台，服务于全社会更多的场景。

陈晓萍： 零售即服务，我记得原来有一个词是叫软件即服务（Software as a Service，SaaS）。

廖建文： 那是云的概念，云就是开放平台。我们就是借用云的开放概念提出 RaaS 的，因为我们需要变得更加开放。我们是零售，但它是被多个零售基础设施所赋能的。回到你刚才讲的京东健康，和物流变成独立公司的道理相似，它变成了一个基础设施。我们要使京东商城内部的很多业态都变得开放。

京东健康的逻辑：开放内部业态

廖建文：京东健康是一个相当有意思的案例。我们一直在思考一个问题，零售的意思是购买商品，但其实购买商品之后，更重要的是还有服务的消费。比如我们卖冰箱，也可以跟进提供冰箱的安装、维修等服务。同理，未来人类的健康服务需求是很大的。

京东健康板块里面有两块基于药品的服务。一个是京东大药房，另一个是药京采。京东大药房是 2C 药品零售服务，包括线上、线下药房到家服务。药京采是 2B 服务，相当于把药的线下门店想象成便利店一样，它需要很多的供应链服务，需要采购服务，因此我们通过药京采，给这些小门店提供药的采购服务。所以我们这里已经有 2C、2B 的两个平台了。现在我们从这个交易端开始走到上游，把医生也请到平台上来，因为有医生提供线上诊断，就能形成一个完整的商品 + 服务闭环。

从医生再往上走一点，就可以变成整个医疗解决方案，比如慢性病管理等，这样就走到健康管家的层面了。因此，我们要跟很多医院合作，和医生合作。到未来，我们可以想象，当有医疗机器人的时候，甚至可以通过机器人来为用户提供很多服务。所以从流通走到诊断，再走到解决方案，这样就形成了未来京东健康的整体概念。

陈晓萍：这样等于建立了一个为大众提供完整健康服务的独立的小生态系统。

廖建文：为什么我们把它剥离出来？因为它不仅仅是零售，更是一个解决方案。并且这个解决方案还是一个共同的基础设施，从流量生态到物流服务。这个思路和我们今天讲的战略迭代是有关系的，我们从商品交易走到服务，最终走到技术服务，就是这么一个逻辑。

除了京东健康，我们还有其他类似的动作，比如京东工业品的维护、维修、运行（Maintenance、Repair & Operations，MRO）业务。当时在我们的零售内部，MRO 业务发展不错，同时我们投资了外面的一个 MRO 业务，叫工品汇。之后我们就把京东的 MRO 业务和工品汇合并，形成了一个独立的京东工业品，目前该业务发展非常健康。还有二手业务，比如拍拍，我们也把它分出来，并给了爱回收，然后就变成了最大的一个手机回收平台之一，这也是另外一个"独角兽"，2020 年爱回收改名为万物新生（于 2021 年 6 月 18 日在美国上市）。

当然像物流未来的上市是基础设施裂变的一种形式。京东健康、京东工业品、爱回收也代表了京东零售本身的这种裂变，是另一种形式。再回到你的问题，为什么行业走到一个拐点，为什么到下半场我们必须开放，原因就是如此。

陈晓萍：你结合时代行业的大背景和京东的愿景来回答我的这个问题，非常棒！如此看来，京东裂变的潜力无穷。你现在只是拎了几个出来，把它们独立，然后创建它们自己的生态系统，接着把它们运作上市。在京东商城有那么多品类的消费品，是不是都可能有潜力这样做呢？

廖建文：不是的。我们是非常谨慎的，京东有消费品，有服饰家居，有 3C 家电，但这个分类绝对不应该是一个品类逻辑。首先应该是一个商业模式的问题，商业模式变得完全不一样，我们不能再用中心化的逻辑来运营。比如我们在讲健康的时候，健康不是一个交易，而是一种服务，这是完全不同的商业模式。再如后面的基础设施，工业品是 2B 的，肯定是不同的商业模式。所以商业模式是分类的第一个前提条件。

第二个条件很有意思，有时候我们要分离，恰恰是因为我们在这个板块的核心能力没那么强。这时候把它拿出来，然后与强者合并，把它们的能力变成我们的能力，像工业品、爱回收，都是这个思路。

第三个条件就是定位中性（neutrality）。你变成独立的开放平台之后，就要为所有客户服务。假如你在企业内部，你只服务一个客户，比如京东物流、京东零售原本就只服务京东。但是你把物流分离出来之后，物流就要服务很多其他客户。你服务其他客户的时候，得保证你的平台是公平的、中立的，是一个独立的公司，为所有人服务，不是光为京东服务，这样才有更好的发展。

京东文化价值观和战略的升级是相辅相成的

陈晓萍：我注意到，这些年京东的文化价值观和企业战略一直在不断更新和升级。刚才你把企业战略这一块的变化讲得很透彻，现在我想问的是，公司的文化价值观与其战略和业务的演变之间，在京东大概经历了怎样的转变过程？是先有核心文化价值观再有战略，还是倒过来？还是两者之间互相影响？我想请你梳理一下。

廖建文：京东是一个有非常强的价值观导向的公司，这跟创始人有很大关系。从价值观来看，我们确实已经迭代了几个版本。比如 2013 年京东的核心价值观是客户为先、诚信、团队、创新、积极、激情。到 2017 年开始启动零售服务战略的时候，整个京东的价值观变成了正道成功、客户为先。

陈晓萍：我记得在 2017 年采访刘强东时，他和我说的就是正道成功、客户为先。

廖建文：2019 年我们的最新版本是六个方面，客户为先、诚信、协作、感恩、拼搏、担当。为什么会有这种改变？

首先讲共同点，不管是哪个版本，客户为先是不变的，这是京东整个价值观里最重要的。不管是 2C 也好，2B 也好，老刘（刘强东）一直强调如何为客户创造长期价值，这是最根本的。我在京东内部经常讲一句话，就是最高的行业壁垒是"持续地为用户创造长期价值"。京东做的所有事情，最终判断的原点性问题，就是为了实现这个愿景。

我讲几个案例，比如当初为什么我们会做物流，其实看起来是很奇怪的。2007 年，老刘拿到第一笔钱去做物流，京东那时候还寂寂无名，而其他公司，如当当、新蛋、亚马逊，都已经如日中天。但老刘决定，融到第一笔钱去搞物流，为什么？这其中有几个方面的考量。第一，从行业来讲，在 2007 年，整个中国的物流成本、履约成本占了整个社会零售的 18.5%。也就是说，100 元价值的东西，其中 18.5 元是履约成本，而欧美平均在 8% ~ 9%。两者之间的差异高达 10 个百分点，把它放到整个中国社会的零售中，就是 40 万亿元，甚至 50 万亿元的成本，是极大的浪费。之所以浪费，是因为商品物流配送不合理，一个货要搬七次才能到达客户手中。我们能不能只搬两次甚至搬一次？或从工厂直接运到我们的仓库？不需要通过 1P、2P、3P，就能减少搬运次数。第二，别人家库存周转是 90 天，如果我能 30 天周转，那也就节省了配送的时间。

就这么一个朴素的想法，老刘看到了这个行业的巨大价值空间。如果我能够把这个价值创造出来，我就有价值了，而且这个价值是长期的。今天我们到什么水平了？今天我们的履约成本差不多是 15.2%，从 2007 年到现在，十几年之间，从 18.5% 降到 15.2%，但还有很大的进步空间。我们在用新的技术创新把这个效率前沿阵地（efficiency frontier）往外推。所以我们在讲客户为先时，不管是 2C 还是 2B，核心问题永远是如何持续提升客户的体验，这个体验包括对我们的价格、我们的服务、我们的质量的整体体验。这是客户第一。

第二个共同点是正直，这是京东一直非常坚守的。不管是正道成功还是诚信，意思是一样的。正直这一点在今天中国的商业环境里，能够一直坚守是非常不容易的。老刘最早在中关村的时候，他用最朴素的语言讲，就是"正品行货"，这不仅表现在商品的选择上，也包括怎么去和供应商合作。其实在京东内部，很多代理品牌的供应商告诉我们，他们卖衣服所有的利润都来自京东平台，因为在其他平台赚不到钱，只有在京东这个平台能赚钱。这是因为京东有一个规则，就是自己的净利润不能超过一个水平，超过的部分必须分享给供应商。这是一个平台的责任，我觉得是和诚信密切相关的。

第三个共同点就是拼搏精神。京东强调拼搏精神，强调执行力。要做成一件事情，只需要一个理由；而做不成一件事情，可以有无数个理由。我们的核心价值观增加的一条是协作，这在过去没有强调。为什么今天我们会特别强调协作精神？是因为今天的京东体系变得非常庞大，同时我们不断在做分拆，我们有不同的商业板块、商业单位（BG、BU），有零售、数科、物流、产发、保险、健康等，突然间整个集团的协同作战就变得极其重要了。如何让大家有大局观，站在公司的层面去思考问题？另外整个集团变得庞大之后，它的协同成本越来越高。因此，对于协作的要求是与我们的一体化开放战略紧密相关的。我们必须通过文化来强调跨 BG、BU 的协作。而这种协作从某种程度来讲，不仅指京东内部的协作，也指与外部组织的协作。

过去的京东，所有的部门都服务于一个客户，那就是京东自己。技术服务于商城，物流服务于商城，所以商城变成内部服务的一个客户。开放之后，意味着你要开始学会服务于其他客户，这是一种非常大的转变。举个例子，我是京东做技术的，属于公司内部的一个服务团队，公司告诉我，我需要给公司开发一个什么样的应用，我开发出来，公司满意了，就可以了。我不需要思考这个技术客户用起来是否方便，是否契合客户的组织环境等。但你要对外开放时，就要考虑用户体验问题，而且对应的是多个用户。所以这时候协作不仅代表了我们如何服务好内部客户，更重要的是我们应如何通过横向的协同，才能跟外部的生态合作伙伴合作得更好。

陈晓萍： 从这个角度来说，协作文化价值观的提出，其实是基于京东现在新战略的要求。

廖建文： 很大程度上，文化和战略是一个相辅相成的过程。还有两个新的价值观是感恩和担当。为什么要强调感恩？在某种程度上，京东的规模已经很大，但是大和伟大是不一样的：大不等于伟大，伟大并不等于大。但其实在走向大的过程中，如何持续保持一个公司的谦卑、一个公司的初心，是很重要的一个品质。我常说，比慢更可怕的是傲慢。一个公司大了之后，很容易形成傲慢之心，很容易把平台的能力当成个人的能力。公司要有一种感恩的心态、谦卑的心态，因为当你谦卑的时候，才能够更加敏捷地去洞察行业的变化。一个新的竞争对手出现时，我们为什么看不懂，或者学不会？很重要的原因是我们认知上有问题，那就是我们根本就看不起人家。谦卑和感恩的心态有三个层面的含义：一是把个人和组织的关系摆平了，每个人都能在平台上发挥价值，平台的能力很重要；二是谦卑会使你对组织的变化、行业的变化更加敏感；三是要感恩这个时代，京东处在今天这样一个非常伟大的时代，经历着中国的复兴、整个经济的发展，可谓时来天地皆同力。京东作为跟这个时代同步的一个企业，需要感恩，也要有更多的担当。这份担当的具体表现就是我们在京东内部推动的一件事，即"有责任的消费"。如何把消费与社会环境有机地结合起来，做扶贫的事情等，也是我们感恩这个社会的一个很重要的举动。

陈晓萍： 讲到有责任的消费这一条，我分享一个自己的观察心得。中国的零食业非常发达，但零食包装过度，这对环境极其不利。那你们是不是禁止这些食品在京东平台上出售？

廖建文： 包装材料的问题确实很严重。比如外卖平台的订单量是每天上亿级，每单至少几个塑料盒子，每天是好几亿个，而且这些塑料品质很差，不可回收使用，50年无法自我消解，会严重污染环境。

想一想，一年数百亿个塑料盒子，这是什么数量啊！从消费的角度来看，我们把消费分为四个阶段。第一个阶段是品质消费，正品行货，物美价廉。第二个阶段是品牌消费，不仅要物廉价美，还要讲品牌。第三个阶段是品味消费，不仅要品牌，还要求有工业美学，要设计，要酷。第四个阶段是品格消费，要考虑我的消费行为会不会影响社会，会不会影响环境。我认为外卖这个模式在北欧就不太有可能流行，因为北欧人非常关注生态、自然环境。京东作为一个零售企业，可以影响到整个价值链的运作。比如我们京东物流的"青流计划"，京东采用可回收的纸箱，这个纸箱可以用很多次，物流全部用电动车，减少碳排放等，这些行动都显示出有责任的消费精神。

陈晓萍： 你们考虑得非常周全。如此说来，京东的文化价值观与企业战略是一个相辅相成、不断演变的一个过程。

京东是谁？逐梦者，众行者，坚守者

廖建文： 在 2020 年我们做了几件大事：我们修改了使命，更新了定位，最后形成了京东的战略 2.0。京东是谁呢？我用三个词来概括：第一，京东是逐梦者。我们一直是有梦想的，比如我们现在在亦庄的办公大楼，当时是一片荒地，但老刘就把它买下来了。当时他还在中关村，他说未来我能做一个很大的公司，你看美国大公司的总部都在郊区，我们也要搬到郊区去。京东是逐梦者，因为它的创始人一直是一个逐梦者。第二，京东是众行者，我们和大家一起往前走，因为这么多年来，我们一直带着很多的供应商一起走到今天。第三，京东是坚守者，我们坚守长期主义，要为我们的客户持续创造长期价值。

陈晓萍： 京东的这三个特征：逐梦、众行、坚守，其实从你们的"数字化社会供应链"的新战略中也全部体现出来了。首先，实现数字化而且为社会服务就是一个梦想，其次，在追逐这个梦想时也坚守了京东的长期核心价值观，并通过京东的平台，把整个产业链的前端和末端打通，形成产业互联网，就是众行。这个格局非常大。

在我看来，目前京东在产业链的末端（后五节），就是营销、交易、仓储、配送、售后，已经做得相当好了，交易效率很高，在产业链的前端（前五节），就是创意、设计、研发、制造、定价，也开始起步了，你可以分享几个具体的实例来具体说明吗？

廖建文： 我们一直在思考，公司如何去适应外部环境的变化，战略本身的含义就是把一个组织和外部环境不断去做适配，因此战略要不断变化。但在适应外部环境变化的同时，还需要去问未来 10 年什么不会变。把战略资源布局在未来 10 年不会变的事物的基础上才会有意义。

如前所说，京东的 DNA 其实一直是供应链，在上半场我们做了产业互联网的事情，下半场就是关注产业效率的提升，而不仅仅是交易效率提升。因此对供应链必须有一个全新的再包装（repack），主要体现在五个方面的改变。第一，从商品的供应链过渡到服务的供应链，京东健康就是典型的表现。第二，从物理的供应链过渡到叠加数据化的供应链。第三，从国内的供应链走到国际的供应链。过去京东服务于中国消费者，我们考虑中国的供应链，而今天我们应该思考，如何让中国的供应链服务于全球的消费者，同时让全球的供应链服务于中国的消费者。第四，从价值链的后五节走到前五节，过去讲供应链的时候，只是讲最后的几个环节，我们应该从下游往上游去，提高整个行业的效率体验。第五，从 2C 的供应链走到 2B 的供应链。这五个方面成为一体，就是"五位一体"，最终就会变成我们今天讲的"数字化社会供应链"。"社会"代表什么呢？就是这个供应链肯定是一个开放平台，在这个平台上，去撬动社会化的资源，变成新基础设施。换句话说，过去我们在 RaaS 的时候有一个基础设施，是为零售服务的。今天这个新的基础设施将会改变零售、金融、保险、医疗这些服务行业，提升这些产业的效率。

我给你举个用户直连制造（Customers to Manufacturing，C2M）的例子，就说电脑吧。比如惠普做电脑，生产出来后放到京东平台上卖，中间会产生库存。我们怎么来帮助惠普减少库存呢？基于京东对客户数据的分析，我们可以知道他们需要什么屏幕，需要什么操作系统，需要多大的内存、什么键盘、什么样的设计等。我们把这些数据交给惠普，然后再把英特尔拉进来，把微软拉进来，等到去生产这个设计好的电脑的时候，京东有能力告诉相关厂家，电脑应当供应多少、到什么地方、什么规格，这大大提升了产业效率。这就是典型的从后五节走到前五节了。

陈晓萍： 把这十节都打通，你可以在众多产品上都做一遍，所以这个潜力简直是无限的。总体而言，这样做的结果是大大节约了各种成本，大大提高了产业效益和社会效益。

首席战略官的工作逻辑：把一个人的思考变成一群人的思考

陈晓萍： 作为京东的首席战略官，你如何把握自己的角色定位？

廖建文： 作为一个首席战略官，在战略规划这边，我主要通过做三件事情来最终达到一个目的，那就是如何把一个企业的战略从几个人的思考变成一群人的思考，这是我对自己角色定位的核心逻辑。

陈晓萍： 简明扼要，很清晰。那你具体是怎么做的？

廖建文： 我认为，一个人的想法不重要，变成集体智慧才重要。战略一定是前瞻性的，当它变成一群人思考的时候，才可能让整个公司的思维从短期的 KPI 变成比较长期的目标，进行布局性的思考，最终创造长期价值。

我主要做三件事，心智模式、过程方法、管理落实。心智模式相当于战略顶层设计的逻辑，比如我如何看待我们行业的终极，然后倒推需要什么样的组织架构。比如用积木理论来推导，就产生了组件化、产品化的思维。作为一个首席战略官，其中一个很重要的责任就是要在设计的层面回答战略原点性的问题，即什么是行业的终极。这个问题不仅是我的思考，而且是战略思考逻辑，这就是心智模式。

很显然集团层面的战略是我们直接做的，也就是 RaaS，包括下一个技术行业的生态系统、战略升级等。但是集团做战略的时候，不能充分了解到下面各个子机构的情况，因此不能替它们做战略。但集团必须确保下面各个开放平台的子战略和集团战略之间是承接的，而要做到内容之间的承接就需要一套方法论来实现。

我在京东构建了一整套的战略管理的方法论，比如战略屋，我们叫"一屋一图一表"。一屋是战略屋，一图是业务全景图、战略解码地图等，形成一套标准的方法论。比如，在业务全景图中，我们把场景层、平台层、产品层、能力层全部定义清楚，分层、横向去找到一些共享能力。一表是战略解码，通过"四定"——定方向、定目标、定举措、定责任来实现。这个方法论全部定下来之后，京东内部做了一个"战略即服务"。把这套做法在集团层面落实了之后，要求每个事业群、业务单元必须根据这套方法来做，一模一样的过程，以保证它们的战略与集团战略之间的承接。

陈晓萍：所以除了思考制定战略，你还教大家怎么做这个战略。

廖建文： 我有工具和方法去教他们落实。管理是一个流程，有它的周期。比如我们每年九月开集团战略会，开完会之后，就要对战略解码，解码之后要走到预算，然后第二年每个季度跟进。在集团的经营分析会上，我们除了看财务数据，还会从战略视角、组织视角、财务视角和合规视角来回顾分析。这样全方位360度的审视，必须各方面都非常健康才行。这样我们有顶层设计，有战略的方法论，有运营，所以最终能做到上下一致，左右协同。

京东全球化的逻辑：撬动全球资源提升竞争力

陈晓萍： 我看了一些资料，发现京东在海外市场的开拓已经有六七年的历史，从印度尼西亚、泰国、越南到欧美国家，其中也包括与谷歌及沃尔玛的合作，有的比较成功，像在印度尼西亚和泰国的市场，也有的不那么成功。能不能分享一下京东国际化的基本战略？

廖建文： 互联网公司的全球化，还处于早期。今年我们做了一些大的变革，把所有海外业务合并变成了京东国际。

陈晓萍： 这些海外业务包括哪些呢？

廖建文： 有零售业务，目前主要是在东南亚，就是电商。还有物流业务，现在跨境电商很活跃，所以海外对跨境物流的业务需求也在增加。这也放在京东国际。

陈晓萍： 我看到你们在印度尼西亚的做法，基本就是照搬中国模式，并且也建了整个的物流系统。现在运作如何？

廖建文： 当时是 B2C 的想法。所有的 B2C 电商和 C2C 都不太一样。C2C 是双边交易，它是轻模式，所以增长会比较快一点，但京东是 B2C 的模式，像坦克一样，走得没那么快。我先回到整个国际化的话题，来做几个基本的判断。

第一，从电商发展来看，中国电商发展引领全球。我们一下就进入了无现金社会，互联网的渗透率超过全球任何一个国家。现在的中国互联网已经做到了全渠道。以京东为例，我们服务 4 亿消费者，中间有无数个仓，500 万个最小存货单位，沃尔玛是 15 万个，我们的平均周转只有 34 天。

第二，我们再往海外看，主要机会在哪里。回到上半场和下半场的逻辑，电商发展了 20 多年，整个行业已经开始合并。不管是易贝、亚马逊，还是脸书，无论是谁想进去，都很难，除非他有一个全新的商业模式。从电子商务的角度来讲，如果要和亚马逊去竞争，恐怕不是一个非常明智的做法。但同时很多新兴市场确实有很多机会。京东的机会在哪儿？首先是它在中国所沉淀下来的零售基础设施能力，我们可以把这种能力延展到国外去，提高那儿的基础设施水平。东南亚国家就有好机会。从这个角度来讲，电商的国际化，其实是零售基础设施的国际化。

此外，今天我们在讲全球化的时候，其实不是说京东的全球化，而是指全球化的京东。什么意思呢？就是不想着去如何占领别国市场，而是想如何利用全球各地的不同优势提升京东的竞争力。比如我们怎么更好地服务中国的消费者？我们应该使用全球的供应链，而不只是中国的供应链来服务消费者。另外，我们要思考怎么让中国的供应链服务好全球的消费者。因为在技术层面，以色列的技术、俄罗斯的技术及它们的算法工程师，对我们也很重要。

　　所以全球化不仅仅是一个电商的延伸，而是如何撬动全球的资源以提升全球竞争力。今天如果说中国互联网做到了全渠道，下一步也许是我们应该在欧美国家做全渠道的事情。从电商的层面来看，意味着也许我们应该跟亚马逊合作，而不是竞争。我们可以带着中国商家一起出海，作为一个运营平台，帮助这些商家在亚马逊平台做运营，或者在易贝、沃尔玛做运营。

　　陈晓萍：所以全球化的含义是利用自己和全球的多种资源来实现京东"数字化社会供应链"的梦想。

配套战略 2.0 的积木化组织：把决策权交到第一线

　　陈晓萍：下面我问一下与组织架构有关的问题。京东特别看重创新，最近推出了以"Big Boss"为核心的积木化组织架构，你能不能描述一下这个架构的具体形态？为什么这个架构有助于企业的创新和灵动？

　　廖建文：2017 年刘总曾写过一篇文章叫"积木理论"。为什么用积木这个词？回到刚才讲的战略逻辑，无界零售，意味着未来的消费会非常碎片化，所以我的战略应该着眼于零售服务。既然如此，我的组织就应该积木化，因为积木化可以保证组织的敏捷性。我们内部有很多能力，要把这些能力变成能力组件，就是解耦。过去这个能力服务于组织，我把它解耦出来，变成一个组件，这个组件最后变成一个产品，既可以被京东内部的各个组织调用，又能够服务于外部组织。这个组件化、产品化的过程，是积木理论的一个核心。

今天我们在看互联网和整个外部环境的时候，外部环境对组织敏捷性的需求变得非常高。我们过去的一体化模式，是很难变得敏捷的。"Big Boss"的积木式组织架构实际上是用最小的单元来解决管理复杂度的问题。什么意思呢？现在京东有 32 万名员工，人才结构多元化，跨很多行业，跨很多职业背景，有蓝领的员工，也有很多顶级的科学家，管理层也非常多。我们思考，基于这些组件，有没有一种组织结构能够来推进甚至实现组织的敏捷性。而"Big Boss"的架构就是把每个业务单元视为一个独立的经营实体，把每个管理者都变成一个决策者，可以独立做很多决策。举个最简单的例子，比如以前你是某个站的站长，你要向集团报预算，然后集团决定你只能招这么多人，你只能拿到这么多预算等。但现在我把站长变成一个决策者，这个站长可以自己决定站点能做到什么水平，明年是否给双倍的收入。所以，通过"Big Boss"把经营决策权交给离客户最近的人、最了解市场的人，我们的整个组织将会变得更加扁平。

陈晓萍：也就是说你给了管理者很大的自主权。

廖建文：这样就可以根据战略和业务进行灵活的组合，适应变化。

陈晓萍：这个组织架构实行了多长时间？

廖建文：从试点到现在，慢慢在集团内部推广，差不多有两年的时间。

陈晓萍：两年中你看到什么样的变化？

廖建文：我们内部有很多案例，从降低管理成本和提高效率的角度来讲，效果是非常显著的。最近物流整个变得更高效，而且利润不错，很大程度上和"Big Boss"有关。

陈晓萍：成本和效率的提高，是否与这个组织架构创新相关？但组织创新的目标是让员工更有创新能力，他们是否有意愿不断优化流程，不断提出新的想法？

廖建文：这个组织架构赋予了离客户最近的这些管理者一定的自由度和自主权，能够从预算到运营，再到人的招聘管理等各个层面做决定，不断去优化，不断产生新的想法去尝试。而不是上层领导告诉他怎么去优化。另外，管理成本减少了很多。当然，最关键的是组织更加敏捷了。

从学者到实践者，从俯视到深潜：历练洞察力和穿透力

陈晓萍：下面我问一个与你个人有关的问题。在你的职业生涯中，从长江商学院的教授到京东担任首席战略官，你经历了一个从学者，也就是旁观者，到实践者的角色转换过程。我想请你聊一聊，你在这个过程中有什么样的感悟和体会。

廖建文：我觉得自己很幸运，一个教授能够在人生的一个阶段中，在全球500强的企业里，做一段时间的职业经理人，何其幸运。

我觉得教授和职业经理人之间最本质的区别在于，过去你看问题是在 5 000 米高空，而现在是宽度 1 米，深度 10 000 米，这是两个完全不同的视角。不仅只在企业战略，而且从战略、组织，到业务，到方方面面，都要有深度理解。我最大的收获是，发现

自己突然对一个庞大的组织产生了一种节奏感，这种感觉很微妙。我记得斯坦福大学的艾森哈特教授早期的一个研究是关于时间形态（temporal pattern）的。她做了很多关于创业的研究，一般用的是小样本，比如五六个初创企业，一个企业发展到某个阶段出现这个行为，这个企业发展到另一个阶段出现那个行为，最后形成一个时间段的形态规律。对企业战略的感觉就是你到了一个阶段，突然会产生一种看到了企业在这个阶段的形态的感觉。当然我看的不是大样本，不是五六个样本，我只看一个样本，就是京东，它到了现在这个阶段，我能够感觉到它的战略、它的组织应该发生什么变化，感觉到那种战略的节奏。比如我在 2017 年提出了零售即服务，2019 年我们提出战略 2.0，考虑的是技术的生态系统，但在这之前我们就开始策划，修改定位，修改使命，我第一次体会到一种节奏感。

陈晓萍： 你实实在在地感受到了这个企业的脉搏律动。

廖建文： 对，京东是一个有机体，2021 年 18 岁，形成了自己的价值观、世界观。它现在应该做什么事情，到了 25 岁又应该做什么事情，虽然我们可以通过很多数据分析来预测，但是产生这种感觉还是很不一样的。所以这种对战略的节奏感，我觉得是非常有意思的话题，而这个话题在理论研究层面都没有被研究过。这是第一个特别有幸的地方。

第二，是对于凝练能力的锻炼。作为学者的时候，我可以洋洋洒洒地讲理论框架等，但是在实践中，如何大道至简，把 15 页的一篇论文最终凝练成一句话、一个词，让它有深刻的穿透力？这种凝练的能力，或者思维的穿透力，对于一个从研究走到实践的学者是非常重要的。在实践过程中，思维和沟通必须有穿透力才行。

陈晓萍： 就像你刚才总结人们消费趋势的变化：从品质、品牌消费，到品味、品格消费，就是这种凝练的能力。

廖建文： 就是这种穿透力。第三，就是把理论变成实践的过程。如何把你的思考变得有穿透力，再如何把一个有穿透力的理念或者一个洞见慢慢变成大家共享的一个观点，最终得到应用，这里包含了一套战略的方法论，包括如何解码，如何落地。我可以从理论的研究走到如何打造一个战略驱动的组织。就像我前面说的，从心智模式到实施方法，再到管理落实，以保证组织实现长期价值。

陈晓萍： 这一点我觉得你做得特别出色，你把这几个环节都连起来了。从理念开始，因为有洞察力和穿透力，人家很容易接受。接受以后你给他们提供方法论，而且是有连贯性的方法，最后落地开花，真的就长出了本来想象的那个应该有的图景。虽然一般人常常说学者讲的理论离实践比较远，比较抽象、空洞，没有办法实现，但你恰恰能够把理论与实践中间的连接全部打通。是不是有实现理想的感觉？

廖建文： 我最近提炼出很多东西，我觉得战略是平衡矛盾的艺术，中间有很多变与不变、连续性与非连续性，还有主流与非主流、想象力与约束力等一套东西，还是蛮有意思的。

两句箴言：所有的极限都是认知的局限，比慢更可怕的是傲慢

陈晓萍： 最后我想请你总结一下你最想与创业者和管理者分享的思想和智慧。

廖建文： 我有两句话要分享，都是我自己总结凝练出来的。

第一句话是"所有的极限都是认知的局限"。你看今天的创业者、管理者，他们常常会认为自己的认知是对的。但是，行业在非连续变化的时候，我们很容易用过去的经验去理解外部的环境。据我的观察，现在有三种人，一种是引领事情发生（make things happen）的人，一种是看着事情发生（watch things happen）的人，还有一种是蒙在鼓里（ask what happened）的人。为什么伟大的公司会没落，初创的企业能兴起，其实都与一个人的认知有关。很多信息其实早已存在，但你视而不见，觉得和你没有关系，你就被淘汰了。企业的增长为什么会走到"瓶颈"？其实不是能力的"瓶颈"，而是管理者认知的"瓶颈"。所以我说所有的极限都是认知的局限。

第二句话是"比慢更可怕的是傲慢"，我之前已经做过解释，这里不赘述了。

陈晓萍： 这句话里的傲慢其实也和认知的局限相关。

廖建文： 对，但有的人也承认自己要不断改变，却没有真正的谦卑之心，没有那种饥饿感，结果也被时代淘汰了。所以，比慢更可怕的是傲慢。

陈晓萍： 非常精辟！感谢你的精彩分享！